경영·인문·사회계열

진로
로드맵

빅데이터로 조망하는 경영컨설턴트

경영·인문·사회계열 진로 로드맵

펴낸날 2020년 3월 20일 1판 1쇄
　　　　2020년 8월 10일 1판 2쇄

지은이 김종찬·배수정
펴낸이 김영선
책임교정 이교숙
교정·교열 양다은, 안중원
경영지원 최은정
디자인 박유진·현애정
마케팅 신용천

펴낸곳 (주)다빈치하우스-미디어숲
주소 경기도 고양시 일산서구 고양대로632번길 60, 207호
전화 (02) 323-7234
팩스 (02) 323-0253
홈페이지 www.mfbook.co.kr
이메일 dhhard@naver.com (원고투고)
출판등록번호 제 2-2767호

값 16,800원
ISBN 979-11-5874-067-2 (43370)

이 도서의 국립중앙도서관 출판예정도서목록(CIP)은 서지정보유통지원시스템 홈페이지(http : //seoji.nl.go.kr)와 국가자료공동목
록시스템(http : //www.nl.go.kr/kolisnet)에서 이용하실 수 있습니다.(CIP제어번호 : CIP2020008489)

빅데이터로 조망하는 경영컨설턴트

경영·인문·사회계열

진로 로드맵

김종찬·배수정 지음

미디어숲

추천사

계열별 진로 로드맵 시리즈 집필진의 학구열은 상상을 초월한다. 이들의 실험정신이 진로진학상담에 강력한 도구 하나를 선물할 것으로 확신한다. 다음에 나올 책들이 더욱 기대되는 이유이기도 하다.

조훈, 서정대학교 교수

4차 산업혁명이 일상이 되어버린 요즘, 좀 더 세밀한 진로 로드맵이 필요한 시기가 되었음을 부인할 수 없다. 이러한 시대의 요구를 적극 수용한 〈진로 로드맵 시리즈〉를 통해 학생뿐만 아니라 학부모, 교사들도 세부적인 진로에 대해 많은 도움을 받을 수 있을 것이다.

김두용, 대구 영남고 교사

현장에서 많은 학생들을 만나보면 진로를 결정하지 못해 고민하는 친구들이 많다. 특히 진로가 결정되어 있더라도 그 학과에서 어떤 일을 하는지, 미래 비전을 모른 채 꿈을 향해 공부만 하는 친구들을 볼 수 있다. 그런 친구들에게 이 책은 미래 직업에 대한 방향성을 제시하여 현재 위치에서 어떤 활동을 준비해야 하는지 구체적으로 설명해준다. 미래 진로 설계가 필요한 학생들에게 적극 추천한다.

김성태, 연세대학교 인지과학연구소 연구원 / 에이블 에듀케이션 대표

학교 현장에서 학생들과 상담을 하면서 꿈이 없는 아이를 만날 때가 참 많다. 꿈이 없는 아이들은 대개 자존감이 낮고 학습에 대한 의욕이 없어 학교에 다니는 것을 무엇보다 힘들어한다. 요즘 나오는 진로 관련 책들은 종류도 많고 내용도 다양하지만, 학생들의 마음에 쏙 들어오는 책을 만나기는 어려운 거 같다. 그래서 이 책의 출판이 참 반갑고 감사하다. 자세한 계열별 특징과 그 분야의 준비를 일목요연하게 딱딱 짚어준다. 이 책을 읽은 학생들이 자신만의 꿈을 키우고 만들어갈 세상이 참으로 궁금하다.

김도영, 경북 봉화중 교사

　학생들은 항상 미래에 뭐가 되고 싶은지, 어떤 직업을 가지고 싶은지 고민도 많고 관심도 많다. 하지만 내가 원하는 분야가 구체적으로 어떤 업무를 하고 어떻게 준비를 하면 되는지, 그 직업이 앞으로 비전은 있는지 잘 알 수가 없다. 이 책은 계열별 특성들을 미리 알고 자신의 적성과 하고 싶은 분야에 잘 맞는 과인지, 아직 진로가 결정되어 있지 않은 학생들에게 다양한 경험을 할 수 있는 보물창고 같은 책이 될 것이다.

이교인, 진주 동명중 교사

　열심은 미덕이지만 최선은 아니다. 열심히 하지만 좋은 성과를 내지 못하는 학생들이 많은 것을 보면 안타깝다. 먼저 진로의 방향을 정하고 선배들의 로드맵도 참조해 자신만의 길을 정하는 것이 무엇보다 중요하다. 이 책은 진로가 결정된 학생들에게는 어떻게 탐구해야 하는지, 진로가 결정되지 않은 친구들에게는 다양한 진로를 탐색하는 방법을 알려준다. '어떻게'라는 질문에 '답'을 줄 수 있는 지침서가 될 것이다.

김정학, 초중등공신공부법 메타코칭 개발자 / 업코칭에듀케이션즈 대표

학과 탐색과 진로 탐색을 위한 알짜 정보들이 현장 진로진학 컨설턴트의 시각으로 잘 정리되어 있다. 특히 빅데이터 분석을 통해 학문 분야를 핵심 키워드로 소개하여 관련 진로에 대한 전반적인 이해를 제공하고 있다.

안태용, 부산교대 교수

학생들에게 필요한 것은 '꿈을 가지라'는 막연한 조언보다, 눈앞에 있는 목표를 위한 구체적 조언일 수 있다. 이 책은 전공을 정한 학생들이 다음 선택을 위해 망설이는 순간 도움이 되는 '약도'라 할 수 있다. 다만 학생들이 이 약도를 맹신하지 말고, 자신만의 발자취가 담긴 구체적인 지도를 만드는 데 출발의 단서로 활용할 수 있기를 바란다.

임정빈, 진로진학 전문기업 ㈜투모라이즈 대표

청소년들의 진로와 진학에 대해서는 할 말이 많다. 이 책에는 수년간 학생들의 진로, 진학을 지도하며 축적한 생생한 정보와 이야기들이 고스란히 담겨 있다. 계열에 따른 성향을 알아보는 것부터, 실제 선배의 이야기, 학과에서 공부하는 내용, 관련 도서와 동영상 자료까지. 알찬 내용들을 따라가다 보면, 자연스레 자신만의 진로 로드맵을 그리고 있을 것이다.

김은진, 백양초 교사

요즘 아이들은 정말 변화의 속도가 빠른 시대를 살아가고 있다. 직업의 세계도 예외는 아니다. 급변하는 현실 속에서 학생들은 자신이 무엇을 하고 싶은지, 여러 활동을 하면서 내가 잘하고 있는지 고민이 참 많다. 이런 학생들에게 이책은 자신만의 세상을 향해 나아가게 해주는 지침서가 되어 줄 것이다.

이금하, 부산 개금고 교사

빅데이터 시대,
어떤 변화가 일어나고 있으며, 무엇을 준비해야 할까?

'소비자가 주문하기 전에 배송한다!'

현재 아마존은 '예측 배송 기술' 사업을 추진 중이다. 예를 들어 5000달러짜리 시계를 3일 연속 들여다보며 살까 말까 망설이는 소비자가 있다면 과감히 드론으로 배송한다. 소비자가 열어보면 자신이 갖고 싶었던 시계가 들어 있다. "맘에 들지 않으면 반송하세요."라는 안내문이 들어 있지만 반송하는 소비자는 사실 거의 없다. 이러한 아마존의 예측 배송은 소비자의 구매 이력과 사는 지역 등 다양한 정보 즉 빅데이터를 분석하여 구매 확률을 높이고 있다.

이렇듯 빅데이터는 4차 산업혁명 시대의 원유(原油) 즉, 어디에서나 다양하게 활용될 수 있는 금맥이다.

10년 전에는 세계 10위 기업(시가총액 기준) 중 7곳이 석유회사와 금융회사였다. 하지만 지금은 7곳이 데이터를 보유하고 활용하는 기업인, 마이크로소프트, 아마존, 애플, 알페벳(구글 모회사), 페이스북, 알리바바, 텐센트 기업이다. 이러한 현실은 그만큼 빅데이터가 혁신과 경쟁력을 가져다 준다는 것을 증명한다.

그렇다면 이러한 빅데이터 시대에 경영·통계학과 인문·사회학에서는 어떤 변화가 일어나고 있으며, 무엇을 준비해야 할까?

빠르게 변화하는 4차 산업혁명시대, 기업들은 기술 혁신에 부합될 인재를 채용하기 위해 인공지능과 디지털 기술 개발에 인문사회학을 전공한 창의적인 인재를 선발하여 고객의 감성을 자극하는 서비스를 제공하고 있다. 애플이 성공한 이유도 애플의 DNA인 인문학을 기술에 결합하여 감성을 자극하여 성공을 거둘 수 있었다.

이 책을 읽는 학생들은 4차 산업혁명 시대의 선봉에 서는 주역이 될 것이라고 자신 있게 말해주고 싶다. "미래 경영은 어떻게 발전할지", "4차 산업혁명시대에 인문·사회학이 왜 필요한지". "꿈을 이루기 위해 어떤 준비를 해야 하는지"에 대해 소개하려고 한다.

이와 함께 이 책은 나보다 먼저 이 길을 간 선배들의 진로 로드맵을 통해 자신만의 브랜드를 만들어 더 발전된 계획을 세워 꿈을 이룰 수 있도록 돕는다. 그리고 인문, 사회, 경영학 계열의 꿈을 이루기 위해 관련된 학과들도 추가적으로 소개한다. 뿐만 아니라 관련 학과에 입학하기 위한 비교과 활동과 함께 참고 동영상, 도서까지 소개하여 융합적 사고를 가진 인재로 거듭날 수 있도록 도와준다. 이 책을 읽으면서 자신의 진로에 한 발 더 다가가길 바란다.

이 책은 다양한 직업의 세계에서 학생들이 가장 많은 관심을 보이는 계열별 직업과, 앞으로 유망한 계열별 진로 로드맵을 다음의 5가지 분야로 나누어 집필하고자 한다.

• 공학계열 진로 로드맵(로봇과 공존하는 기술자)

- 의학·생명계열 진로 로드맵(AI의사와 공존하는 의사, 생명공학자)
- 경영·인문·사회계열 진로 로드맵(빅데이터로 조망하는 경영컨설턴트)
- AI언어·문화미디어계열 진로 로드맵(VR을 활용한 1인 방송제작자)
- 교대·사대계열 진로 로드맵(AI교사와 함께 교육하는 교사)

위 5가지 계열별 적성 중 자신이 어디에 해당하는지 알아보고, 구체적으로 어떤 준비를 해야 하는지 그 해법을 제시할 뿐만 아니라, 계열별 적성 실현을 위한 초·중·고 진학 설계방법과 미래 직업을 탐색할 수 있도록 구성했다. 더불어 자신이 가고자 하는 진로의 방향에 맞는 활동으로 원하는 대학과 학과에 합격한 선배들의 실전 합격 로드맵을 제시하여 진로설계에 도움을 주고자 집필되었다.

독자의 꿈을 향해 나아가는 순간순간에 이 책이 지혜로운 조력자가 되어주길 희망한다.

김종찬, 배수정

차례

추천사

프롤로그

빅데이터 시대, 어떤 변화가 일어나고 있으며, 무엇을 준비해야 할까?

PART 1 경영·인문·사회계열 학생부 사용설명서

경영계열
진로 사용설명서

PART
2

PART 3
통계·회계계열
진로 사용설명서

인문계열
진로 사용설명서

PART
4

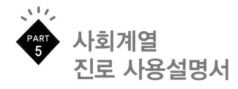

사회계열
진로 사용설명서

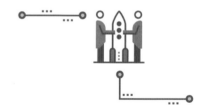

PART
1

경영·인문·사회계열
학생부 사용설명서

내 진로를 위한
고등학생 때부터 준비할 것들

어떤 성향이 경영·경제계열에 잘 맞을까?

경영학과 경제학은 비슷하게 보이지만, 그 학문의 성격이 매우 다르므로 각 학과에 어울리는 모습도 차이가 있다. 평소 자신의 성향을 떠올려보고 어느 학과가 본인의 흥미와 적성에 맞을지 판단해보아야 한다.

먼저 경영학과는 대학에 따라 국제경영학과, 경영정보학과, 마케팅학과, e-비즈니스학과, 부동산 경영학과, 금융경영학과, 지식경영학부, 테크노경영학부, 해운경영학과 등으로 운영된다.

경영학과가 시작된 역사는 다른 학문 영역에 비해 짧은 편이지만, 이론과 현실을 접합하여 실질적으로 업무현장에서 활용되는 기술을 많이 배울 수 있다. 경영학은 기업이라는 조직에 속하는 구성원의 행동방식을 분석하고 조직운영에 필요한 다양한 전문지식을 연구하고 적용하는 실용 위주의 학문이다. 특히, 일상생활에 필요한 상품과 서비스를 생산하는 기업의 본질과 운영방식, 경영전략 등을 연구한다.

다음으로 경제학과는 살아가면서 직면하는 모든 경제적 선택의 문제를 연구하며, 좁게는 우리가 먹고사는 문제부터 넓게는 소득 불균형문제, 실업문제, 환경문제 등을 연구한다. 급변하는 경제 현실에 효과적으로 대응하기 위해 상당한 정도의 전문가적 소양을 갖춘 전문경제인을 양성하는 것이 경제학의 교육 목적이다.

고등학교 생활 동안 경제신문이나 다양한 경제상황을 여러 방면에서 살펴보고 이를 실제로 활용할 수 있는 방안들에 대해 고민해보는 것이 도움이 될 것이다. 경영학과 경제학 교과목을 학습하기 위해서는 기본적으로 합리적인 의사결정 능력과 창의력이 요구되며, 급변하는 환경에 빠르게 대처하기 위하여 새로운 기술개발과 글로벌 기업환경에 대한 지속적인 관심이 필요하다.

경영학과 경제학은 다양한 다른 과목과 접목하여 그 범위를 무궁무진하게 높일 수 있다.

Q 어떤 학생이 경영학과에 가장 잘 어울리나요?

A 기업 경영의 트렌드는 시대에 따라 변화하는 특성이 있으므로, 유연하고 창의적인 사람이 적성에 맞습니다. '경영'이란 혼자 하는 것이 아니라 '조직'에서 이루어지는 것이므로, 활동적이고 다른 사람들과 협력적인 성향을 선호합니다. 또한 능동적이고 적극적인 커뮤니케이션을 하는 사람이라면 더욱 좋습니다.

➡ 이런 학생 경영학에 딱!

적성 및 흥미

- 다양한 시각으로 정확하게 볼 수 있는 분석적 사고와 함께 협력적인 자세로 신뢰감 있는 성격을 가지는 것이 필요
- 다양한 분야를 공부하기 때문에 진취적이며 탐구적인 흥미를 가지고 있는 것이 필요

'경영학과' 학생은 기업 등 여러 조직에서 팀워크를 이루어 계획을 세우고, 좋은 결과를 얻기 위해 노력한다. 4차 산업혁명과 관련된 새로운 지식과 기술을

배워 여러 활동을 분석하여 이공계 직원들과 원활한 의사소통을 할 수 있는 능력을 가진다면 유연하고 창의적으로 조직을 이끌어 나갈 수 있을 것이다. 하지만 개인적으로 작업하기를 좋아하거나 많은 사람들과 어울려 작업하는 것을 선호하지 않는 학생들이라면 좀 어려움이 있을 것이다.

Q 어떤 학생이 경제학과에 가장 잘 어울리나요?

A 경제학을 올바로 이해하고 정책적으로 유용하게 적용하기 위해서는 경제학 이외에도 인접 관련 학문에 폭넓게 관심을 갖는 것이 중요하므로 사회과학, 수학, 역사 등의 주요 기초 학문 분야에도 이해의 폭이 넓은 학생들이 유리할 수 있습니다.

➡ 이런 학생이 경제학과에 딱!

적성 및 흥미

- 평소 사회 경제 현상에 관심이 있으며 논리적이고 인과관계 분석에 흥미를 가지는 것이 필요
- 여러 사회 현상을 이론적 모델을 통해 설명하는 데 관심이 있어야 함.
- 각종 경제 지표들을 읽고 분석하는 능력이 필요

'경제학과' 학생에게 필요한 적성과 흥미로는 평소에 신문, TV에서 경제 뉴스를 즐겨보거나, 학교 선택과목에서 경제과목을 공부하면서 흥미를 느낀 경험이 있다면, 대학에서 경제학을 공부하는 데 어려움은 없을 것이다. 그리고 경제학에서는 여러 그래프, 수식 및 통계를 다루기 때문에 수리적인 능력이 우수할수록 유리하다. 또한 경제 현상을 분석하는 논리력이 필요하기 때문에 평소에 합리적, 논리적으로 생각하는 능력을 길러놓으면 좋다.

어떤 성향이 통계·회계계열에 잘 맞을까?

먼저, '통계학'이라는 단어의 어원을 살펴보자. 통계학이란 단어를 처음으로 사용한 사람은 독일의 통계학자 '고프리드 아헨발(Gottfried Achenwall)'이다. 라틴어 'Status'에서 온 통계학(Statistics)은 '국가에 대한 모든 사실'이란 뜻을 담고 있다. 이는 통계학이 나라의 인구, 토지, 각종 생산량 등을 파악하도록 하는 데 도움을 주는 학문임을 의미한다.

학문적인 정의를 소개하면 통계학이란 '관심의 대상이 되는 집단(표본, Sample)으로부터 자료를 수집, 정리, 분석하여 전체 집단(모집단, Parameter)의 참모습을 밝히기 위한 과정과 방법을 다루는 학문'이라고 할 수 있다.

통계는 어려워 보이지만 그 어원에서 나타나고 있는 의미처럼 사회에 꼭 필요한 학문이다. 그래서 많은 대학에 통계학과가 있다. 통계학은 세분된 분야가 많은 만큼 대학교별로 개설된 학과의 이름도 다양하다. 크게는 응용통계학과(수리적 이론에 더욱 집중하기에 자연대에 설치된 경우가 많다.), 정보통계학과(실생활 통계에 더욱 집중해 정경대학(정치경제대학)에 설치된 경우가 많다.)로 나누어볼 수 있고 통계 분야 중 어떤 부분을 심도 있게 배우는지에 따라 통계학과 앞에 금융, 전산 등의 수식이 붙는다. 사실 통계학의 여러 분야는 모두 연관이 되므로 이를 나누는 구분이 크게 의미 있진 않다. 통계학을 배우면서 자신이 더 집중하고 싶은 세부 분야를 선택할 수도 있다.

반면, 회계학은 그 성격이 조금 다르다. 돈을 버는 것도 중요하지만 그에 못지않게 중요한 것은 돈을 '잘 관리하는 것'이다. 회계학은 돈과 관련된 상품·서비스에 대해 배우는 '금융', 기업 및 기관의 재무 상태 분석 및 자산관리, 예산과 연관된 '회계', 개인이나 기업 및 기관이 내는 세금과 관련된 '세무'. 이처럼 돈과 관련된 정보를 산출하고, 이를 잘 관리할 수 있는 전문 인력을 육성한다.

Ⓠ **어떤 학생이 통계학과에 가장 잘 어울리나요?**

Ⓐ 통계학과는 기본적으로 수학을 좋아해야 하며, 정보를 분석하고 추리하는 것을 좋아하는 사람이 좋습니다. 또한 사회, 경제, 자연 및 인간생활에 관심을 갖고 이와 관련된 여러 현상을 분석하는 것을 즐기거나, 제품 및 서비스의 품질에 관심 있는 학생이라면 더욱 환영합니다. 그리고 컴퓨터를 활용한 통계 분석기법이 많이 사용되기 때문에 컴퓨터 활용능력과 집중력, 논리력을 가지고 있다면 금상첨화라고 할 수 있습니다.

➡ 이런 학생이 통계학과에 딱!

적성 및 흥미

- 방송 프로그램이나 특정상품, 서비스 등을 꼼꼼하게 관찰할 수 있는 능력이 필요
- 의뢰 기관의 상품이나 서비스 등에 대한 객관적이고 건설적인 비판과 조언을 할 수 있는 논리적 사고능력과 창의적 사고가 필요
- 논리 정연한 언어구사능력 및 문서 작성 능력이 필요

'통계학과'는 컴퓨터를 활용한 통계 분석 기법이 많이 사용되므로 컴퓨터활용능력이 기본적으로 요구된다. 통계분석을 위해서는 수학응용 능력이 많이 사용되므로 수학을 좋아하는 사람이 공부하기에 적합하며, 정보를 분석하고 추리하는 것을 좋아하는 사람에게 적합하다.

Ⓠ **어떤 학생이 금융·회계·세무학과에 가장 잘 어울리나요?**

Ⓐ 평소에 재테크에 관심이 있거나 텔레비전 광고 등에서 여러 금융 상품에 대한 광고, 홍보물을 유심히 보며 호기심을 가진 경험이 있다면 이 학과에

흥미를 느낄 수 있습니다. 금융·회계·세무학과는 기본적으로 돈과 숫자를 다루는 학과이기 때문에 수치에 밝아야 하며 계산능력도 뛰어나야 합니다. 여러 수치를 정확히 처리할 수 있는 꼼꼼한 성격을 가지고 있다면 좋습니다.

➡️ 이런 학생이 금융·회계·세무학과에 딱!

적성 및 흥미

- 과학적으로 미래를 예측하기 위한 전문적인 이론과 실무적인 기술이 필요
- 여러 가지 이해관계를 조정할 수 있는 책임감 필요
- 경제와 기업 그리고 정보기술에 대한 관심

금융·회계 업무는 숫자가 매우 중요하기 때문에 꼼꼼하고 치밀한 성격과 책임감, 그리고 공정한 업무처리 능력을 갖춰야 한다. 또한 광범위한 업무 영역을 소화해낼 수 있는 능력이 중요하기 때문에 회계 관련 정책이나 제도, 해외 경제 상황 등에 대해 민감해야 하며, 관련 분야 전문지식과 수리능력, 분석적 사고와 정확한 판단력이 필요하다.

어떤 성향이 인문·사회계열에 잘 맞을까?

인문학은 한자로 人文學 영어로 humanities, liberal arts 즉, 사람에 관해 공부하는 학문이다. 인문학의 대표격인 철학의 어원은 '지혜를 사랑하다'인만큼 인문학의 과목은 비교적 옛날부터 전해져온 인류의 지혜, 역사, 철학 등을 공부한다.

대학에서 인문학을 전공하기 위해서는 많이 읽고, 많이 생각하고, 많은 관점에서 비교해야 한다. 고등학교에서 윤리와 사상, 생활과 윤리 등의 과목에 관심이 많으면 좋고 글을 읽으며 지식을 얻는 것을 좋아하는 사람, 다양한 관점에서 생각해볼 수 있는 사람이면 더욱 바람직하다. 인문학은 오랫동안에 걸쳐 만들어져온 지식인만큼 끈기를 가지고 접근해야 하며 획일적인 지식이 아닌 남들과는 다른 자신만의 사고방식을 갖는 것도 필요하다.

고교 시절 동안 플라톤, 아리스토텔레스, 역사학 등 과거의 고서뿐만 아니라 최근 인문학 도서를 읽고 이에 근거해 현실의 문제도 고민해보면 좋을 것이다. 학교에서 글짓기대회나, 독서대회가 있다면 적극적으로 참가하고 토론대회가 있다면 인문학적인 관점에서 근거를 제시하며 토론에 참여하는 것도 좋은 방법이다. 인문학은 인간에서 출발한 학문인 만큼 다양한 과목에 적용이 가능하다.

심리학과는 대학별로 소속된 대학이 상이한 경우가 있다. 인문대 안에 심리학이 포함되어 있기도 하지만 대부분 심리학은 사회과학대에 포함된 경우가 더 많다. 사회과학은 인문학에 비해 비교적 역사가 짧은 과목이지만 비교적 실용학문에 가깝다. 특히 심리학의 경우 학문 전체의 역사가 100년에 불과한 만큼 지금 현재에도 그 분야가 많이 변화·발전하고 있으며 이제야 자리를 잡아가고 있는 중이다.

사회과학의 경우 SPSS 등 통계를 사용하는 경우가 많으므로 수학에도 어느 정도 재능이 있어야 한다. 문과계열에 자리를 잡고 있지만 사회과학계열은 대부분 수학을 사용한다는 점을 꼭 숙지해야 한다.

심리학과의 경우 많은 학생들이 프로이트 등 시중 심리학에 관련된 책을 읽고 심리학에 환상을 가지게 되는 경우가 많은데 심리학과라도 프로이트의 이론에 대해 의견이 갈리는 경우가 많고 시중에 있는 심리학 책은 정통심리학과는 다소 거리가 멀다.

인문학의 경우 읽는 것을 좋아하는 학생들을 추천하지만, 사회과학은 이론과 함께 실험, 실제 문제에 대한 토론이 많기에 문과계열 중에서도 과학 쪽에 가까운 학문이라는 걸 잊으면 안 된다. 고등학교 재학 동안 학과에서 배우는 과목을 파악하고 관련 도서들을 읽는 것이 좋다. 심리학의 경우 단순히 상담을 하는 것보다는 심리이론 두세 개 정도를 실제로 조사하여 적용해보면 좋을 것이다. 행정학의 경우는 사회과목 수행평가 시 실제 행정학적 이슈를 적용해보기를 추천한다.

Q 어떤 학생이 철학과에 가장 잘 어울리나요?

A 인간을 포함하여 사물과 세계에 대해 인문학적 관점으로 바라볼 수 있는 통합적인 사고를 가지고 있는 학생, 인간 본성과 존재 가치, 삶의 본질 및 사회에 대한 근원적인 관심과 이해가 끊이지 않는 학생에게 적합합니다.

➡ 이런 학생이 철학과에 딱!

적성 및 흥미

- 편협하지 않고 유연한 사고를 가지고 있으며, 논리적이고 합리적인 사고방식 필요
- 동양철학을 위해서는 한문, 서양철학을 위해서는 영어 등 외국어에 대한 흥미 필요
- 다양한 영역을 공부하기 때문에 언어, 문학뿐만 아니라 논리학을 배우기 위해서는 수학에도 흥미가 필요

Q 어떤 학생이 사학과 혹은 역사학과에 가장 잘 어울리나요?

A 역사학과는 평소 역사에 대해 폭넓은 관심과 애정이 있는 학생에게 가장 적합한 학과입니다. 지적 호기심이 왕성하고 탐구하기를 좋아하며, 각종 자료나 학설 등에 얽매이지 않는 열린 사고와 상상력을 지니고 있다면 큰 도움이 됩니다.

➡ 이런 학생이 역사학과에 딱!

적성 및 흥미

• 인류 문명의 변천사를 비롯해 동서양 고금의 역사에 대해 지적 호기심이 많은 학생에게 적합
• 인접 학문에 대한 지식 필요, 문헌자료 탐구를 위해 영어, 한문, 일본어 소질 필요
• 방대한 양의 역사 서적을 꾸준히 읽어갈 수 있는 인내력과 집중력이 필요

Q 어떤 학생이 사회학과에 가장 잘 어울리나요?

A 사회문화 과목이 가장 재미있다고 느끼는 학생, 이외에도 세상이 어떻게 돌아가는지, 사회문제가 왜 발생했는지에 대해 끊임없이 궁금해하는 학생에게 적합합니다.

➡ 이런 학생이 사회학과에 딱!

적성 및 흥미

• 앞으로 다가올 트렌드에 대해 분석하고 예측하는 능력과 현실 문제에 민감하게 반응할 수 있는 능력 필요
• 경제적, 사회적으로 여러 분야에서 사회갈등이 심화되고 있는 점뿐만 아니

라 다른 여러 갈등에 대해서도 분석하고 해결방안을 생각할 수 있는 능력 필요

• 컴퓨터를 이용해 데이터베이스를 구축하고 자료를 정리하여 쓸모 있게 구성할 수 있는 능력 필요

Q 어떤 학생에게 심리학과가 잘 어울린다고 생각하나요?

A 먼저 다른 사람의 이야기를 잘 들어주고 그들의 어려움에 공감하는 방법을 알고 이를 적용해보는 학생들에게 추천합니다. 인간에 대한 열정적인 호기심을 지니고 통계를 활용하거나 뇌의 화학적 기제도 공부하기 때문에 인문 과목뿐만 아니라, 수학, 과학(생물, 화학) 과목도 좋아한다면 심리학 전공에 도움이 될 것입니다.

→ 이런 학생이 심리학과에 딱!

적성 및 흥미

• 인간에 대해 지속적인 관심을 갖고 사람들의 성격, 사고, 행동 등에 지적 호기심

• 다양한 사회현상을 탐구하고 이를 수용할 수 있는 태도 필요

• 심리현상에 대한 실험결과를 논리적으로 분석하며 세밀한 관찰력이 필요

Q 어떤 학생이 정치외교학과에 잘 어울리나요?

A 사회에서 정치 파트가 재밌는 학생, 세계 여러 나라와 한국의 관계에 관심을 가지고 있는 학생, 자신의 꿈이 한국을 넘어 세계 속에서 펼치고 싶은 학생에게 좋습니다.

→ 이런 학생이 정치외교학과에 딱!

적성 및 흥미

- 추상적인 개념을 실제 현상에 적용, 분석하므로 논리적인 분석력과 추리력 요구
- 국내·국제사회에서 일어나는 다양한 정치, 사회, 경제 문제에 흥미
- 국제사회로의 진출을 위해 외국어 소양을 갖추는 것도 중요

[출처 : 워크넷, 고려대 인재 양성 진로 가이드북]

최근 고용노동부에서의 「2014~2024 대학 전공별 인력수급전망」에 따르면 향후 10년간은 대졸 인원이 노동시장의 수요를 초과하여 공급된다고 한다.

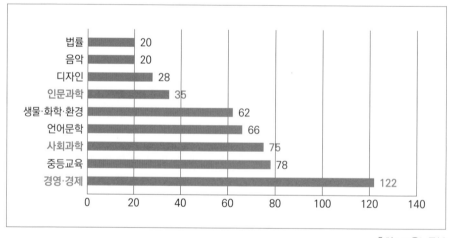

출처 : 고용노동부

위의 표를 보듯이 2024년까지 인문과학, 사회과학, 경영경제 계열의 초과 인력이 많아 자신만의 강점을 가지고 학업을 할 필요성이 있다. 그리고 미래사회에는 융합형 인재를 원하므로 자신만의 전문 분야를 바탕으로 하고 경제, 경영

학을 복수전공하는 방식으로도 시장을 형성하고 판매를 촉진하는 능력을 기를
수 있을 것이다.

선배들의 진로 로드맵을 살펴보자

경영계열 진로 로드맵					
구 분	중등1	중등2	중등3	고등1	고등2
자율활동	학급회장		축제운영	학급회장	학생회회장
동아리활동	경제동아리			수학 경영경제	
	지역 시장 활성화 조사			창업 동아리	
봉사활동	지역아동센터교육 봉사				
				소상공인센터 봉사	
진로활동	모의주식대회참가			지역 CEO와의 만남	
				한국은행 경제 캠프	
특기활동	경제 신문 / 잡지			지역 스포츠팀 운영 조사	
				매경 test 준비	

중학교 때 자유학년제나 자유학기제를 활용해서 많은 활동을 할 수 있다. 청
소년 경제 관련 활동을 하면서 경제 현상에 대한 관심을 키우는 것이 좋다. 이
때 모의 주식이나 신문의 경제난을 유심히 보면서 경제용어에 익숙해지는 것도
바람직하다. 방학 때는 대학이나 경제기관에서 운영하는 다양한 체험이나 캠프
에 참가하여 진로를 확장할 수 있다. 이를 위한 관심 있는 전문 분야의 도서를
읽으며 꿈을 확장할 필요가 있다.

고등학교 때는 학교 행사나 교과에서 다양하게 자신의 진로에 대한 탐색을
할 수 있다. 특히 동아리활동을 통해 서로 같은 분야에 관심이 있는 친구들과

함께 공동프로젝트를 운영하거나 깊이 있는 심화학습을 진행할 수 있다. 또한 경제학뿐 아니라 다양한 사회과목에 관심을 가지고 경제적인 시야로 과목을 볼 수 있는 자세를 키우는 것이 좋다.

　경영학, 경제학, 통계학(이하 상경계열)을 희망하는 학생의 경우 일반고에서도 충분히 다양한 활동을 할 수 있다. 상경계열은 생활 속에서도 쉽게 접할 수 있으므로 경제신문이나 경제학 관련 도서를 읽으면서 전공에 대한 지식을 쌓는 것이 좋다. 특히 경제학의 경우 매일경제나 한국경제의 사설을 통해 현재 경제의 흐름에 대한 이해를 하는 것을 추천하며, 각 고등학교 경영이나 창업 관련 동아리에서 활동을 하는 것도 추천한다.

　통계학의 경우는 빅데이터 분석을 위한 준비를 위해 프로그래밍에 대한 학습을 하는 것도 좋다. 특히 저가서버나 하드디스크를 이용하여 빅데이터를 쉽게 활용하고 처리할 수 있는 분산파일 시스템인 하둡프로그래밍 과정이나 통계소프트웨어 개발이나 자료 분석에 주로 사용되는 언어인 R 프로그래밍을 학습하고 이러한 플랫폼을 다루기 위한 기본적인 파이썬과 자바, 리눅스와 네트워크 분야에 대한 기본을 다지는 것도 추천한다. 복잡한 주제보다는 단순한 한 가지 주제를 선정해서 직접 분석해보는 것도 추천한다.

인문·사회계열 진로 로드맵

구 분	초등	중등1	중등2	중등3	고등1	고등2
자율활동		신문사설 읽기				학생회활동
동아리활동		토론동아리(사회)	시사 동아리(사회)		역사 동아리(역사)	
		논술동아리(철학)			또래 상담동아리(심리)	

봉사활동							역사박물관 교육봉사
		도서관 점자책 만들기					지역아동센터 책 읽기 봉사
진로활동	서원 방문하기	행정기관 방문하기					인문학 탐구 대회 직업인과의 만남
		경주박물관	조선의 궁궐 방문하고 보고서 쓰기				대학 인문학 캠프
특기활동							독서활동 : (시카고 대학) 위대한 저서 읽기
		청소년이 읽는 인문고전 읽기					

인문·사회계열을 희망하는 학생의 경우 일반고에서도 충분히 다양한 활동을 할 수 있다. 인문·사회계열은 생활 속에서 쉽게 접할 수 있으므로 중학교 토론, 시사 동아리 또는 도서관 프로그램 등을 통해 꾸준히 전공에 대한 지식을 쌓는 것이 좋다. 인문학의 경우 대부분 도서관에 관련 프로그램이 마련되어 있으며, 도서관 프로그램이 아니더라도 스스로 '위대한 저서 읽기' 활동(시카고대학에서 출발된 인문학 운동)을 하며 인문학을 접할 수 있다.

사회학의 경우 역시 토론동아리, 시사동아리, 통계동아리 등을 활용해 다문화, 난민, 행정, 빈부격차 등 사회에 당면한 문제들에 대한 다양한 활동을 해보는 것이 도움이 된다. 역사학과는 초등학교 때부터 역사유적지를 방문하거나 박물관에 가보는 것을 추천한다.

심리학과의 경우 고등학교에서 다양한 활동을 하는 것이 다소 한계가 있으므로 또래상담동아리나 아동센터 봉사활동, 동아리 내에서 프로이트뿐 아니라 다양한 주류 심리학 이론에 대해 조금이나마 다뤄보는 것이 좋다. 특히 교육심리학의 경우 학생들 자신에게 적용해볼 수 있는 이론이 많으므로 행동주의, 인지심리학 등 다양한 이론을 탐구해보는 것도 추천한다.

정치외교학의 경우 그 해에 일어나는 국제이슈, 특히 한·일 관계에 대해서는 매년 관련 이슈가 터지는 경우가 많기 때문에 그에 대해 생각해보고 의견을 나눠볼 수 있다.

	대학('14~'24년)			전문대('14~'24년)		
	인력 공급(A)	구인 인력 수요(B)	차이 (A−B)	인력 공급(A)	구인 인력 수요(B)	차이 (A−B)
인문	356	255	101	59	77	−18
사회	840	623	217	487	260	228
예체능	352	305	46	288	207	81
사범	182	62	120	92	69	22
자연	368	312	56	130	−9	139
공학	754	969	−215	395	438	−43
의약	170	173	−4	276	214	62

위의 표를 보듯이 인문 사회계열의 초과 인력이 많다. 이에 노동시장 초과공급에 따른 미스매치를 최소화하기 위해 차별화된 미래인재 양성의 필요성이 요구된다. 비록 저출산 등의 영향으로 학령인구가 감소하면서 인력의 초과공급 상태는 꾸준히 감소할 것이지만, 앞으로 10년간은 여전히 초과공급 상태가 지속될 것이다. 따라서 인문 사회계열의 진로를 희망하는 학생은 남들과 다른 자신만의 특기를 살려 차별성이 있는 인재가 될 필요가 있다.

2015개정 교육과정
경제·경영·인문·사회계열 전공을 위한
과목선택 로드맵

　　2015 개정 교육과정은 학생들이 자신의 진로, 진학과 연계하여 자율적으로 과목을 선택하여 이수할 수 있게 되었다. 따라서 진학하고자 하는 학과에 관련된 교과목의 이수를 통해 전공적합성을 드러낼 수 있다. 또한 학과에 따라서 반드시 이수해야 하는 과목도 있으니 신중해야 한다.

고등학교 보통 교과 교과목 구성표

교과영역	교과(군)	공통과목	선택 과목	
			일반선택	진로선택
기초	국어	국어	화법과 작문, 독서, 문학, 언어와 매체	실용국어, 심화국어, 고전읽기
	수학	수학	수학I, 수학II, 미적분, 확률과 통계	실용수학, 기하, 경제수학, 수학과제 탐구
	영어	영어	영어회화, 영어I, 영어II, 영어 독해와 작문	실용영어, 영어권 문화, 진로영어, 영미 문학읽기
	한국사	한국사		
탐구	사회	통합사회	한국지리, 세계지리, 세계사, 동아시아사, 경제, 정치와 법, 사회문화, 생활과 윤리, 윤리와 사상	여행지리, 사회문제 탐구, 고전과 윤리
	과학	통합과학 과학탐구 실험	물리학I, 화학I, 생명과학I, 지구과학I	물리학II, 화학II, 생명과학II, 지구과학II, 과학사, 생활과 과학, 융합과학

체육 예술	체육		체육, 운동과 건강	
	예술		음악, 미술, 연극	
생활 교양	기술·가정		기술·가정, 정보	
	제2외국어		독일어I, 일본어I, 프랑스어I, 러시아어I, 스페인어I, 아랍어I, 중국어I, 베트남어I	독일어II, 일본어II, 프랑스어II, 러시아어II, 스페인어II, 아랍어II, 중국어II, 베트남어II
	한문		한문I	한문II
	교양		철학, 논리학, 심리학, 교육학, 종교학, 진로와 직업, 보건, 환경, 실용경제, 논술	공학일반, 창의경영, 지식재산일반

이후 전문적인 학습을 위해서 전문교과의 과목을 선택할 수도 있다.

〈예, 국제계열〉

교과(군)	과 목
국제 계열	국제정치, 국제 경제, 국제법, 지역 이해, 한국 사회의 이해, 비교문화, 세계 문제와 미래사회, 국제관계와 국제기구, 현대 세계의 변화, 사회탐구 방법, 사회 과제 연구

Q 2,3학년 때는 진로에 맞는 계열별 교과를 적절하게 선택해야 하지만 여건상 개설이 안 되는 경우는 어떻게 해야 하나요?

A 그럴 때에는 거점형 선택교육과정, 연합형 선택교육과정, 온라인 선택교육과정이 있습니다. 먼저 거점형 선택교육과정은 거점학교에서 운영하는 교육과정에 시나 구단위 인근 학교 학생이 참여하여 공부할 수 있습니다. 두 번째로 연합형 선택교육과정은 인접학교들이 특정 교과목을 공동 운영하는 권역별 교육과정입니다. 마지막으로 온라인 선택교육과정은 "교실온닷(한국교육개발원 서버)"을 활용한 미네르바 스쿨 방식의 미래형 교육과정도 있어 진로에 맞는 다양한 교과를 선택해서 들을 수 있도록 준비하고 있으니 이를 활용하여 전공적합성을 보여주면 좋을 것입니다.

경영·경제계열 진로를 위한 3년간 교육과정

구분	1-1	1-2	2-1	2-2	3-1	3-2
기초	국어 수학 영어 한국사	국어 수학 영어 한국사	문학 수학I 영어I	언어와 매체 수학II 영어II 확률과 통계	독서 미적분 영어독해와 작문	독서 미적분 영어독해와 작문
탐구	통합사회	통합사회	생활과 윤리 한국지리	사회문화 정치와 법	경제 세계사 세계지리 사회문제 탐구	경제 세계사 세계지리 사회문제 탐구
	통합과학 과학탐구실험	통합과학 과학탐구실험	물리학I			
체육·예술	체육 음악 미술	체육 음악 미술	운동과 건강 미술감상과 비평	운동과 건강 미술감상과 비평	운동과 건강	운동과 건강
생활·교양			한문I	중국어I	창의 경영 중국어II	창의 경영 중국어II

Q 경영학과로 진로를 정하려면 어떤 과목을 들어야 하나요?

A 경제, 생활과 윤리, 실용수학, 경제수학, 국제 경제 같은 과목을 들으면 좋습니다.

Q 특정학과와 관련해서 들으면 좋은 과목들이 있을까요?

A 경영학과나 경제학과는 문과계열임에도 수학에 대한 중요도가 높기 때문에 경제 수학, 사회문제 탐구, 수학 과제탐구 과목을 들으면 좋습니다. 이후에 가능하다면 전문교과 중에서 국제 경제나 기업과 경영과 같은 과목을 수강하는 것을 추천합니다.

Q 경제학과에 진학하려면 어떤 자질들이 필요할까요?

A 경제학과는 다양한 사회 현상을 경제학과 연계하려는 노력을 요합니다. 또한 일상생활에서 일어나는 여러 현상들을 빅데이터를 활용하여 그 가능성을 예측하고 활용하려는 자세를 가진다면 좋을 것입니다.

통계계열 진로를 위한 3년간 교육과정

구분	1-1	1-2	2-1	2-2	3-1	3-2
기초	국어 수학 영어 한국사	국어 수학 영어 한국사	문학 수학I 영어I	언어와 매체 수학II 영어II 확률과 통계	독서 미적분 수학과제탐구 영어독해와 작문	화법과작문 미적분 수학과제탐구 영어독해와 작문
탐구	통합사회	통합사회	생활과 윤리	세계지리 사회문화	경제 정치와법 사회문제탐구	경제 정치와법 사회문제탐구
	통합과학 과학탐구실험	통합과학 과학탐구실험	화학1 생명과학I	물리학1 지구과학1	생활과학	융합과학
체육·예술	체육 음악 미술	체육 음악 미술	운동과 건강 미술감상과 비평	운동과 건강 미술감상과 비평	운동과 건강	운동과 건강
생활·교양			한문I	중국어I	심리학 가정과학	심리학 가정과학

Ⓠ 통계학과로 진로를 정하려면 어떤 과목을 들어야 하나요?

Ⓐ 확률과 통계, 미적분, 경제수학, 수학 과제탐구 같이 수학과 관련된 과목
을 들으면 좋습니다.

Ⓠ 수학을 잘 못하는데 통계학과에서 특히 중요하게 쓰이는 수학 범위가 있다면 어
디일까요?

Ⓐ 일반적으로 '통계학' 하면 고등학교에서 배우는 수학과목 가운데 '미적분'이
나 '확률과 통계'의 심화과정이라고 생각하는 학생들이 많습니다. 하지만
고등학교에서 배우는 '미적분, 확률·통계'는 대학에서 배우는 것과는 접근
방식이 다릅니다. 고등학교 공부는 공식 암기를 바탕으로 문제를 푸는 것
이 주목적이었다면, 대학에서는 이를 수학적으로 깊이 연구하고, 단순한
문제풀이를 넘어 통계분석을 어떻게 실생활에 접목할지 배우게 됩니다.

학년별 커리큘럼을 살펴보면, 1학년 때는 '미적분학'과 '일반 통계학'으로 전
공을 위한 수학적 기반을 다지고, 통계학에서 수학은 학문의 시작점과 같
은 역할을 합니다. 2학년 때는 '확률 응용이나 표본을 다루는 법'을 배우
고, '인구 주택 총조사'나 '대통령 지지율 조사' 등을 활용하여 수학적 활용
능력을 향상시켜 나갑니다. 3학년 때는 '통계학의 꽃'이라고 할 수 있는 '수
리 통계학'을 공부합니다. 수리 통계학은 '정규 분포'나 '이항 분포' 개념의
심화과정이라고 이해하면 됩니다. 4학년 때는 앞서 배운 지식을 바탕으로
다양한 통계학적 실습을 진행하여 생활 속에서 발생하는 다양한 문제를
해결할 수 있는 능력을 키워나갑니다.

Ⓠ 통계학 전공에 잘 맞는 성격이나 능력은 무엇일까요?

Ⓐ 수학을 좋아하고 자신의 성격이 분석적, 논리적이라면 좋습니다. 또한 대

부분 실습이 컴퓨터로 이뤄지는 만큼 컴퓨터에 능숙하다면 훨씬 유리합니다. 통계학에 흥미가 있다면 프로그래밍 언어를 배워 복잡한 문제를 소프트웨어를 활용하여 해결할 수 있는 방법을 익히는 것도 좋습니다. 통계는 데이터를 다루는데, 여기엔 신뢰도가 매우 중요하기에 현상을 파악하고 결과를 도출하는 데 신뢰할 수 있으며 정확한 데이터를 제공할 수 있어야 합니다.

Q 통계학과를 지망하는 학생에게 책 한 권을 추천해주세요.

A 서점에 나가 통계학이나 수학 관련 전공 서적을 훑어본다면 낙담할지도 모릅니다. 무슨 말인지 모르겠고, 머리가 핑핑 돌지도 모르기 때문입니다. 전공 서적을 읽겠다고 욕심부리기보다는 카이저 펑이 쓴 『넘버스, 숫자가 당신을 지배한다』를 읽어 보고, 이후 우리 주변에서 일어나는 현상으로 확장해나갈 것을 권합니다.

Q 통계학의 미래는 어떠할까요? 기술이 발달하면서 인간을 제치고 데이터를 분석해 결론을 내리는 일을 컴퓨터가 대체하진 않을까요?

A 예리한 질문입니다. 2008년 구글의 수석 경제학자인 할 베리언(Hal Varian)은 통계학이 '다음 세대 꿈의 직종'이 될 것이라고 예언할 정도로 《뉴욕 타임스》를 비롯하여 많은 국내외 언론도 앞다퉈 통계학의 밝은 전망을 제시했습니다. 그런데 사실 모든 학문이 마찬가지겠지만, 컴퓨터가 발전하면 인간이 수행하던 많은 부분을 기계가 대체할 것입니다. 기계는 많은 작업을 빠르게 처리할 수 있지만, 데이터를 분석하여 유의미한 값을 얻는 일은 아직도 인간의 손이 필요합니다.

요즘 데이터 분석전문가의 인력 수요가 늘고 있는 이유가 여기에 있습니다.

또한 통계에 컴퓨터공학, 금융, 보건, 사회 등 자신의 능력을 발휘할 분야를 접목한다면 컴퓨터가 대체할 수 없는 전문가로 활동할 수 있을 것입니다.

회계·세무계열 진로를 위한 3년간 교육과정

구분	1-1	1-2	2-1	2-2	3-1	3-2
기초	국어 수학 영어 한국사	국어 수학 영어 한국사	문학 수학I 영어I	언어와 매체 수학II 영어II 확률과 통계	독서 미적분 수학과제탐구 영어독해와 작문	화법과작문 미적분 수학과제탐구 영어독해와 작문
탐구	통합사회	통합사회	생활과 윤리	세계지리 사회문화	경제 정치와법 사회문제탐구	경제 정치와법 사회문제탐구
	통합과학 과학탐구실험	통합과학 과학탐구실험	물리학I			
체육·예술	체육 음악 미술	체육 음악 미술	운동과 건강 미술감상과 비평	운동과 건강 미술감상과 비평	운동과 건강	운동과 건강
생활·교양			한문I	중국어I	논리학 논술	논리학 논술

Q 세무·회계학과를 진학하려면 어떤 과목을 들어야 하나요?

A 사회과학계열 특성상 수학교과가 매우 중요하며, 사회교과의 일반선택 중 경제, 정치와 법, 사회·문화를 공부하면 도움이 되고, 생활·교양 과목에서는 일반선택의 논리학, 논술과목을 들으면서 논리적인 추론능력을 향상시키는 것이 중요합니다.

Q 회계·세무학과에선 어떤 걸 배우나요?

A 사회에서 회계 관련 일을 하기 때문에 '회계 원리'와 재화 및 서비스에 대한 최적의 원가를 산출하는 '원가 회계'를 공부합니다. 2학년이 되어 배우는 내용은 회계 원리의 심화편이자 전공 과목의 꽃인 '재무 회계', 원가 회계를 바탕으로 사업에 대한 의사결정을 하는 데 필요한 '관리 회계', 경영에 필요한 의사 결정을 익히고, 주식이나 채권 등 금융 상품의 가치를 측정하는 '재무 관리', 그리고 법인세, 소득세, 부가가치세, 상속·증여세 등을 다루는 '세법' 등을 배웁니다.

3학년 이후부터는 그동안 배운 전반적인 과목의 상급 강의를 선택하여 재무관리의 심화편인 '투자론', 기업의 인수·합병을 다루는 '고급 회계', 기업이 회계 장부를 법에 맞게 제대로 작성했는지 평가하는 '회계 감사', 원가 회계의 심화편인 '관리 회계' 등의 수업이 있습니다.

Q 회계학이나 세무학 전공자들은 무척 꼼꼼하고 깐깐하고, 매사에 완벽을 추구할 것 같은 이미지예요. 학과 분위기도 딱딱하고 보수적일 것 같고요. 실제로도 그런 편인가요?

A 숫자와 수치를 다루기 때문에 꼼꼼함이 필요한 건 사실입니다. 하지만 미래의 신입생들에게 벌써부터 그런 점을 강조하기보다는 학과 공부를 열심히 하다 보면 누구나 자연스럽게 꼼꼼해지기 때문에 털털한 성향이라고 너무 걱정할 필요는 없습니다.

Q 회계·세무학과 학생들 대부분이 CPA 시험을 준비하나요?

A 성별에 따라 차이를 보이는데, 남학생의 70~80%, 여학생의 30~40% 정도가 도전하는 편입니다. 시험이 1년에 한 번 치러지는 것에 대한 불안감

이나 언제 합격할지 모른다는 막막함을 안고 가야 하기 때문에 여학생의 30~40% 정도가 도전하는 편으로 여학생이 남학생의 비해 비교적 적게 준비하는 편입니다.

Q 회계사나 세무사가 아닌 다른 진로에는 어떤 것이 있나요?

A 전공 공부를 충실히 한 학생들은 기업의 재무 팀이나 회계 팀, 은행, 증권사, 보험사 등의 금융업계, 각종 공기업이나 세무공무원 쪽으로 많이 진출하는 편입니다. 회계·세무학이 원래 경영학에서 파생된 학문이기 때문입니다.

요즘에는 대학에서 CPA를 준비하지 않는 사람들을 위해 필수 전공을 줄이고 복수전공을 하지 않아도 경영학 수업을 일정 학점 이상 들으면 경영학 학위를 주는 곳도 있습니다.

인문계열 진로를 위한 3년간 교육과정

구분	1-1	1-2	2-1	2-2	3-1	3-2
기초	국어 수학 영어 한국사	국어 수학 영어 한국사	문학 수학I 영어I	언어와 매체 수학II 영어II	독서 영어독해와 작문 영미문학 읽기	화법과작문 영어독해와 작문 영미문학 읽기
탐구	통합사회	통합사회	생활과 윤리 한국지리 사회문화	정치와 법 동아시아사	세계사 세계지리 윤리와 사상 사회문제탐구	세계사 세계지리 윤리와 사상 사회문제탐구
	통합과학 과학탐구실험	통합과학 과학탐구실험		과학사		
체육·예술	체육 음악 미술	체육 음악 미술	운동과 건강 미술감상과 비평	운동과 건강 미술감상과 비평	운동과 건강	운동과 건강

생활·교양			한문I	중국어I	철학 중국어II	철학 중국어II

출처 : 2015개정 교육과정에 따른 선택과목 안내서(서울시 교육청)

Q 인문계열 진로를 하려면 어떤 과목을 들어야 하나요?

A 생활과 윤리, 동아시아사, 한국지리, 윤리와 사상, 세계사 등을 추천합니다.

Q 특정학과에 관련되어 들으면 좋은 과목들이 있을까요? 예를 들어 철학과를 생각한다면?

A 철학과와 관련된 과목들은 생활과 윤리, 윤리와 사상, 철학 등의 과목이 있습니다.

Q 지리학과가 학교마다 다르지만 경희대처럼 인문대학에 있는 학교도 봤습니다. 지리학과에 가려면 어떤 과목을 들으면 좋을까요?

A 세계지리, 한국지리뿐만 아니라 지질 이해를 위한 지구과학 과목도 지리학과와 연관이 되어 있습니다.

Q 사학과는 한국사가 떠오르는데 한국사 외에도 관련된 과목이 또 있을까요?

A 한국사가 사학과에 대표적인 과목으로 생각될 수도 있지만 역사란 그 나라 밖의 상황과도 맞물려 여러 가지 사상과도 깊은 연관이 있기 때문에 동아시아사, 세계사, 생활과 윤리, 윤리와 사상 과목들이 다 연계된 과목입니다.

사회계열 진로를 위한 3년간 교육과정

구분	1-1	1-2	2-1	2-2	3-1	3-2
기초	국어 수학 영어 한국사	국어 수학 영어 한국사	문학 수학Ⅰ 영어Ⅰ	언어와 매체 수학Ⅱ 영어Ⅱ 확률과 통계	독서 미적분 영어독해와 작문	독서 미적분 영어독해와 작문
탐구	통합사회	통합사회	생활과 윤리 한국지리	사회문화 정치와 법	경제 세계사 세계지리 사회문제탐구	경제 세계사 세계지리 사회문제탐구
탐구	통합과학 과학탐구실험	통합과학 과학탐구실험	생활과 과학			
체육·예술	체육 음악 미술	체육 음악 미술	운동과 건강 미술감상과 비평	운동과 건강 미술감상과 비평	운동과 건강	운동과 건강
생활·교양			한문Ⅰ	중국어Ⅰ	창의경영 중국어Ⅱ	창의경영 중국어Ⅱ

출처 : 2015개정 교육과정에 따른 선택과목 안내서(서울시 교육청)

Q 사회계열 진로는 무엇을 들어야 할지 모르겠어요. 알려주세요.

A 아무래도 문과계열이다 보니 인문계열과 크게 다르진 않습니다. 하지만 기본적으로 들어야 할 과목에 학과마다 추가로 들어야하는 과목들이 있습니다.

Q 예를 들면요, 심리학과는 어떤가요?

A 심리학과는 실제로 실험연구를 많이 합니다. 사회문제와도 관련이 있기 때문에 사회문화, 사회문제 탐구와 같은 과목을 들으면 좋습니다.

Q 사회학과는 어떤가요?

A 사회학과에서는 여러 가지 실제 사회에 일어나는 일들을 다루고 있기 때문에 사회문화에서 기능론, 갈등론 등을 배우거나 사회문제 탐구를 통해 실제 사회문제를 해결해보는 탐구활동을 가져보는 것을 추천합니다.

Q 행정학과를 지원한다면 따로 들어야 하는 과목이 있을까요?

A 행정학과도 사회의 체제에 대해 배우기 때문에 정치와 법, 경제, 그리고 사회문화도 들으면 좋습니다.

나의 꿈을 위한 나만의 교육과정 작성해보기

학년/학기	1-1	1-2	2-1	2-2	3-1	3-2
기초						
탐구						
체육·예술						
생활·교양						

※ 작성 시 각 학교의 작년 교육과정을 참고하는 것도 좋음

창의적 체험활동으로
구체화하자

자율활동의 구체화

생활기록부 자율활동의 핵심은 '학교 내 활동'이다. 자율활동에서 지난 2년 간 가장 크게 변한 부분은 교내 대회 참가 사실을 '행사'라는 이름으로 바꾸어 쓸 수 없게 되었다는 것이다. 이를 제외하면 포함될 수 있는 교내활동의 범위는 지난 2년간 변화한 것이 없다. 학교 외 활동에 큰 의미를 두었다고 하더라도 생활기록부에 기록할 수 없기 때문에 학교 내 행사에 중점을 두어야 한다. 이러한 활동에는 학급 반장 부반장 등과 같은 학급 1역할 활동, 임원은 아니더라도 리더십을 보여줄 수 있는 활동, 교내 자치회나 학생회와 같은 학교 자치활동, 축제, 수련회와 같은 각종 행사에 참여하여 자신이 주도적으로 노력한 활동, 학교의 다양한 강의 등이 자율활동의 소재가 될 수 있다.

특히 각종 활동들은 그때그때 즉시 메모하고 자신에게 의미가 있는 활동들을 정리해두는 것이 필요하다. 또한 진로활동과 비교하여서도 학생 개개인의 역량이나 전공적합성을 드러낼 여지가 더욱 적어서 자율활동 기재란을 제대로 활용하고 있는 학교가 전무한 실정이다. 자율활동란을 종합전형에서 제대로 이용할 수 있는 여지가 적기 때문에 대부분 학교에서는 의미없는 내용들로 작성하였다.

예를 들어 화재예방강연을 들은 학생이 그렇지 않은 학생보다 여러 소양을 키울 수 있었겠지만 화재예방강연을 들었다고 대학에서 이 학생을 선발하고, 들지 않았다고 탈락시키지 않는다는 것은 당연한 일이다. 따라서 생기부 자율활동을 통해서 가장 잘 드러낼 수 있는 역량은 '인성'이라고 볼 수 있다. 학교의 자율활동으로 분류되는 활동들을 통해 학생에 대해 알 수 있는 부분은 리더십, 협력, 배려, 나눔, 갈등관리 등이다.

자율활동에서 '나는 학업 역량까지 드러내겠다' 혹은 '수학 잘하는 것을 자율활동에 녹여내야겠다'라고 생각하는 학생이 있다면 다시 한 번 생각해보는 게 좋다. 오히려 전공에 대한 관심을 키우거나 동기를 얻게 된 계기로 사용하는 것이 좋다. 또한 '종합의견 및 행동특성'란과 함께 인성 역량을 보일 수 있는 활동으로 사용하면 더욱 좋은 결과가 있을 것이다.

예를 들어 종합의견 및 행동 특성에서 '반장으로서 학급을 잘 이끌었다' 정도의 언급만 있다면 자율활동란에서는 어떤 학교 학급 활동(학급회의 학급자치회 체육대회 등)에서 어떻게 잘 이끌었는지를 설명할 수 있는 여지가 충분히 있을 수 있다.

새롭게 개정된 '생활기록부 작성 및 관리지침'에 따르면 생활기록부 자율활동 기재 글자수가 1,000자에서 500자로 줄어들었다. 그래서 어떤 활동을 선별하여 기재할 것인지가 더욱 중요해졌다.

📋 메모 예시

날짜	교육명	내용 및 감상
5월 20일	학급테마여행	내용) 내 고장 문화유산 찾기 학급테마로 지역 일대의 문화유산을 탐방. 고장의 역사와 관련된 인물을 소개하는 역할을 맡아 미리서 준비하고 발표함. 감상) 지역의 역사와 인물을 조사하면서 알지 못했던 지역의 관광상품들에 대해 알게 되었고 이를 이용한 여행상품을 만들고 싶다는 생각을 하게 됨. 이를 위해 지역 문화를 이용한 축제에 대해서 살펴보고 이들의 경제적 효과에 대한 보고서를 작성함.

동아리활동의 구체화

　우선 학과별로 연계 가능한 고교 동아리를 소개해본다. 사회과학의 특성상 다양한 분야에 접목이 가능하기 때문에 반드시 전공과 관련된 동아리에 가입해야 하는 것은 아니다. 오히려 자신만의 전문적인 분야를 동아리활동을 통해 보여주는 것도 좋은 방법이 될 수 있다.

　예를 들어 식품공학과와 관련된 동아리에서 활동을 하고 요식업과 관련된 사업계획서를 써보거나, 축산학과 관련 동아리활동 이후에 농축산물 시장 개방에 따른 국내시장의 변화를 보고서로 써보는 것도 한 방법이 될 수 있다.

학과	동아리
국어국문학과	독서, 논술교육 / 다문화교육 / 고전연구반 / 교지편집반
중어중문학과	중국어회화반 등 중국 관련 동아리
영어영문학과	독서, 논술교육 / 다문화교육 / 진로와 직업탐색 / 문학 동호회 / 시사영어 소모임 / 원어 연극 / 영어교사준비소모임
독어독문학과	국제이해교육 / 독서, 논술교육 / 창의성 교육 / 논술반 / 독서반 / 시사탐구&토론반
불어불문학과	국제이해교육 / 다문화교육 / 창의성 교육 / 고전 연구반 / 독서반 / 영어회화, 토론반
노어노문학과	국제이해교육 / 독서, 논술교육 / 다문화교육 / 시사탐구&토론반 / 역사 문화탐구반 / 독서반
철학과	철학토론 동아리
사학과	국제이해교육/독서, 논술교육 / 향토교육 / 고전연구반 / 독서반 / 역사, 문화 탐구반
고고미술사학과	독서, 논술교육 / 창의성교육 / 향토교육 / 논술반 / 독서반 / 역사, 문화 탐구반
사회학과	경제교육 / 독서, 논술교육 / 인권평화교육 / 교지편집반 / 시사탐구&토론반 / 역사 문화탐구반
심리학과	독서, 논술교육 / 민주시민교육 / 인권평화교육 / 고전연구반 / 독서반 / 시사탐구&토론반
행정학과	독서, 논술교육 / 창의성 교육 / 독서반 / 시사탐구&토론반
정치외교학과	독서, 논술교육 / 정서교육 / NIE 교육 / 논술반 / 영소설독해반 / 영어 회화토론반
경제학과	경제 관련 이슈 토론 동아리 / 경제 신문 탐독 모임 등

📋 동아리 계획서 예시

일자	주제	활동내용
3.06	동아리 프로젝트 소주제 정하기	경제 관련 활동을 탐색해보고 소주제 정하기
3.20	관련 도서 읽고 토론	인도의 그라민 은행에 대한 영상 및 독서 조세제도에 대한 연구
4.03	프로젝트 선정	미소금융의 취지와 목적 알기
5.15	프로젝트 수행	미소금융 홍보 봉사활동에 대한 강의 조세에 대한 도표 작성
7.07	동아리 발표대회	

출처 : 충북대 진로탐색 워크북

동아리활동에서 R&E는 학생부종합전형에서 가장 큰 논란과 관심의 대상이었다. 이제는 R&E 관련 내용은 전면 폐지된 상태로 생기부 어디에도 적힐 수 없다. 또한 자율동아리활동은 현재 제목과 간단한 활동 내용만 30자 정도 적는 것으로 바뀌었다.

여기서 R&E에 대해서 오해를 풀고 가야 하는데 학생부종합전형의 초기 시절부터 마치 R&E가 학생부종합전형 합격의 필수 요소이고 이것이 없으면 불합격하는 것처럼 오해하기도 하지만 절대 사실이 아니다.

R&E가 학생의 학업과 탐구 역량을 확인할 수 있는 중요한 활동 중 하나인 것은 맞지만 학생의 학업 역량을 R&E로만 확인할 수 있는 것도 아니며 꼭 이활동을 통해서만 역량을 보여주는 것은 아니다. 중요한 것은 내용의 질이고 얼마나 관심을 가지고 연구하려는 자세를 가지고 있는지이다.

우선 동아리활동란이 어떤 형식으로 구성이 되어있는지를 먼저 살펴볼 필요가 있다. 동아리활동란은 1500바이트 띄어쓰기 포함하면 약 500~550자 정도

이다. 이제 학생들은 학년당 1개의 정규동아리활동을 할 수 있고 자율 동아리는 학년당 한 개만 입력하되 동아리명과 함께 소개를 30자 이내로 입력할 수 있다. 예를 들어 "(위드유:자율동아리) 소외 계층을 위한 봉사동아리" 이렇게 기록할 수 있다.

동아리활동의 핵심은 '어떤 동아리를 했느냐'가 아니라 동아리에서 '어떤 활동을 했느냐'이다. 광고홍보학과에 가려는 학생이 광고동아리를 안 했다고 감점이 되는 것은 아니다. 광고홍보학과에서 도움이 되는 활동을 과학탐구반에서 할 수도 있다. 과학탐구반 축제 포스터 디자인하고 광고홍보 기획을 담당하면 광고 동아리에서 한 것과 차이가 없다.

마지막으로 동아리활동 기재에 R&E가 빠지고 자율동아리 기재가 간소화될 때에도 R&E 활동 자체가 중요한 것이 아니라 R&E에서 '어떤 탐구를 어떻게 했냐'가 중요하기 때문에 바뀐 것이 없다.

예를 들어 올해까지 R&E에서 '세균 연구'를 소논문으로 작성하는 탐구를 했다고 했을 때. R&E가 없어지면 이 활동은 이제 못 하는 활동일까? 아니다. '세균'과 관련한 독서를 하고 독서활동에 올릴 수도 있고 생명과학 시간에 '세균 연구' 보고서를 작성하고 세특에 올릴 수도 있다. 애당초 'R&E가 있냐, 없냐'로 판단을 하는 것이 아니라 세균에 관한 탐구활동을 보고 싶었던 것이라면 그러한 부분을 충족할 여지는 앞으로도 동일하게 존재한다고 생각하면 된다.

자율동아리 기재가 동아리 명과 간단한 활동만으로 간소화되는 것은 현재 R&E가 간소화되고 독서가 책이름만 적는 것으로 간소화된 것과 동일하다. 독서가 책이름만 적게 되었다고 해서 쓸모없어졌을까? 전혀 그렇지 않다. 자율 동아리활동 역시 간소화되어도 일정 수준의 역할과 중요성은 계속 가져가게 될 것이라는 점을 명심해야 할 것이다.

📋 메모 예시

날짜	교육명	내용 및 감상
6월 17일	통계분석 R	내용) 통계에 관심을 가지고 분석방법을 찾아 연구한 후 분석사례를 조사하고 직접 통계분석을 실시해봄. 지역의 작은 영화관이라는 협동조합을 알게 되어 영화관객 수에 영향을 미치는 요소들을 통계학적으로 분석해보기로 함. 여러 분석방법 중 회귀본석을 하기로 결정하고 이를 위한 R프로그램 연구를 실시함.

진로활동의 구체화

진로활동을 제대로 이해하기 위한 가장 빠른 방법은 자율활동과의 차이를 이해하는 것이다. 비슷한 두 활동이지만 자율활동은 교내의 여러 행사와 프로그램이 포함된다. 진로활동은 이러한 교내 활동 중에서 진로탐색 또는 진로를 위해 한 활동으로 정의할 수 있다. 진로활동과 자율활동은 대부분의 경우 명확하게 구분되지만, 경우에 따라서 둘 중 어디에 속해도 상관이 없는 경우도 있다. 교내 특강 같은 경우 이는 일반적인 교내 행사 중 하나로 판단하면 자율활동에 기재하지만 이 특강의 내용을 통해 진로 탐색에 영향을 미쳤다면 그 내용을 중심으로 진로활동에 기재할 수 있다.

결국 진로활동과 자율활동의 일부는 둘 중 어디에 들어가도 상관없는 활동이 된다. 이런 경우 어떤 내용을 어디에 쓸지를 남은 글자 수나 다른 내용들의 배치 등을 고려해서 전략적으로 기재할 수도 있다는 점을 명시해야 한다.

일자	주제	진로연관성
4.16	Dreams come true	빅데이터를 활용한 마케팅 전략 조사 및 보고서
5.4	찾아가는 입시설명회, 졸업생과의 진로 멘토링	진로 진학 계획서 작성 및 상담
5.16	수학체험 한마당	통계 부스 운영
5.20	4차산업혁명과 소통 플랫폼	독일의 4차산업 혁명 탄생과 성공사례 조사
6.2	지역 대학 경영학과 탐방	경영학과 경제학의 공통점과 차이점 확인
8.12	진로탐색의 날 활동	울산현대 축구단 방문 후 스포츠마케터에 대한 보고서 작성

📋 메모 예시

날짜	교육명	내용 및 감상
9월 8일	직업인 초청강연	내용) "NGO의 이해와 지역사회의 역할" 강연을 듣고 자신의 진로에 대해 성찰하는 계기로 삼음. 감상) 기업가 정신이라는 주제로 강연을 듣고 기업가는 이윤뿐 아니라 사회적 책임을 져야 함을 알게 됨. 인재유출을 막기 위한 방법으로 주4일제 근무를 생각해냄. 에네스티 기업이 주4일제를 채택한 후 실적이 향상되었다는 사실을 알게 됨. 노동시간이 아닌 효율로 말하는 시대가 되었음을 알고 기업경영자의 입장에서 어떻게 경영할 것인지에 대해 토론함.

이러한 창체활동을 각 학과를 진학하는 학생들이 어떻게 풀어낼 수 있을까?

경영학과 창체활동 들여다보기

구 분	농업 경영전문가를 꿈꾸던 선배의 로드맵		
	1학년	2학년	3학년
자율활동	기업인, 경제, 경영 명사특강	지역 산업체 방문 견학/체험	학생회 활동
동아리활동	시사 토론 동아리		
	영화동아리	환경동아리	주제탐구 학습 동아리
봉사활동	연탄봉사 / 굿네이버스 캠페인 / 환경보호 활동 / 멘토멘티		
진로활동	진로탐색강연 및 진로진학캠프	6차산업 특강 후 스마트농업 보고서작성	농산물 유통관리사 커리어 플레너 작성
진로독서	힐더월드 / 식량주권 / 서프라이즈 경제학 / 로컬 푸드		

　　이 학생은 1학년 때 꿈이 없어 진로를 찾기 위해 다양한 활동을 하였다. 이후 지역 산업체를 방문하고 경영학 관련 강의를 들으면서 경영전문가가 되기를 꿈꾸다가 환경동아리활동을 하던 중 로컬 푸드에 대해 관심을 가지고 농업을 경영과 연관시키고 싶다는 목표를 세웠다. 이후 1차산업(농업) 2차산업(생산업) 3차산업(서비스업)을 통합한 6차산업에 대한 특강을 듣고 빅데이터 시대에 필요한 농업에 관련된 보고서를 쓰며 그 꿈을 세분화시켰다. 이후 농산물 유통관리사가 되겠다는 꿈을 가지고 커리어 보고서를 쓰며 진로를 세웠다.

Q 경영학에도 많은 분야가 있는데 어떤 식으로 접근을 해야 할까요?

A 경영학은 모든 기업을 운영하는 데 있어서 필수적인 학문입니다. 그래서 경영학을 활용하여 호텔경영, 스포츠경영, 항공경영, 서비스경영 등 다양한 분야에서 활용이 가능합니다. 자신이 평소 관심이 있던 주제들을 가지고 학습한 후 경영학을 이용한 심도 있는 연구를 계획하면 그 분야의 전문가가 될 수 있습니다.

➡️ 자율활동

Q 학교에서 하는 자율활동이나 진로활동은 어떻게 연계할 수 있을까요?

A 모든 학교가 진로현장체험활동을 하고 있습니다. 체험활동을 가게 될 진로 현장 장소에 대해서 미리 조사하여 자신의 진로와 관련된 현장체험 장소로 선정하고 이곳에서 보고, 들었던 내용을 기반으로 경제적 효과까지 고려하여 작성한다면 충분히 전공적합성을 보여줄 수 있습니다.

Q 이번에 저희는 제주도로 수학여행을 가는데 미리 제주도에 대해서 알아봐야겠네요?

A 제주도로 수학여행을 가는 학교들이 많습니다. 제주에서의 관광효과라든지, 아니면 제주도를 가기 위해 들어가는 경비로 지역에서 할 수 있는 수학여행에 대한 상품을 만들어보는 것도 가능합니다.

📋 자율활동 활동 예시

활동내용	보고서/토론
융합탐구과학 페스티벌	미래 산업에 대한 보고서
모의유엔 활동	최근 사회문제 보고서
흡연예방교육	청소년 흡연 비율
학교폭력 및 성폭력 예방교육	학교폭력의 원인과 해결방안 / 관련 인터뷰
4차 산업혁명 강연	미래 산업 관련 보고서
학생회 활동	축제 계획 및 진행
수학여행	지역 관련 보고서

➡ 교내대회로 보는 비교과 활동

Ⓠ **이번에 영어경시대회를 나가게 되었는데 이를 어떻게 연결시킬 수 있을까요?**

Ⓐ 앞으로는 교내대회와 관련된 어떠한 내용도 수상한 내역 외에는 기재가 되지 않습니다. 수상 내역보다는 이 대회를 통해 배우고 느낀 점을 다른 교내 활동과 연계하여 더 발전시키면 좋습니다.

Ⓠ **다른 교내활동과 어떻게 연계시킬 수 있나요?**

Ⓐ 예를 들어 영어경시대회를 준비하면서 친구들과 영어 스터디를 만들어 경시대회에서 모르는 분야를 이해하기 위해 영어 원서를 같이 읽고 연계된 교과 탐구보고서를 작성했다면 이를 학생부에 녹일 수 있습니다.

Ⓠ **혹 상을 받지 못하게 되면 어떻게 하죠?**

Ⓐ 비록 상을 받지 못했더라도 자신이 했던 활동이 의미가 있다면 훨씬 입체적인 나만의 스토리를 만들 수 있습니다. 예를 들어 대회에서 수상을 하지 못했지만, 관련 주제로 탐구보고서를 작성하거나 수업시간에 주제발표를 하여 전공적합성을 심화시킬 수 있습니다.

➡ 합격한 선배의 실제 생활기록부 기록을 살펴보자

학년	창의적 체험 활동상황		
	영역	시간	특기사항
3	자율활동	46	학생 스스로 테마와 장소를 선정한 학생중심 수학여행에 참가하였음. (06. 07~06. 09) ⇩

| 3 | 자율활동 | 46 | 학생 스스로 테마와 장소를 선정한 학생중심 수학여행에 참가하였음.(06. 07~06. 09) 영광과 수난의 역사를 중심으로 금산사, 군산 근대역사 거리, 새만금, 광한루 등 전북지역 자연과 역사를 돌아보고 추억을 나눔. 지역 브랜드를 내세운 임실 치즈마을과 전주 한옥 마을을 보면서 다른 지역과 산업 효율성이 얼마나 차이가 나는지에 대한 생각해봄. 여행 후 근래 지역 브랜드를 내세운 지역에서 산업 침체 경향이 나타난다는 사실을 접하고 전주 한옥 마을의 상업형태가 단조롭다는 사실을 파악한 후 장기적으로 다양한 콘텐츠를 개발해야 할 것이라는 방안을 제시함. |

학교 연간행사인 수학여행이나 축제가 자율활동란에 무의미하게 채워지는 경우가 있다. 하지만 이러한 활동을 조금만 활용하면 자신의 전공적합성이나 자기주도성을 보일 수 있는 계기로 삼을 수 있다. 모든 학생이 참여하는 백화점식 나열의 학교 행사보다 자신이 직접 준비하고 노력하는 과정을 드러내야 한다. 예를 들어 제주도로 수학여행을 떠났을 때, 이로 인한 경제적인 지출이 어떻게 되고, 제주도 외의 국내 다른 지역으로 수학여행 상품을 만들어 보는 것도 좋은 경영학도의 자세일 수 있다.

학년	창의적 체험 활동상황		
	영역	시간	특기사항
2	동아리 활동	48	(마케팅게일 : 자율동아리) 마케팅에 대한 꾸준한 관심을 가지고 학교 홍보 전략을 세우는 자율동아리활동에 참여함. 조사결과를 바탕으로 인터넷 홍보를 활성화한 마케팅방법을 제시함. 이를 위한 관련 독서활동을 실시함. ⇓ (마케팅게일 : 자율동아리) 마케팅에 대한 꾸준한 관심을 가지고 자율 동아리활동에 참여함. 특히 학교 홍보 전략을 세우는 활동에서 전년도 대비 줄어든 신입생 수를 조사하고 분석하는 역할을 맡아함. 이 과정에서 자신이 속한 학교의 장단점을 단순 데이터 분석만이 아니라 앞으로 학교의 장점인 학생중심 프로그램 운영을 부각해야 한다는 견해를 제시하여 보고서 작성에 반영함. 직접 신입생들을 대상으로 학교의 장단점과 학교를 알게 된 경로를 설문조사하는 노력을 기울였고, 조사결과를 바탕으로 외부 학생들 중 대부분이 인터넷을 통해 학교 소식을 접했다는 것을 알고, 인터넷 홍보를 활성화한 마케팅방법을 제시하는 보고서를 작성함.

동아리가 자신의 진로와 관련하여 개설되어 있는 경우 선·후배와 함께 동아리 계획을 짜서 활동을 하면 문제가 없다. 하지만 진로 관련 동아리가 없는 경우는 자율동아리를 만들어 활동하면 된다. 생기부에 자율동아리는 객관적으로 확인 가능한 사항(동아리명, 동아리 소개)만 기재가 가능하지만, 진로활동이나 개인별 세특과 연계하여 활동 내용을 담임선생님께 보고서로 제출하여 반영될 수 있도록 할 수 있다.

학년	창의적 체험 활동상황		
	영역	시간	특기사항
1	진로활동	48	마케팅에 관심을 가지던 중 진로탐색의 날 활동으로 스포츠 마케터를 견학하기 위해 울산현대 축구단을 방문함. 이를 통해 스포츠마케터의 역할을 알게 되어 관련 보고서를 작성함. ⇩ 마케팅에 관심을 가지던 중 진로탐색의 날 활동으로 스포츠 마케터를 견학하기 위해 울산현대 축구단을 방문함. 포켓몬 고를 패러디한 영상을 sns로 홍보한 마케팅을 보고 스포츠마케터는 유행과 대중매체에 대해 박식해야 한다는 사실을 깨닫고 '스포츠 비즈니스 인사이트 : 스포츠는 경제를 어떻게 움직이는가'를 읽음. 이를 통해 관객을 소비자와 관람객으로써 이해해야 한다는 것을 깨닫게 됨. 이를 토대로 k리그 흥행을 위한 문제점 및 극복방안으로 질 낮은 심판으로 인한 질 낮은 서비스 1차고객인 관람객뿐만 아니라 2차고객인 시청자를 고려해야 한다는 자신의 생각을 표현함.

위 활동을 보면 알수 있듯이 진로활동을 통해 평소 관심 있던 경제현상을 이해하는 계기가 되었다. 특히 실제 생활에서 경제가 어떻게 적용이 되는지에 대한 연구를 통해 탁상공론의 학문이 아닌 실제생활에 살아있는 학문에 대한 관심을 키우게 된 경우다. 스포츠를 즐기는 거리가 아닌 경영학적 요소로 생각하면서 이 산업이 발달하고 성공하기 위해서 고객들의 충성도를 높여야 하고 이를 위해서 심판의 질을 높여 관람객과 시청자 모두에게 만족감을 줄 수 있는 방법이 필요하다는 결론을 얻게 된 사례로 실제 생활에서 쉽게 볼 수 있는 소재를 잘 활용했다.

경제학과 창체활동 들여다보기

경제전문가를 꿈꾸던 선배의 로드맵			
구 분	1학년	2학년	3학년
자율활동	학급 실장 인문학 특강	학급 실장 금융감독원 금융교육 토탈네트워크 강좌 수강 동아리 및 캠프자료집 편집위원회 활동	학생회 활동 수학 멘토링 활동
동아리활동	경제 동아리(자율동아리) : 경제 기사 스크랩 / 사회적 기업 관련 신문 스크랩, 대학 교수 초청 환율 특강, 사회적 금융 보고서 제출 / 과거 경제 개발 계획 보고서 작성, 지역 불균형 관한 기사 스크랩, 살충제 계란 보고서 작성		
	영자신문 동아리	수학 토론 동아리	경제수학 동아리
봉사활동	노인보호센터 봉사활동 / 수학 멘토 / 급식 봉사 도우미		
진로활동	진로직업 박람회	진로캠프	TESAT 준비 지역 불균형 문제 해소 방안 연구 보고서
진로독서	청소년을 위한 자본론 및 국부론, 농업의 대반격 등 전공 관련 다수		

이 학생은 사회적 금융가와 경제연구원의 꿈을 가지고 꾸준히 노력한 모습을 보여준다. 특히 3년간 경제동아리에서 지속적인 활동을 통해서 사회적 금융 보고서 및 과거 경제개발계획, 지역 불균형보고서 등 경제의 전반적인 부분에 관심을 가지고 활동하면서 자신의 관심을 키웠다. 조직의 성장을 위한 전략적인 사고력에 중심을 두기보다는 시장의 흐름에 대한 통찰력을 키우는 활동들을 주로 했다.

Q 경영학과와 경제학과가 비슷해 보이는데 어떤 차이가 있나요? 많이 다른가요?

A 경제학은 한 국가의 경제 전체를 분석하는 학문입니다. 경제학에선 상품과 서비스가 거래되는 시장과 그 시장의 메커니즘이 가장 중요합니다. 그리고

어떤 시장의 구조와 규칙에 따라 크게 미시경제학과, 거시경제학으로 나눠 집니다. 거시경제학에서는 경제 규모의 확대 및 축소, 지금까지의 추이를 분석하고, 미시경제학에서는 국가 전체보다는 경제 주체 사이의 선택과 가격 결정 원리를 연구합니다.

반면에 경영학은 기업의 경제 행위를 연구하는 학문입니다. 조직 자체에 주목해 어떻게 하면 그 조직을 잘 운영할 수 있는지 연구합니다. 경영학은 경영전략, 마케팅, 인사, 재무, 회계, 경영정보, 생산관리 등을 배우지만, 모두 조직의 가치 상승과 경쟁력 확보를 주요 목표로 한다는 공통점이 있습니다. 이론과 현실을 접합하여 실질적으로 업무 현장에서 활용되는 기술을 배우고, 조직의 생산성을 높이기 위한 문제 해결 능력을 배울 수 있는 실용적인 학문입니다

즉 경제학은 자본주의 사회에서 세상의 큰 흐름을 파악하고 진단하는 소양을 배운다면, 경영학은 현실과 이론을 접목해 조직의 성장을 위한 전략적인 사고력을 기르는 곳이라고 할 수 있습니다.

경제학과 경영학에서 배우는 과목(서울대학교 경제학과, 경영학과 이수표)		
학년	경제학과	경영학과
1학년	경제학원론1, 경제학원론 2	경영학원론, 경제원론, 회계원리
2학년	미시경제이론, 경제사, 경제수학	중급회계, 경영과학, 조직행위론, 기업법,
3학년	노사관계론, 화폐금융론, 한국경제사, 경제학사	관리회계, 마케팅관리, 국제경영, 공급사슬관리
4학년	환경경제학, 금융중개와 규제, 시장설계 이론	고급회계, 마케팅조사론, 파생금융상품론

➡ 경제학과 주요 교과목

경제학 원론 : 자원의 효율적이고 공평한 분배에 초점을 둔 개별 상품의 가

격 결정이론과 국민경제의 총체적인 측면에서 국민소득과 고용의 결정이론을 배운다.

게임이론 : 상충적이고 경쟁적인 조건에서 경쟁자 간 경쟁 상태를 모형화하여 참여자의 행동을 분석함으로써 최적의 전략을 선택하는 것을 이론화하는 방법을 배운다.

화폐금융론 : 화폐와 화폐를 사용하는 금융시스템이 경제에 미치는 영향을 연구하여 금융기관과 메커니즘 전반에 대해 배운다.

➡ 경영학과 주요 교과목

인사관리 : 인력관리 능력 배양을 위해 인력 선발, 평가, 보상 등에 관한 기초이론과 제도를 배운다.

재무관리 : 기업경영을 위해 필요한 자금을 효율적으로 조달하고, 여유자금을 운용하는 방법을 배운다.

관리회계 : 경영 의사결정 문제를 회계 정보에 따라 계량적으로 해결하는 방법을 배운다.

마케팅 원론 : 기업 경영의 중심과제로서 마케팅의 개념과 필요성에 대해 배운다.

마케팅 관리 : 기업경영의 마케팅 기능을 연구하는 과목으로 마케팅의 학문적 발전과정과 마케팅 개념, 환경, 전략 등에 대해 배운다.

경영과학 : 현실 의사결정 문제를 수리모형화하고, 그 해법을 개발하며, 제공한 해를 기반으로 의사결정하는 방법을 배운다.

경제학과와 경영학과의 활동내용은 차이가 있을 수 있다.

활동예시	경제학과	경영학과
창체활동	고려시대와 조선시대의 조세변화, 학교 신문에 경제칼럼 투고, TESAT 준비반 활동	"이동통신단말장치 유통구조 개선에 관한 법률'에 대한 연구와 레포트 작성 학급반장, 토론 사회자 우리나라 중고등 교사에 대한 조사 및 프레젠테이션
도서목록	시장 경제를 위한 진실게임 생각에 관한 생각	MIT 스타트업 바이블 광고 불변의 법칙

경영학과가 기업 등 여러 조직에서 팀워크를 이루어 목표를 세우고, 성과를 높이기 위해 노력하고 경영활동을 분석하는 학문인만큼, 주변 상황의 변화가 어떻게 기업 활동에 영향을 끼치는지에 관심을 가지고 연구하는 활동들이 중요하다. 그리고 경영이란 혼자 하는 것이 아니라 조직에서 이루어지는 것이므로 적극적인 학생회 활동이나 전체를 계획하고 진행하는 활동들을 하는 것이 필요하다.

반면에 경제학과는 경제 현상을 분석하는 논리력이 필요하므로 현 경제상황에 대해 비판적이고 논리적인 시각으로 칼럼을 읽고 분석하여 자기의 글을 쓰거나 과거의 경제 상황들에 대한 비교 및 정리활동을 하면서 경제적인 시각을 키우는 것이 좋다.

Q 경제학과 진학을 위한 진로활동은 어떤 것들이 있을까요?

A 전문 경제인이 되길 원한다면 전공과 연관된 교과 외 탐구활동을 성실히 했다는 것을 보여줄 수 있다면 좋습니다. 예를 들어 나만의 포트폴리오 만들기나 경제인과의 인터뷰와 같은 활동을 통해서 교과 성적뿐만 아니라 경제현상을 이해하기 위한 적극적인 활동을 보여주는 것도 방법이 될 수 있습니다.

Q 그러면 동아리도 경제 및 경영동아리에 들어가야겠네요?

A 꼭 그럴 필요는 없습니다. 경제는 우리가 생활하는 많은 부분과 밀접한 관련이 있기 때문에 다양한 동아리활동을 하면서 깊은 탐구활동을 보여주는 것도 좋은 방법이 될 수 있습니다. 한 친구가 배에 관심이 많아서 선박제작 연구 동아리를 만들어서 활동을 했다면, 그 이후에 조선산업 경제 연구에 관련된 보고서를 작성하여 제출한다면 나만의 학생부를 만들 수 있는 방법이 될 것입니다.

➡ 자율활동

활동내용	보고서/토론
독서활동	'트렌드 코리아'를 읽고 한국의 소비자성향 보고
명사특강	경제 전문가의 강의를 듣고 보고서작성
기아체험	왜 '세계의 절반은 굶주리는가'를 읽고 불평등을 가중시키는 경제상황에 대한 보고서 작성
자살예방교육	경제적 성장과 행복지수의 관계
4차 산업특강	미래사회경제변화 예측 및 대책

➡ 교내대회로 보는 비교과 활동

활동내용	관련 내용
과제탐구대회	조선시대 조세제도의 주된 변화와 영향
다문화글짓기대회	백의민족? vs 다문화민족?
토론대회	최저임금의 상승이 경제에 미치는 영향
진로보고서대회	'왜 세계의 절반은 굶주리는가?', '왜 자본은 일하는 자보다 더 많이 버는가'를 읽고 〈부의 불평등〉 보고서 작성

➡️ 합격한 선배의 실제 생활기록부 기록을 살펴보자

학년	창의적 체험 활동상황		
	영역	시간	특기사항
2	자율활동	46	**학급 체험활동**(04. 05~06)**에 참여함** : 동래지역 임진왜란 유적지를 답사하면서 지하철 공사 중 유물이 발굴되어 그 자리에 임진왜란 역사관을 지었다는 사실을 알게 됨. ⇓ **학급 체험활동**(04. 05~06)**에 참여함** : 동래지역 임진왜란 유적지를 답사하면서 지하철 공사 중 유물이 발굴되어 그 자리에 임진왜란 역사관을 지었다는 사실을 알게 됨. 그 이후 경주에서 마트 건설 중 유물이 발굴되어 유물발굴비용을 마트 측에서 부담했다는 내용을 듣고 경영자 입장에서 자신이 개발하던 곳에서 유물이 나왔을 경우 발굴 비용이 추가로 들겠지만 장기적으로 마케팅의 측면에서 활용하면 이익이 될 것이라는 의견을 제시함.

소재 자체가 자율활동이지만 전공과 관련된 매우 우수한 사례여서 전공적합성을 보여주기 좋은 활동이 될 수 있다. 위와 같이 자율활동을 통해 인성을 드러내라고 했는데 왜 전공적합성을 언급하는지 궁금하기도 할 것이다. 하지만 이렇게 자율활동에서 확실한 전공적합성을 드러낼 수 있는 소재가 있다면 적극적으로 드러내는 것도 한 방법이다.

학년	창의적 체험 활동상황		
	영역	시간	특기사항
1	동아리활동	36	**(아고라(문과토론))** 경영, 경제 분야에 관심을 가지고 부원들과 토론 주제를 선정하고 그 주제에 맞는 자료들을 조사하며 다양한 의견들을 교환하며 토론함. ⇓ **(아고라(문과토론))** 경영, 경제 분야에 관심을 가지고 부원들과 토론 주제를 선정하고 그 주제에 맞는 자료들을 조사하며 다양한 의견들을 교환하며 토론함. 다양한 주제들 중 탈원전 찬반 토론에서는 찬성 측을 맡아 최근 발생한 지진들로 보아 우리나라도 지진에 안전한 지역이 아니라는 점을 깨닫고 원자력 발전소가 지진에 의해 충분히 영향받을 수 있음을 주장함.

또한 전기 부족과 전기료 상승의 주된 원인으로 기업에 공급되는 전기를 거론하며 이는 가정의 전기보다 값이 싸서 기업들이 전기를 과소비하기 때문이라는 점을 근거로 듦. 따라서 이 점을 규제, 보완한다면 원자력 발전소가 사라진다고 하여 전기료 인상, 전기부족 등의 문제가 발생하지 않을 것이라는 반박 의견을 냄. 토론 동아리활동을 통해 상대의 말을 경청하는 것이 그에 따른 반박을 하거나 상대를 설득할 때에 유용하다는 점을 깨달음.

동아리활동에서 중요한 것은 어떤 동아리에서 활동을 했느냐가 아니라 어떤 활동을 했느냐이다. 그리고 그 활동을 통해 자신이 새롭게 알게 되거나 깨달은 바를 기록하는 것이 좋다. 위에서는 전기 부족과 전기료 상승의 주된 원인에 대한 조사를 통해 기업에 공급되는 전기의 과한 사용을 문제로 삼고 이에 대한 규제가 필요하다는 것을 알게 되는 과정이 잘 나타나 있다.

📋 진로활동 특기사항 예시

학년	창의적 체험 활동상황		
	영역	시간	특기사항
2	진로활동	19	교내 융합형 탐구토론 공모 사업인 미래인재탐구보고서 작성에 '농경제 펨'을 조직하여 참가함(03. 26~7. 19) 모둠장으로서 탐구 계획 수립 시 끊임없이 소통하며 의견을 조율하고 각 조원들의 장점을 파악하여 성격에 맞는 역할을 분배하는 운영 능력, 조원들이 기피하는 역할을 자신이 나서서 맡는 희생하는 자세가 돋보였음. ⇓ 교내 융합형 탐구토론 공모 사업인 미래인재탐구보고서 작성에 '농경제 펨'을 조직하여 참가함(2020. 03. 26.~07. 19.) 모둠장으로서 탐구계획 수립 시 끊임없이 소통하며 의견을 조율하고 각 조원들의 장점을 파악하여 성격에 맞는 역할을 분배하는 운영 능력, 조원들이 기피하는 역할을 자신이 나서서 맡는 희생하는 자세가 돋보였음. '우리나라 농촌과 도시의 빈부격차 문제 해결'이라는 주제로 한 학기 동안 문헌조사 등 탐구활동 끝에 보고서 제출과 프레젠테이션을 실시함. 우리나라의 농촌과 도시의 빈부격차 사례, 발생원인, 문제점 등을 조사하여 그 심각성을 인지하였음. 이에 대한 해결방안으로 농촌 체험마을을 운영 확대, 지역의 신특산물, 로컬푸드 운동 활성화, 4차 산업혁명기술을 이용한 신유통 등을 제시함.

		이 탐구를 수행하는 과정에서 이 학생의 과제 집착력, 독창성, 창의성을 발견할 수 있었고, 평소 자신의 관심사인 우리 농업에 대한 애착을 다시 확인할 수 있었음.

진로활동의 목적에 맞게 자신의 꿈인 농산물 유통관리사라는 꿈을 이루기 위한 한 학기 동안의 꾸준한 활동을 보여주고 있다. 오랜 기간 활동한 것을 통해 진실성 있는 활동으로 느껴진다. 특히 농업에 대한 관심을 문헌조사와 탐구 활동을 통해 프레젠테이션을 통해 보였고, 이후 해결방안을 모색하는 등 적극성을 엿볼 수 있다. 해결방안으로 미래 산업의 발전방향(신특산물, 신유통)을 제시하며 그 영역을 심화하고 있는 것을 통해 발전가능성을 확인할 수 있다.

통계학과 창체활동 들여다보기

빅데이터 전문가를 꿈꾸는 선배의 로드맵			
구 분	1학년	2학년	3학년
자율활동	수학 창의사고력 겨루기 창의과학 큰잔치	통계와 빅데이터 보고서	학생회 활동 청소년 창의 탐구 한마당
동아리활동	통계분석 R(영화 관객 수에 영향을 미치는 요인에 대한 회귀분석)		
	알싸이언스	수학 발전소	알싸이언스
봉사활동	세계시민교육 / 수학 멘토 / 지역아동센터 봉사		
진로활동	쏠리언 또래상담캠프	4차 산업혁명과 소통플랫폼 빅데이터 전문가 진로발표	빅데이터를 이용한 마케팅전략
진로독서	R을 이용한 사회과학데이터 분석, 빅데이터 분석을 위한 R프로그램, 구글은 빅데이터를 어떻게 활용했는가 등 다수		

이 학생은 빅데이터전문가라는 꿈을 가지고 1학년 때부터 꾸준하게 관련 활동을 해왔다. 통계분석 자율동아리를 만들어 R프로그램을 이용하여 통계분석

방법 중 하나인 회귀분석을 하기 위해 3년 동안 직접 책을 읽고 연구하여 지역 작은 영화관의 영화선정에 관련된 분석을 하였다.

이와 함께 세계시민교육을 통해 사회의 다양한 면을 볼 수 있는 시야를 확장했다. 시골 농어촌 지역의 한계를 극복하기 위해 4차 산업 관련 강의를 듣고, 이를 통해 자신의 진로를 구체화하며 진로발표를 하고, 이를 실생활과 연관시켜 빅데이터를 이용한 마케팅 전략을 세워보기도 하였다.

Q 왜 통계학이 경영, 경제와 관련이 있나요? 그리고 통계학은 문과인가요? 이과인가요?

A 통계학의 어원에는 '국가에 대한 모든 사실'이란 뜻이 있습니다. 이는 통계학이 나라의 인구, 토지, 각종 생산량 등을 파악하도록 하는 데 도움을 주는 학문이라는 것을 의미합니다. 그래서 통계학은 '관심의 대상이 되는 집단(표본, Sample)으로부터 자료를 수집, 정리, 분석하여 전체 집단의 참모습을 밝히기 위한 과정과 방법을 다루는 학문'이라고 할 수 있습니다.

통계학을 통해 가공되지 않는 정보가 의미 있는 정보가 되고, 이 의미 있는 정보를 활용해 기업의 올바른 운영과 미래의 경제상황을 예측할 수 있기에 경영, 경제는 밀접한 관련이 있는 학문입니다. 또한 빅데이터 시대에는 단순히 수치화된 데이터뿐만 아니라 글과 문자, 그림과 같은 모든 데이터를 이용하여 과거보다 훨씬 더 유용한 정보들을 찾아낼 수 있습니다. 그래서 학교에 따라서 통계학을 문과계통으로 보기도 하고 이과계통으로 보기도 합니다.

➡ 자율활동

활동내용	보고서/토론
학교 폭력 예방 교육	방관자 효과에 관한 통계자료 분석
영어글짓기마당	통계관련 TED강연을 보고 난 후, 보고서
인터넷중독방지 교육	인터넷 사용과 성적에 관한 비교분석
독서논술마당1	통계학 빅데이터를 잡다
4차산업 특강	세상을 움직이는 힘으로서의 통계 보고서
자살 예방 교육	청소년 우울증 그 원인 통계분석 후 해결책 도출

➡ 교내대회로 보는 비교과 활동

활동내용	보고서/토론
교내 글짓기대회	통계를 통한 세상보기
진로보고서대회	지역 작은 영화관의 매출 상승을 위한 통계분석
토론대회	통계지표는 현실을 얼마나 잘 나타낼까?
논문대회	빅데이터의 시대인가? 머신러닝의 시대인가?

➡ 경영·경제·통계학과 활동 비교

학과	창의적 체험 활동	봉사활동
경영학과	진로 발표대회 진로 포트폴리오 대회 모의 주식대회 독서 토론활동, 창의성교육 NIE교육, 창업 콘테스트	리더활동 및 봉사활동 경험 학습도우미(아동센터, 복지관, 방과후 학교, 멘토멘티 등) 환경정화(청소 및 분리수거) 업무 보조활동(교내, 도서관, 기관) 지역 국립공원 봉사활동 자선봉사활동(캠페인, 불우이웃돕기, 기아아동돕기)

경제학과	진로 발표대회 진로 포트폴리오 대회 모의 주식대회, 경제토론대회 독서 토론활동, 창의성교육 NIE교육	학습도우미(아동센터, 복지관, 방과후 학교 등) 환경정화(청소 및 분리수거) 업무 보조활동(교내, 도서관, 기관) 지역 국립공원 봉사활동 교내외 지역사회의 환경 정화 (청소 및 분리수거)
통계학과	진로 발표대회 진로 포트폴리오 대회 모의 주식대회, 경제토론대회 독서 토론활동, 창의성교육 NIE교육, 통계 달력만들기	교내외 지역사회의 환경 정화(청소 및 분리수거) 자선봉사활동(캠페인, 불우이웃돕기, 기아 아동돕기) 학습도우미(복지관, 방과후학교 등) 업무보조활동(교내, 병원, 도서관, 공공기관 등)

➔ 합격한 선배의 실제 생활기록부 기록을 살펴보자

학년	창의적 체험 활동상황		
	영역	시간	특기사항
1	자유활동	46	학교축제(2020. 03. 12.~2020. 06. 18.)에서 축제 준비위원과 1부 사회를 맡아 활동함. ⇓ 학교축제(2020. 03. 12.~2020. 06. 18.)에서 학급축제 준비위원으로 기존의 축제가 춤과 노래 위주로 꾸며져 많은 학생들의 참여가 부족하다는 것에 대해 문제를 제기하고 프로그램의 다양화를 도모하여 학생들의 참여를 유도함. 이 과정에서 많은 학생들과 소통하는 능력을 기르고 공동체 정신과 조화를 배움. 또한 사회자로서 재치 있는 인사말로 축제의 시작을 매끄럽게 이끌며 다수의 청중 앞에서도 위축되지 않고 행사를 진행하는 커뮤니케이션 능력을 보여줌.

학급회장, 부회장, 학생회장 등의 활동을 통해서만 리더십을 발휘할 수 있는 것은 아니다. 오히려 눈에 띄지 않지만 꾸준하게 활동함으로써 자연스럽게 리더십을 발휘할 수 있는 경우도 많다. 모둠학습이나 학교의 행사에서의 활동 중 자신이 적극적으로 활동한 사항들을 기록하여 표현할 수 있도록 해야 한다.

학년	창의적 체험 활동상황		
	영역	시간	특기사항
3	동아리 활동	30	**(통계분석 R : 자율동아리)** 통계에 관심을 가지고 분석방법을 찾아 연구한 후 분석사례를 조사하고 직접 통계분석을 실시해봄. 지역의 작은 영화관이라는 협동조합을 알게 되어 영화관객 수에 영향을 미치는 요소들을 통계학적으로 분석해보기로 함. 여러 분석방법 중 회귀분석을 하기로 결정하고 이를 위한 R프로그램 연구를 실시함. ⇓ **(통계분석 R : 자율동아리)** 통계에 대한 관심을 가지고 지역에서 찾을 수 있는 분석 사례를 찾아보던 중 시골지역에만 있는 작은 영화관이라는 협동조합을 알게 되어 지역 사람들의 문화 복지 향상을 위해 분석하여 "영화 관객 수에 영향을 미치는 요인에 대한 회귀분석"보고서를 작성함. 아직 R프로그램에 미숙하지만 자료정리와 결과 도출을 함께 함으로써 전공에 대한 관심을 키움. 4차 산업 혁명에 대한 특강을 듣고 관심을 가지고 있던 중 3D프린팅과 빅데이터가 4차 산업혁명에서 어떤 역할을 하는지 조사하여 "4차 산업혁명에서의 빅데이터와 3D프린팅"이라는 제목의 보고서를 작성함. 3D프린팅과 빅데이터 각각의 활용사례뿐 아니라 함께 사용하는 사례도 찾아봄으로써 융합적인 학문의 자세를 확인함.

통계 동아리활동을 하면서 왜 통계학을 연구하려고 하는지 동기를 찾고 자신의 부족한 부분을 발견하고 앞으로 학업의 진로까지 언급하며 전공적합성을 잘 드러내고 있는 활동이다. 또한 빅데이터 시대에 맞추어 앞으로 학업의 활용까지 생각해보고 있다.

학년	창의적 체험 활동상황		
	영역	시간	특기사항
3	진로활동	34	학급특색활동인 'dreams come true'(2020. 04. 16.)에서 빅데이터를 활용한 쇼핑몰에 대한 기사를 보고 빅데이터를 활용한 마케팅 전략에 관심을 가져 관련 보고서를 작성함. ⇓ 학급특색활동인 'dreams come true'(2020. 04. 16.)에서 빅데이터를 활용한 쇼핑몰에 대한 기사를 보고 빅데이터를 활용한 마케팅 전략에 관심을 가져 "빅데이터를 활용한 마케팅 전략"이라는 제목으로 조사를 하여 보고서를 작성하고 반에 게시함.

3	진로활동	34	실생활에 사용되는 마케팅 전략의 예시를 다양하게 조사함으로써 다소 멀게 느꼈던 마케팅에 대해 쉽게 접근하게 되었음. 또한 빅데이터의 다양한 활용에 대해 생각하면서 전공에 대한 관심을 키우게 됨.

빅데이터 시대가 도래함에 따라 이것이 경제에 어떠한 영향을 끼칠지 고민하며 그 사례들을 조사했다. 통계학을 전공하려는 자신의 꿈에 맞추어 어떤 데이터를 활용할지에 대한 고민과 이를 활용한 마케팅 전략까지 생각하며 전공적합성을 키우고 있는 학생이다.

철학과 창체활동 들여다보기

인공지능전문가를 꿈꾸는 선배의 로드맵			
구 분	1학년	2학년	3학년
자율활동	금연교육 – 쾌락주의 입장에서의 고찰	생명윤리UCC대회 – 요나스의 관점에서	생명존중교육 – 베르테르 효과
동아리활동	양심적 병역거부 토론(싱어의 생명윤리)		정보사회에서 윤리의 역할 보고서
	플라톤 VS 아리스토텔레스 토론	선의의 거짓말에 대한 공리주의와 칸트주의의 입장 비교	성악설 VS 성선설 토론
봉사활동	요양병원 봉사		
진로활동	칼 포퍼의 과학철학과 반증이론으로 보는 현대과학	인공지능과 생명윤리	미디어교육 : 콘텐츠의 윤리와 의무
세부 특기사항	한국사–성리학 변천보고서		생활과 윤리–불교윤리 파헤치기
	독해와 작문–CCTV 찬반토론		

철학은 한국사부터 생활과 윤리, 윤리와 사상 등 직접적인 관련 과목부터 과학철학, 미디어 윤리 등 생활 전반에 적용할 수 있는 학문이다. 특히 4차 산업혁

명시대를 맞이해 인공지능, 정보윤리 등에 대해 고민해보는 것도 좋다. 위의 로드맵은 동양철학, 서양철학, 과학철학, 생명윤리 등 비교적 다양한 분야에 대해 다루고 있지만 자신이 관심 있는 동양철학자 혹은 서양철학자 한 명을 정해 하나의 방향성을 가지고 3년 동안 탐구하는 것도 괜찮다.

철학 관련활동은 특정하게 관련대회가 있는 경우가 많지 않으므로 독서활동, 동아리활동, 생활과 윤리, 윤리와 사상 등 관련과목들을 활용 하는 것이 좋겠다.

🡢 자율활동

Q 학교에서 하는 자율활동이나 진로활동은 많은데 이것을 어떻게 전공과 연계시킬 수 있을지 감을 못 잡겠어요.

A 흡연예방교육은 어느 학교에서나 다 하는 교육입니다. 이 흡연예방교육을 가지고 쾌락주의와 금욕주의와 연계하여 이를 조사하고, 기호식품에 대한 연구로 확장할 수 있습니다.

Q "쾌락주의는 쾌락을 우선하고, 금욕주의는 욕구를 참는다." 이런 내용이 맞나요?

A 반은 맞고 반은 틀렸습니다. 많은 사람들이 잘못 알고 있는 부분이기도 합니다. 물론 처음 쾌락주의의 시작인 키레네학파는 감각적, 육체적 쾌락을 강조하기도 했지만, 에피크로스 학파는 순간적, 감각적, 육체적 쾌락보다는 영원한 정신적 쾌락을 강조해서 마음의 안식과 쾌락을 결합했습니다.

이처럼 쾌락주의에서 흡연 자체를 금지하지는 않지만, 쾌락주의와 금욕주의의 이론을 분석하고 그들의 입장에서 흡연예방 보고서를 작성한다면 전공과 연계된 탐구활동보고서가 될 수 있습니다.

활동내용	보고서/토론
흡연예방교육	쾌락주의, 금욕주의
교내환경정화	환경과 윤리
학교폭력 및 성폭력 예방교육	인권존중과 공정한 사회
진로현장체험활동	다문화 보고서
수학여행	제주도 : 생태윤리 서울 : 인권과 다문화
영어글짓기마당	(철학자)사상에 대한 고찰
자살예방교육	삶과 죽음의 윤리
과학의 날	생명과학과 윤리
패임랩	과학기술의 윤리
직업안전교육	직업 윤리
약물 및 사이버중독예방교육	정보사회와 윤리 *사이버 공간과 자아정체성의 특징 및 사이버중독의 원인과 해결책 보고서
다문화교육	다문화 사회의 윤리

➡ 교내대회로 보는 비교과 활동

Ⓠ 이번에 생명윤리 UCC 공모대회를 나가게 되었습니다. 평소 동물복제와 동물실험에 대해 관심이 많은데 어떻게 접근해야 할지 모르겠어요.

Ⓐ 동물에 대한 윤리사상은 많습니다. 요나스와 싱어의 입장이라면 동물복제를 반대하는 입장을 제시할 수 있습니다. '기술 의학윤리'라는 책을 보면 요나스는 모든 생명은 살려고 애쓰는 존재고 죽는 것보다 사는 것이 생명에 더 가치가 있다고 주장하면서 모든 생명의 존엄성을 강조합니다.

따라서 아무리 좋은 치료가 목적이더라도 인체실험, 동물복제, 유전자조작 등은 옳지 않다고 생각할 수 있어 이런 생각을 하는 친구들과 UCC를 제작하고 보드를 만들어 캠페인활동을 진행할 수 있습니다. 또한 대안으로 세포칩을 이용하는 방법을 제시할 수도 있습니다.

대회명	관련과목
역사,평화 통일 골든벨	생활과 윤리 (지구촌시대의 민족정체성의 문제)
생명윤리 ucc 공모대회	생활과 윤리
독도, 통일 랩 페스티벌	역사
인권신문 만들기	윤리와 사상
문학의 날	생활과 윤리 (예술과 윤리)

➡ 합격한 선배의 실제 생활기록부 기록을 살펴보자

창의적 체험 활동상황	
영역	특기사항
자유활동	'대학입시에서 인성평가가 강화되어야 한다'는 논제로 찬성과 반대의 입론서를 작성하고 월드카페와 디베이트에 참여함. 지역대학 연계 인문학 AP프로그램에 참여한 후 철학, 신학, 심리학 강좌를 듣고 신화 속에서 의미 찾기 보고서를 작성함.
동아리	(독서토론반) '소크라테스의 변명'을 읽고 '너 자신을 알라. 악법도 법이다', '모른다는 것을 아는 것이 진정한 앎이다'라는 명제를 중심으로 자신의 삶을 돌아보며 주제발표를 함. 강의 '나의 동양고전독법(신영복)'을 읽고 내적 수양을 통해 사람과의 관계를 소중히 하는 것이 최고의 선이며 자연으로부터 배워야 할 것이 많음을 느낌. 논어와 노자에서 각각 두 편씩 뽑아 2학년 학생과 한 팀이 되어 발제하고 토론하는 활동을 통해 어렵게만 느꼈던 동양철학에 대한 입문과정을 다지게 됨. 이처럼 동서양의 핵심적 텍스트를 읽어나가며 고전의 현대적 관점을 찾아 나가는 과정에서 고전에 대한 흥미를 키우며 인문학적 사고의 지평을 넓힘. (독서토론부) 인문학과 철학에 대한 폭넓은 관심을 가지고 심도 깊은 독서를 수행함. '멋진 신세계'를 읽고 플라톤 철학을 바탕으로 발표하고 '진정한 유토피아란 무엇인가?', '기계문명의 발전과 인간적인 가치'를 주제로 토론을 이끎. 국어수업에서 접했던 '열린사회와 그적들'을 주제로 열린사회를 주장한 포퍼의 입장을 심도 있게 조사하고 발표함으로써 '질문'의 가치가 하락한 현재 학교와 시험시스템에 문제를 제기함.

	신문기사 기고문 작성 : 정기적인 인권교육의 필요성을 강조함. 학생권리보장에 있어 가장 우선되어야 할 것은 자신들의 의견이 존중받는 동시에 함께 문제를 논의할 수 있는 환경을 만드는 것임을 표방함.
진로활동	아카데미프로젝트 활동으로 제시문을 통해 '현대사회에서 드러나는 소비의 문제점과 바람직한 소비상'을 주제로 소비라는 행위를 본질적이고 철학적인 면에서 고찰함으로써 철학적인 시각으로 분석함. 매월 정기적인 활동과 소비세대에 대한 설문조사를 토대로 결론을 도출해냄.
	'동양고전의 바다에 빠져라'를 읽고 동양고전을 통해 우리 현재 사회의 모습과 문제점들을 공자, 맹자, 순자 등 다양한 사상가의 관점에서 바라봄.

역사학과 창체활동 들여다보기

사학자를 꿈꾸는 선배의 로드맵

구 분	1학년	2학년	3학년
자율활동	자살예방교육 – 한국의 생명 존중사상 보고서	패임랩 대회 – 고려와 조선의 과학발전	재난안전교육 : 첨성대의 축조원리와 기능
동아리활동	역사동아리		독서동아리
	통일동아리	시사동아리	
봉사활동	역사박물관 해설가 봉사	아동센터 역사 지도	
진로활동	경주방문하기	김해 역사박물관 방문 후 보고서 작성	경복궁과 동대문 성리학, 조선의 정신 보고서
세부 특기사항	한국지리 : 한국에 왜 고인돌이 많을까	한국사 : 성리학의 시초부터 실학까지	
	과학 : 과학도시 수원화성과 거중기	영어 : 한국의 도자기, 한중일 비교	

　역사학과와 사학과는 현장학습이나 봉사활동 등 생활주변에서 활용할 거리가 많은 학문이다. 국어과목에서는 중세국어의 역사부터, 생활과 윤리, 윤리와 사상과목에서는 한국의 기반사상에 대한 탐구를, 제주도 수학여행을 가서는 탐라국의 역사를, 서울에 수학여행을 간다면 동대문을 비롯한 4대문과 조선의 궁궐까지 말 그대로 한국의 역사이기 때문에 활용성이 큰 학문이라 할 수 있다.

보여주기식의 역사를 하기보다는 한국사 중에서도 자신의 관심 분야가 어디 있는지를 살펴보고 그 점을 출발점으로 삼아 범위를 넓혀가는 것을 추천한다. 역사학자는 과거에 남겨진 의미 있는 사료로부터 그들이 말해주지 않는 이야기를 들을 수 있어야 한다. 그러기 위해서는 끈기와 많은 공부가 필요하다. 한국사 관련 강의나 논문 등 여러 사이트에서 활용 가능한 자료가 많으므로 활동 사이트를 참고하는 것도 좋다.

➔ 자율활동

활동내용	보고서/토론
동아리부서활동	우리 동네 서원 탐방하기
영어글짓기마당	조선의 정치사상
패임랩	고려와 조선의 과학발전
재난안전교육	첨성대의 축조원리와 기능
독서논술마당1	한국의 여성들, 삼국시대부터 조선까지
독서논술마당2	왕비의 자격, 조선의 형벌 조사하기
통일 안보 교육	6,25와 근현대사
자살 예방 교육	한국의 생명존중사상 보고서

➔ 교내대회로 보는 비교과 활동

대회명	관련 내용
역사골든벨	최초의 서양식 병원 광혜원 조사
생명윤리 ucc 공모대회	우리 조상들의 생명윤리
독도, 통일 랩 페스티벌	기록으로 본 독도의 역사들
범어 문학의 날	조선왕조실록 파헤치기
수학여행 보고서	제주도, 탐라부터 현재까지

진로보고서	세계문화유산 등재된 한국의 문화유산
현장체험보고서	정릉 방문 보고서

➡ 합격한 선배의 실제 생활기록부 기록을 살펴보자

창의적 체험 활동상황	
영역	특기사항
진로활동	진로특강에 참가해 인간의 역사와 문화의 다양성과 보편성을 연구하고픈 학자로서의 자신의 꿈에 대해 K-mooc 이해준 교수의 '역사문화의 블루오션 바로보기'를 수강하여 얻은 지식을 활용하여 한국사에 있어 중앙과 지방, 지배층과 민중의 문화가 어떤 의미가 있는지, 지역민이 만든 문화가 가지는 의미, 자율과 공생의 촌락공동체 문화에 대해 자료를 준비하여 발표하고 문화역사학자로서의 관심과 포부에 대해 밝히고 '진로캠프에 참여함.
진로활동	(독서활동) 한국문화에 대해 관심이 깊어져 '맛 멋 흥 한국에 취하다(정목일)'를 읽음. 잘 알지 못했던 다구에서부터 교과서에서 배웠던 고려청자, 한옥지붕의 의미에 대해 읽으며 한국문화의 근간은 무엇인가 생각하는 계기가 됨. 한국의 정신문화에 대해 호기심을 가지고 'EBS다큐프라임–맛으로 만난 한국'을 시청 후 '한국문화의 근간을 정신문화에서 찾다' 보고서를 작성함. 안동의 전통음식을 통해 7첩반상, 9첩반상이 어떤 의미로 어떻게 차려지는지, 왜 전통이 급격하게 사라지는 현대사회에서 여전히 그 문화를 이어가고 있는지에 대해 음식은 문화이며 예술이며 전통을 살리면서 미각과 시각의 효과까지 함께하는 종가음식은 단순음식이 아닌 공동체가 만들어낸 함께 하는 문화라는 결론을 내리고 바다가 뺏어간 남자를 대신 바다로 나간 제주 해녀를 통해 제주 여성의 강인함을 깨닫고 이러한 것들이 모여 만들어진 것이 우리 문화라는 것을 깨달음. 이러한 아름다운 문화를 만들어내는 공동체를 유지하는 것이 현재를 살아가는 사람들의 몫임을 알고 주변 친구들과 의견을 나눔
진로활동	(독서활동) 평소 미래산업과 4차산업혁명에 대해 관심이 많아 4차산업혁명에 대해 알아보기 위해 '클라우스 슈밥의 제4차 산업혁명'을 읽게 되었음. 참여를 통해 4차산업과 인류의 패러다임이 어떻게 변화할지 고민해보고 과거 농경사회부터 4차 산업까지 인류의 변화와 문화에 대한 '인류와 문화, 그리고 앞으로의 미래'의 보고서를 작성함. 보고서 작성을 위해 논문 '세계문화유산 제도의 전개 양상과 운영의 추이에 관한 연구(박진재)를 읽는 등 자발적으로 노력하고 이 과정을 통해 다양한 문화 탐구의 계기가 되었음. 활동을 통해서 왕성한 지적 호기심과 학구열이 남다른 학생임을 보여줌.

사회학과 창체활동 들여다보기

법제사를 꿈꾸는 선배의 로드맵

구 분	1학년	2학년	3학년
자율활동	(법률 관련 명사특강) 세모자법 등 법적 제도 조사	자살예방교육 - 한국사회의 갈등과 해결방안	장애차별금지교육 - 한국과 외국의 장애인의 사회적 지위 비교
동아리활동	영자신문 동아리		통계동아리
	시사동아리	토론동아리	독서동아리
봉사활동	지역아동센터 : 사회과목 보조		요양병원 봉사
진로활동	독서활동 : 트렌드 코리아 읽고 한국의 사회현상 보고서	4차산업특강 - 클라우스 슈밥의 제 4차 산업혁명 읽고 미래사회구조 변화 예측 및 대책	명사특강 : 사회적기업의 필요성
세부 특기사항	공통사회 : 인권의 개념과 변화	사회문화 : 기능론과 갈등론으로 한국사회 파헤치기	
	한국사 : 역사속의 사회운동	세계사 : 엔클로저운동부터 산업혁명까지	

　사회학과는 가장 생활에 밀접한 학과이다. 각종 사회이슈와도 맞닿아 있고 생활 속 다양한 문제들을 활용할 수 있다. 예를 들어 명사특강을 법조계 쪽으로 듣고 한때 큰 이슈가 되었던 세 모자법과 관련된 사회복지 문제를 조사해볼 수 있다. 대부분 학교에서 실시하는 자살 예방교육을 듣고 자살의 원인이 무엇이고, 한국 사회의 자살현황은 다른 나라와 어떤 차이가 있는지 조사하여 그 해결방안에 대해 보고서를 작성한다면 훌륭한 활동이 될 것이다.

　마찬가지로 장애와 관련된 교육을 듣고 교육에 그치지 않고 추가 조사를 해서 보고서를 써보면 어떨까? 한국인과 미국인의 장애인 비율이 크게 차이나지 않은데 장애인들이 편하게 다닐 수 없는 이유를 통계, 자료 등을 가지고 조사해도 좋다.

➡ 자율활동

활동내용	보고서/토론
독서활동	'트렌드 코리아'를 읽고 한국의 사회현상 보고
명사특강	(법률 관련) 세 모자법 등 법적 제도 조사
기아체험	사회적 빈곤을 줄일 수 있는 사회복지제도
자살예방교육	한국사회의 갈등과 해결방안
장애차별금지교육	한국과 외국의 장애인의 사회적 지위 비교
4차 산업특강	클라우스 슈밥의 제 4차 산업혁명 읽고 미래사회 구조변화 예측 및 대책
인터넷중독예방 교육	디지털 치매
양성평등교육	저출산의 원인 무엇인가?

➡ 교내대회로 보는 비교과 활동

대회명	관련 내용
문화예술경연대회	고령화 사회 현상 분석, 이해 및 문제점과 해결방안
과제탐구대회	한국사회와 일본사회의 닮은 점과 차이점
다문화글짓기대회	문화의 다양성
토론대회	난민 받아 들여야 하는가?
진로보고서대회	모든 사람들은 왜 항상 평등할 수 없을까?

➡ 합격한 선배의 실제 생활기록부 기록을 살펴보자

창의적 체험 활동상황	
영역	특기사항
독서동아리	평소 미래 산업과 4차 산업혁명에 대해 관심이 많아 4차 산업혁명에 대해 알아보기 위해 '클라우스 슈밥의 제4차 산업혁명'을 읽고 4차 산업과 미래 사회 패러다임이 어떻게 변화할지 고민해보고 과거 농경사회부터 사회의 변동에 대해 생각해보고 '4차 산업과 미래사회의 흐름'의 보고서를 작성함.

	디지털 혁명에 기반하여 물리적 공간, 디지털적 공간 및 생물학적 공간의 경계가 희석되는 시대에 긍정적, 부정적인 면, 문화지체의 예상 등에 대해 서술함. 이 과정을 통해 사회, 정치, 문화 등 다양한 학문에 대한 왕성한 지적 호기심과 학구열이 남다른 학생임을 보여줌.
독서동아리	한국사회의 변동흐름 등에 관심이 생겨 '트렌드 코리아(김난도)'를 읽게 됨. 사회의 다양성과 문제, 해결방안을 연구하고픈 학자로서의 포부를 밝히고 현대소비사회의 특징과 트렌드를 알고 싶어 K-MOOC 김난도 교수의 '소비자와 시장'을 수강하여 소비문화의 형성과 소비의 기호, 유행과 트렌드, 매스 미디어와 소비, 소비는 우리를 행복하게 하는가 등의 챕터의 내용을 정리하여 보고서를 작성함.
개인 세부특기사항	사회학과에서 현재 다루고 있는 다양한 현안에 대해 알아 본 후 다문화, 한국문화, 사회문제–최저시급에 대해 알아봄. 우리 동네에 다문화 현황에 대해 조사하고 우리 시의 주요 랜드마크인 병원 등을 다문화주민을 위한 가이드를 친구들과 영어로 만들어 배포함. '다문화 교육과정 모형을 기반으로 한 다문화적 인성 프로그램 개발에 관한 연구(이주희)'를 읽고 문화마다의 차이를 고려한 교육의 필요성과 한계를 피력함.
생명존중교육	생명존중 및 자살예방교육을 통해 연예인이나 일반인들의 자살사건을 다룰 때 자살이라는 용어와 자살방법이 구체적으로 기사에 나와 모방 자살이 더 많아진다는 것을 알고 실제 오스트리아, 일본 등의 예들을 영상과 조사함. 사회구조적 관점에서 '왜 자살사건이 크게 보도되면 자동차 사고가 급증하나?'의 베르테르 효과에 대해 조사함. 이러한 과정에서 관심 분야를 확장하고 항상 노력하는 모습을 보임.
흡연예방 교육	흡연예방교육에서 성별에 따른 부작용, 흡연자의 폐, 손, 얼굴 등의 몸에 일어나는 반응을 알고, 흡연이 개인의 기호의 문제인데도 불구하고 사회적 문제로 대두된 것에 대해 관심을 가지고 관련 논문을 참고, 조사하여 흡연으로 인한 사회적 비용 증가, 비흡연자의 행복추구권을 근거로 들어 설명함. 이를 통해 사회가 추구해야 할 가치에 대해 고민하는 등 지적호기심을 사회로 확장하는 모습을 보여줌.
양성평등 교육	최근에 화제가 되었던 미투운동과 남녀 간의 성차별에 대해 강의하는 영상을 보고 국내외 미투운동의 시작과 영향에 대해 조사하고 이에 대해 친구들과 토론함. 토론활동을 진행하면서 미투운동에 대해 보다 깊게 알게 되고 특히 미투운동이 각 사회상을 반영하여 다르게 전개된다는 것을 알게 됨. 같은 동양권문화임에도 불구하고 일본과 한국의 미투운동의 전개성이 다른 것을 분석하여 각 국의 사회구조와 '삶은 개구리 증후군(변화무지증후군)' 심리학적 개념을 가지고 설명을 통해 진로의 방향성을 가지는 등 왕성한 지적호기심을 바탕으로 깊이 있는 탐구를 행하는 학생으로 보이며, 주도력이 돋보임.
통일교육	최근 흥미를 가졌던 2018남북정상회담에 대한 기사를 작성함. 관련 논문들을 찾아보고 김대중 대통령의 햇볕정책에서부터 노무현 대통령의 북한에 대한 정책까지 3차 남북정상회담까지 오게 된 사회적 배경과 목적에 대해 알아보고. 더불어 통일에 되었을 때 남북이 가질 수 있는 긍정적 영향과 부정적 영향을 경제적, 사회적 측면에서의 독일의 사례를 참고하여 보고서를 작성함.

심리학과 창체활동 들여다보기

중독심리전문가를 꿈꾸는 선배의 로드맵			
구 분	1학년	2학년	3학년
자율활동	학교폭력예방교육 – 군중심리와 방관자 효과	학교폭력예방 교육 – 책임분산효과	인터넷 중독방지 교육 – 중독심리
동아리활동	에빙하우스의 망각곡선		프로이트의 방어기제
	또래 상담 동아리	교육봉사동아리	시사동아리
봉사활동	아동센터 교육봉사		또래 상담 동아리
진로활동	인터넷의 심리테스트는 과학적인가?	타로카드와 바넘효과에 대한 보고서	매슬로우의 욕구 위계이론
세부 특기사항	생활과 윤리 : 플라톤과 데카르트의 동기이론 조사		국어–학습된 무기력이 학습에 미치는 영향
	심리치료–체계적 둔감법		

　심리학과는 고등학생들의 인식, 관심 부분과 대학에서 실제로 배우는 내용의 차이가 가장 큰 학과 중 하나이다. 동시에 학교에서 관련 활동을 하는데 다소 제한이 있는 학과이기도 하다. 심리학에 관심 있는 학생들이 가장 많이 관심을 보이는 내용은 '프로이트의 정신분석학'이다. 물론 '프로이트의 정신분석학'도 심리학의 커다란 산맥 중에 하나이지만 하나에만 국한하지 말고 다양한 심리학 이론들을 접해보자.

　심리학은 다른 학과보다 역사가 상당히 짧은 신생학문이다. 그래서 지금도 계속 발전해나가고 지금도 분파가 나눠지고 있다. 또 대부분의 심리학 연구는 SPSS 등 통계프로그램을 사용해야 하는 경우가 많은데 이런 프로그램은 대학원생도 다루기 힘든 프로그램이어서 고등학생들이 쓰기에 한계가 있기에 실제 고등학교에서 할 수 있는 설문지법, 질적연구법 등 고등학교 때 할 수 있는 정도로 활동을 계획해보자.

➡ 자율활동

활동내용	보고서/토론
학교 폭력 예방 교육	군중심리와 방관자효과 보고서
영어글짓기마당	동기이론–무엇이 사람의 마음을 움직이는가?
패임랩	심리테스트는 얼마나 과학적인가?
인터넷 중독방지 교육	중독심리 보고서
독서논술마당1	'심리학에 속지마라'–바넘효과 보고서
독서논술마당2	'스키너의 심리상자' 행동주의 vs 인지심리학
자살 예방 교육	학습된 무기력 조사 보고서

➡ 교내대회로 보는 비교과 활동

대회명	관련 내용
양성평등 글짓기	성혐오– 심리학으로 풀기
독도, 통일 랩 페스티벌	리플리증후군과 인지부조화로 설명하는 일본주장 뒤집기
문학의 밤	진화심리학(데이비드 버스)
진로보고서대회	MBTI로 보는 자기탐구보고서

➡ 합격한 선배의 실제 생활기록부 기록을 살펴보자

창의적 체험 활동상황	
영역	특기사항
행동특성 및 종합의견	야간자율학습이 의무학습이 아님에도 불구하고 1년 동안 빠지지 않고 꾸준히 참여함. 스스로 '오답백서' 노트를 만들어 자신이 틀리는 문제와 이유를 분석하고, 자기 나름대로의 학습방법을 적극적으로 탐색해 에빙하우스의 망각곡선에 따라 스스로의 복습주기를 점검, 학습하여 전반적으로 성적향상을 이끌어냄. 자기주도 학습능력이 뛰어난 학생임.
동아리	프로이트의 방어기제 수업을 통해 방어기제의 개념에 대해 배우고 자신의 자기방어 기제는 합리화, 투사가 있음을 알게 됨. 다중지능이론의 개념을 자신에게 적용해본 결과 자신은 언어지능, 대인지능, 공간지능 등의 영역이 상위지능영역임을 알게 됨.

동아리활동	인근대학교의 심리학과 학생과의 만남에서 매슬로의 동기이론과 반두라의 사회학습이론, 학습된 무기력에 대해 질문함. 동아리 부원들에게 학년이 올라갈수록 학생들이 통제할 수 없는 상황에 대해 학습된 무기력의 모습을 보여주는 것을 예시로 학습된 무기력이론을 설명하고, 이에 대한 해결방안으로 초등학교 때부터 수준별 반편성과 초, 중, 고의 시험난이도의 차이 완화 등을 제시함. 평소 학습과 동기이론에 지속적인 관심을 가져 어떻게 효율적으로 학습이 이루어지는지에 대해 조사하거나 동기이론 등 실제 교육이론들을 자신과 친구들을 적용하고 관찰하며 기록하여 평가하고 자신의 의견을 사회문화 : 일탈의 발생 원인을 다양한 이론으로 접근하여 탐구하던 중 낙인이론에 관심을 가짐. 특히 정보사회의 sns가 신중하지 못한 낙인을 찍는 역기능을 가지는 위험성을 제기하고 이러한 낙인이 찍힌 개인이 겪는 사회적 어려움을 소개하여 신중한 낙인의 중요성을 강조함. 관찰력이 예리하고 분석력이 좋음.
진로활동	교육학과 관련된 프로이트의 방어기제를 들음으로써 합리화, 투사, 승화, 동일시, 주지화 등의 방어기제를 알게 되고 경험에 대해 발표함. 고등학생들이 주로 사용하는 방어기제는 무엇인지 조사해보고 학생들에게 긍정적 효과를 불러일으킬 수 있는 방어기제에 대해 토론함. 매슬로우의 욕구 이론을 배우고 욕구 위계설에서 무조건 하위욕구가 충족돼야 상위욕구가 추구되는가에 대해 자신만의 의견을 내세우며 다른 욕구 충동이론들에 대해 조사하여 발표함. 또 생리적 안전에 대한 욕구의 차원에서 교육의 기회적 평등이 이루어져야 한다고 주장해 한 가지 영역에서 배운 내용을 다른 과목까지 확장하는 모습을 보임. 궁극적인 자아실현의 욕구를 추구하여 학생에게 어떤 긍정적인 영향을 조사 발표함.

정치외교학과 창체활동 들여다보기

외교관을 꿈꾸는 선배의 로드맵			
구 분	1학년	2학년	3학년
자율활동	명사특강 – 정치외교학과 : 의원내각제, 대통령제	4차 산업혁명 – 4차 산업혁명이 정치제도에 미치는 영향 보고서	영어글짓기마당 – 세계 내전의 원인과 국제기관의 역할
	양성평등 글짓기 – 양성평등 관련 국내 제도 및 타국가의 정치제도	토론대회 – 최저시급은 포퓰리즘인가?	논문대회 – 공교육 발전방향
동아리활동	교육동아리 – 교육 균등성을 위한 정책 분석	교육동아리 : 교육정책 토론하기 – 자유학기제와 학생부종합전형	

봉사활동	학생회참여활동 – 학생회 마일리지 사업	학생회 – 청소년 정책 참여활동 참여하기	
진로활동	독서 – 세계 난민 받아들여야 하는가?	청소년의 정치수첩(한대희, 크리스티네 슐츠–라이스) 읽고 필리버스터 토론하기	진로보고서대회 – 만 18세 선거권
세부 특기사항	법과 정치 – 근로기준법과 사회보장제		세계지리 – 르완다 내전 지리보고서
	한국사 – 위안부 문제 왜 세계적인 논쟁이 되는가?		

정치에 대한 시민들의 관심과 참여가 증가하고 국제화 추세에 따라 국제정세가 국내 사회, 경제적인 문제에 직접적인 영향을 미치면서 정치외교학에 대한 관심도 함께 증가하고 있다. 첫째 정치이론 분야에서 정치사상과 정치현상에 대해 공부하고 둘째, 정치제도 분야에서는 헌법과 정부의 제도를, 셋째, 정치과정 분야에서는 정당, 여론, 이익집단 등의 정치활동을 연구한다. 마지막으로 국제정치 분야에서는 국제기구, 외교문제 등을 연구한다.

➜ 자율활동

활동내용	보고서/토론
명사특강	정치외교학과 교수 특강 듣고 의원내각제, 대통령제 정치제도 보고서 쓰기
동아리	교육 균등성을 위한 정책 분석
독서활동	세계 난민 받아들여야 하는가?
4차 산업특강	4차 산업혁명이 정치제도에 미치는 영향 보고서
영어글짓기마당	세계 내전의 원인과 국제기관의 역할(이스라엘–팔레스타인을 중심으로)
학생회참여활동	학생회 마일리지 사업
독서논술마당1	청소년의 정치수첩(한대희, 크리스티네 슐츠–라이스) 읽고 필리버스터 토론하기
동아리	교육정책 토론하기–자유학기제와 학생부종합전형
학생회활동	청소년 정책참여활동 참여하기

➡ 교내대회로 보는 비교과 활동

대회명	관련 내용
양성평등 글짓기	여성부를 중심으로 한 양성평등 관련 국내 제도 및 타국가의 정치제도
진로보고서대회	만 18세 선거권
토론대회	최저시급은 포퓰리즘인가?
논문대회	공교육 발전방향

➡ 합격한 선배의 실제 생활기록부 기록을 살펴보자

창의적 체험 활동상황	
영역	특기사항
자율활동	학생회 사업 계획과 예산 및 결산에 대한 심의, 승인, 의결에 참여함. 학생참여 예산제 사업, 학생회방향설정과 부원업무조정에 관한 토의에 적극적으로 의견을 개편함. 학생회 공익사업인 학생회 마일리지 사업에 참여해 조회에 참여하여 보고서를 작성함. 학생중심의 자주적인 학교문화를 형성하는 데 기여함. 학생의 교육권 투표권 찬반 논쟁에 참여해 자신의 의견을 펼침.
토론대회	'최저시급인상과 관련된 경비원 고용불안'기사를 읽고 실제 최저시급이 소상공인에게 경제적 타격을 주는가, 단순노동 일자리가 없어지고 자동화시스템이 도입될 것이라며 미국에서 오바마의 포퓰리즘이라고 비판받았던 시에틀 15달러 최저시급 시행 1년 후 등 타국가의 선행사례를 조사하고 그 결과에 대해 친구들과 토론을 나눔.
명사특강	정치외교학부 교수의 강연을 듣고 현 국제정세를 분석하고 미국의 대통령제와 리더십에 대해 깊이 있게 이해함. 또 의원내각제와 대통령제의 차이에 대해 알게 되고 소감문을 작성함.
동아리활동	자율동아리활동을 통해 '자유학기제'에 대해 조사하면서 학생 개개인의 다양성과 자율성을 존중하는 교육제도를 만들고 싶다는 생각을 하게 됨. 교육행정전문가가 되어 우리나라의 교육제도 개선에 이바지함.
	교육의 선발 기능과 관련하여 영국, 미국, 중국, 프랑스의 입시제도를 심층적으로 비교, 분석하여 설명하고, 소득연계형 반값 등록금제도를 소개하며 교육의 기회균등문제에 대한 해결방안을 제시함.
논문대회	논문발표대회에서 사교육의 실태와 심리를 통한 공교육 발전방향을 탐색하고 2학년 학생들을 중심으로 연구결과를 발표함.

토론대회	만 18세에 선거권을 부여하는 것을 주제로 한일 양국의 선거연령의 변천과정, 일본 선거의 특징, 최근에 실시된 참의회 선거결과에 나타난 일본 10대 유권자들의 보수적인 성향 등을 조사 발표하였으며, 주제에 대해 급우들의 의견을 물어보고 찬성과 반대측의 의견을 정리하여 발표함.
행동특성 및 종합의견	우리나라 교육제도에 관심이 많아 '선행학습 없는 바른 교육 만들기 공모전'에 참여하여 자신의 의견을 글로 써보고 '청소년 정책참여 위원회'에 참여하여 교육에 대한 변화를 고민해봄.

※ 진로를 위한 창의적 체험 활동 및 봉사 활동 추천

교과 세부능력 특기사항으로
융합적 지식을 보이자!

경영·경제·통계학과

💬 경영학과 관련 고등학교 선택 과목
- 일반 선택 : 국어 일반선택 전 과목, 영어 일반선택 전 과목, 수학Ⅰ, 수학Ⅱ, 미적분, 확률과 통계, 경제, 정치와 법, 사회·문화, 제2외국어Ⅰ 등
- 진로 선택 : 기하, 경제 수학, 제2외국어Ⅱ, 실용영어 등

💬 경제학과 관련 고등학교 선택 과목
- 일반 선택 : 국어 일반선택 전 과목, 영어 일반선택 전 과목, 실용영어, 수학Ⅰ, 수학Ⅱ, 미적분, 확률과 통계, 경제, 정치와 법, 사회·문화, 심리학 등
- 진로 선택 : 사회문제 탐구, 기하, 경제 수학 , 실용경제, 논술 등

💬 통계학과 관련 고등학교 선택 과목
- 일반 선택 : 수학Ⅰ, 수학Ⅱ, 미적분, 확률과 통계, 영어Ⅰ, 영어Ⅱ, 사회·문화, 정치와 법, 경제, 정보 등
- 진로 선택 : 기하, 경제 수학, 수학과제 탐구, 사회문제 탐구 등

➜ 선택과목으로 보는 비교과 활동

Ⓠ **상경계열 비교과 활동으로 어떤 활동을 하면 좋을까요?**

Ⓐ 상경계열은 실생활에서 많이 찾아볼 수 있습니다. 동아시아사를 배우면 동아시아 각국의 경제 발전에 대한 연구를 해볼 수 있습니다. 여기에서도 냉전 체제하에서의 동아시아 교역망과 냉전붕괴 후 동아시아 교역망의 변화에 대한 연구 그리고 앞으로의 과제를 조사해볼 수 있습니다.

Ⓠ **경영학은 어떻게 연계할 수 있을까요?**

Ⓐ KOCW강의에서 동아시아 사업 경영이라는 강의를 듣고 나서 각 국가들의 전반적인 경영 특성을 찾아서 정리해보고 가상의 사업계획서를 작성해볼 수 있습니다.

학기	과목	추천 수행평가 예시
1-1	한국사	고려와 조선시대 세법의 변천과정
1-2	한국사	한국사에 숨겨진 경제학자들
2-1	윤리와 사상	시장 윤리와 공동체 윤리
2-2	정치와 법	한국의 경제와 정치
3-1	사회 문화	통계로 읽는 사회문화

➜ 상경계열 관련 활동 생활기록부 기재예시

구분		세부내용 특기사항
2학년	독서와 문법	자신이 가진 생각을 체계적으로 정리하여 글로 표현하는 능력이 우수하며 글의 맥락을 파악하는 것에 강점을 지닌 학생임.

| 2 학 년 | 독서와 문법 | '국수, 아시아의 부엌을 잇다'라는 제재를 공부하고 난 후 작성한 '퓨전 문화'에 대한 보고서에서 퓨전의 개념, 퓨전의 발전과정, 퓨전의 장단점, 퓨전의 시장가치, 퓨전의 경제, 문화, 사회적 영향력 등에 대해 꼼꼼히 분석한 후 '퓨전 문화의 긍정성'에 대한 자신의 생각을 논리적이고 체계적으로 전개한 것이 인상적임.
이순신과 관련된 세 편의 글을 교과서를 통해 읽고 '이순신의 행동에서 발견할 수 있는 리더십의 요소가 무엇이 있을지에 대해 관심을 갖고 분석한 후 배려의 리더십, 철두철미한 계획 수립의 리더십 등을 배움, 이것을 자신이 담당하고 있는 모둠에서의 조장으로서 구성원들 한 명 한 명을 일일이 챙기며 그들의 상황과 사정을 배려한 후 모둠이 최상의 성적을 내도록 구체적인 점수 얻기 계획을 세워 실천하는 모습을 보임. |

Memo ▶ 국어교과에서 지문을 이용하거나 찬반 토론에서 자신의 역량을 드러내자.

구 분		세부내용 특기사항
1 학 년	사회	합리적 선택과 삶의 단원 학습을 통해 일의 의미와 중요성에 대해 이해하고 관련 수업 활동에 관심과 흥미를 가지고 참여함. 창업활동이 현대 사회에서 강조되는 활동임을 이해하고 창업계획서를 직접 작성하여 발표함. 애견 인구가 증가하고 있는 우리 사회의 변화에 주목하고 이와 관련한 '애견 장례업'을 창업 아이템으로 선정함. 계획서 작성을 위해 '엔젤러브, 해피앤딩' 등 이미 국내에서 사업을 진행하는 업체를 사례로 분석하였음. 또한 관련 업종의 분포현황 등 지리적 분석을 통해 입지를 결정하기도 함. 매장현황, 매출계획, 마케팅 전략, 세부 예산안 등을 구체적으로 포함하여 창업계획서를 작성하였음. 활동 과정에서 자신의 진로와 연결시켜 고민하는 계기로 삼음.
	윤리와 사상	평소 스포츠 에이전트와 같은 스포츠 경영에 관심을 자주 표현함. 이에 따라 학기 초 이상 국가에 관한 수업 내용 가운데 마르크스의 자본주의 사회에서의 분업에 관한 비판에 상당한 관심을 표현함. 그러므로 근대적 분업을 최초로 주장한 '국부론(아담스미스)'을 읽어보기를 권함. 이 책을 탐독하고서 아담스미스의 보호정책에 대한 비판을 유치산업 보호를 바탕으로 한 경제성장이 북아메리카 발전의 중요한 이유가 되었음을 근거로 들며 재비판함. 더불어 아담스미스의 보이지 않는 손에 관한 이론이 무분별한 이익의 추구가 아니라, 정의의 도덕이 지켜지는 선에서의 이익 추구를 통한 사회적 이익의 증가임을 확인하며, 공정한 시장경제와 사회적 약자에 대한 배려가 아담 스미스의 진정한 사상이었음을 다른 학생들에게 설득력 있게 설명함.
2 학 년	경제	경제에 관심과 흥미가 높으며 학업성취도도 높은 학생임. 학생들이 어려워하는 경제 그래프를 바르게 분석하고 이해하여 정규고사를 준비하는 기간 동안 이해하지 못하는 친구들에게 외부 경제와 외부 불경제 그래프의 차이점과 사회적 잉여 그래프를 자세하게 예를 들어 설명해주는 모습을 통해 배려와 지식의 공유를 확인할 수 있었음. 수요의 가격 탄력성과 공급의 가격 탄력성에 관한 협동학습 활동에서 판매 수입과 수요의 가격 탄력성 사이의 관계를 설명하였음.

2 학 년	경제	탄력적인 재화는 가격과 판매 수입이 반대 방향으로 움직이는 반면, 비탄력적인 재화는 같은 방향으로 움직인다는 것을 조원들에게 설명하여 이해시켰으며, 농산물 수요의 낮은 가격 탄력성이 농산물 가격 파동의 원인임을 그래프를 그려 발표하였음. 또한 거시 경제학에 관심이 많아 최근 벌어지고 있는 전 세계적(특히 미국, 중국, 유럽연합)인 무역 전쟁에서 무역 적자를 최소화하여 국민 경제에 미치는 부정적 영향을 최소화할 수 있는 방법에 대해 토론을 제안하였음. 토론에서 여러 가지 방법 중 수출의 다각화를 주장하였으며 남미와 동남아와 같은 새로운 시장을 적극적으로 개척하여 리스크를 최소화해야 함을 강조함.
	세계지리	최근 대기 질의 악화에 따른 미세먼지 농도가 학교 운동장 활동은 물론 일상적인 생화에까지 직접적인 영향을 끼침. 이러한 환경이 오래 지속됨에 따라서 세계의 기후 분포와 대기 대순환, 계절에 따라서 한반도에 영향을 미치는 기단에 대하여 관심을 가지게 됨. 따라서 쾨펜의 기후 구분 방법에 대한 관심이 높아짐, 월평균 강수량과 기온을 나타내는 기후그래프를 분석하여 그 지역의 기후를 정확히 알게 됨. 각 기후지역의 특징을 자세히 알고 있으며 기후의 특징에 따라 달리 나타나는 각 기후지역의 생활양식과 문화적 차이점을 잘 설명함. 화산 지역에서 거주하는 주민들은 화산 활동의 위험성을 알면서도 왜 그러한 지역에 거주하게 되는지를 경제적 측면에 중점을 두어 발표함.
3 학 년	경제	'광고가 기업과 소비자의 선택에 미치는 영향'을 주제로 발표함. 발표를 위한 자료 수집의 과정에서 광고가 소비자에게 상품을 직접 구매하게 하는 목적 이외에도 제품이나 서비스의 사정을 잘 알려 이해를 높이고 호의적인 태도를 가지게 하여 자사제품 전반에 대한 선호를 유도하려는 목적도 가지고 있다는 사실에 큰 흥미를 느꼈다는 소감을 밝힘. '성공한 기업의 광고 사례'로 다국적 음료기업을 들어 설명함. 광고를 통해 제품에 대한 정보를 습득하는 동시에 기업의 광고 전략에 현혹되어 비합리적 소비를 하지 않는 자세가 필요함을 주장함. '학교 성적이 개인의 진로 선택에 미치는 영향'을 주제로 탐구 활동을 수행함. 여러 가지 논문을 찾아 참조하였으며 진로 선택에 영향을 주는 요인, 진로설계프로그램의 효과 등을 내용으로 또래의 친구들을 대상으로 설문조사도 진행함. 통계 결과로 상위권 학생들이 중하위권 학생들보다 진로 선택에 있어서 체계적이고 구체적이었음을 확인함. 최근 사회적 광풍이 불어 문제가 되고 있는 가상화폐 투기 현상에 관심을 가지고 가상화폐에 관한 보고서를 작성하고 이를 발표하여 또래 친구들에게는 생소했던 내용을 알기 쉽게 설명함.
	생활과 윤리	여성의 참정권 획득을 위한 미국과 영국의 시민운동, 흑인 인권 운동을 전개한 마틴 루터 킹의 인권운동을 탐구한 결과 시민 불복종의 중요성을 알게 됨. 한 사회학자가 어린이 노동 현상의 비극적인 실태를 생생히 알려 정부 관리들을 바꾼 사례를 보며 단순히 기업의 이윤만 추구하는 것이 아니라 사회적 약자에게 관심을 가지고 널리 알려 사회의 변화를 이루고자 하는 경영인으로서의 포부를 가짐. 또한 직업윤리를 주제로 한 보고서에서 정명정신을 가지고 외재적 가치만을 추구하는 것이 아니라 자아실현, 사회적 기여에 대한 보람과 만족감을 중시해야겠다고 다짐함.

	윤리와 사상	동물농장의 모의재판 수업에서 메이저에 의해 나폴레옹이라는 독재자가 등장했다는 검사 측의 변론에 같은 논리로 자본주의의 병폐는 스미스에 귀속되는가에 대해 의문을 제기함. 수업 후 동물농장을 스탈린 체제 풍자가 아닌 자본주의 사회의 병폐와 비교 분석하는 보고서를 제출하며 분배적 정의와 기업의 사회적 책임 등 공정한 사회의 청사진에 대해 성찰하는 태도를 보임.
3학년	한국지리	국토 전반에 대한 관심이 높으며 교과목의 목적과 특성을 정확히 이해하고 있으며 성실한 태도로 수업에 임함. 우리나라의 위치 단원에서 냉온대 기후 특성, 반도적 위치, 관계적 위치가 각각 한국의 경제에 미치는 영향을 분석하고 탐구보고서를 작성하여 발표함. 국토 통일과 영토 문제, 북한의 지리적 특성 단원의 지식들을 통합하여 한반도 통일이 가져올 경제적 이점이라는 주제를 탐구하여 한반도의 통일을 경제적 관점에서 분석하면서도 통합적으로 접근하는 창의적인 발상을 보여줌. 수업시간에 흥미가 생긴 조선 후기의 지리책인 택리지를 찾아 읽고 신증동국여지승람과 비교하며 택리지가 8도의 인심을 자연환경과 결부시켜 설명하고, 우리나라 촌락의 입지를 사회, 경제적, 풍수지리적 입장에서 해석한 점. 생활권의 개념을 가지고 접근한 점, 경제적으로 유리한 곳을 가거지의 조건으로 제시한 것을 중요한 특징으로 지적하는 예리한 안목을 보임. 무엇보다도 우리나라의 위치를 국토의 발전 및 국가의 경영이라는 관점으로 고찰하면서 한반도의 반도적 위치를 적극적으로 살려 동북아시아의 물류, 무역, 비즈니스의 중심지로 도약해야 한다는 주장을 펼쳐 보임.

Memo ▶ 사회과목을 통해 진로에 대한 역량을 드러낼 수 있다.

구 분		세부내용 특기사항
2학년	지구과학1	수업시간에 항상 교사의 눈을 바라보며 웃는 얼굴로 수업에 임하는 학생임. 인문과정 학생임에도 과학에 관심이 많아 열심히 수업을 듣는 모습을 보임. 지구과학을 배우며 자원의 유한성과 이를 대체하기 위한 에너지에 대한 관심이 많음. 인간이 현재와 같은 형태로 자원을 개발하면 향후 200년 안에 모든 화석에너지가 고갈될 수 있음을 알고 이를 해결하기 위한 방안으로 우리나라의 동해에서 나오는 가스 수화물의 예를 제시함. 또한 현재 우리나라 전기생산의 대부분을 차지하는 화력과 원자력 발전을 줄이고 신재생 에너지의 비율을 높여 에너지의 해외 의존도를 낮추고 국내 산업의 생산력을 증가시키고 경제 발전을 이룰 수 있다고 주장함.
	생명과학	여러 가지 유전 현상에 대해 호기심을 가지고 의문점의 해결을 함에 있어 수학적 통계를 이용하는 것이 뛰어남. 특히 멘델의 유전법칙에 관심을 가지고 열심히 학습함. 멘델의 실험에서 완두의 결과를 보고 통계를 내는 과정에 매우 관심을 보임. 멘델 법칙 중 자손의 비를 가지고 확률을 구하는 것에 뛰어남을 보이고, 생명과학의 문제 해결에 수학적 방식 도입하는 것을 두려워하지 않음.

Memo ▶ 과학교과를 통해 미래산업의 특성을 알고 관심을 표현하는 것도 좋다.

구 분		세부내용 특기사항
2 학 년	확률과 통계	두 교과서에 있는 몬티홀 딜레마라는 문제를 풀어보던 중 첫 번째 선택을 바꾸지 않는 게 당첨될 확률이 높다고 생각하고, 이를 일반화하기 위해 반 친구들에게 문제를 풀어보게 함. 그 결과 대부분의 학생들이 선택을 바꾸지 않는 게 유리하다고 생각하고 바꾸지 않음을 확인할 수 있었음. 이 실험을 통해 인간이 합리적이라는 전통 경제학의 가정이 잘못되었다는 결론을 얻게 되었으며, 몬티홀 딜레마를 통해 전통 경제학의 가정에 오류가 있음을 증명하여 보고서를 제출함. 또한 조건부 확률을 사용해 몬티홀 딜레마를 설명함.
	확률과 통계	다양한 각도로 문제에 접근하여 해결하려고 질문을 많이 함. 일주일에 한 번씩 진행되는 특별 보충시간에 난이도 있는 문제들을 모아 친구들과 생각을 공유하고 접근하는 활동을 해옴. 문제풀이 토론에서 자신의 생각을 논리적으로 설명을 잘하는 능력이 있음. 일상생활에서 사용되는 통계를 발표하는 수업에서 경제 통계에서 국내총생산과 국내 총매출이 차지하는 비중을 비교하거나 수출 총액이 국내 총생산에서 차지하는 비율을 비교하는 경우가 있는데, 이는 같은 퍼센트일지라도 서로 다른 분모를 가지는 것을 인지하지 못하여 일어나는 오류인 점을 발표함.
3 학 년	수학2	스트링아트, 큐브만들기 등을 통해 체험할 수 있는 다양한 수학을 경험하고 스도쿠, 네모로직 등의 수학퍼즐을 통해 수학의 즐거움을 알게 됨. 또한 수학 관련 도서를 읽고 독서감상문을 작성하였으며 영화 '이미테이션'의 '에니그마'를 통해 수학에 근거를 둔 암호학이라는 분야에 관심을 갖게 되고 '누구도 생각지 못한 누군가가 누구도 생각지 못한 일을 이긴다'는 명언으로부터 수학도 뜻밖의 곳에서 그 역할이 빛날 수 있음을 깨달아 자신의 진로 분야와 수학과의 연계성을 넘어 현재 수학 학습이 중요성을 알게 되었음을 감상문으로 작성하여 제출함.
	확률과 통계	수학의 정리 및 공식이 나오게 된 배경에 주목하여 수학적 능력이 뛰어난 학생임. 이항분포의 평균을 단순히 외우기보다는 도출되는 과정을 직접 써보았으며 표본표준편차에서 n대신 n-1로 나누는 이유에 대해 심도 있게 찾아보고 친구들 앞에서 발표함. 획일화된 풀이방법에서 벗어나 문제 풀이의 다양성을 보여주어 다른 친구들에게 지적 자극을 줌. 평소 통계에 관심이 많아 빅데이터에 흥미를 가지고 이에 대해 더 알아보고자 경영데이터마이닝 강연을 찾아보며, 4차 산업시대의 빅데이터의 중요성을 이해하고 '우버는 자동차를 가지고 있지 않다'라는 주제로 빅데이터의 활용의 예를 친구들 앞에서 발표함.

Memo 수학교과는 경영학, 경제학, 통계학에 모두 중요한 학문이다.

구 분		세부내용 특기사항
2 학 년	영어독해 와 작문	자신의 진로를 심도 있게 탐색하여 발표하는 교과프로그램에 '다운 증후군이란?'이라는 주제를 가지고 영문으로 텍스트를 작성하여 다운 증후군에 대한 정의, 원인, 검사 등을 제시함. 또한 기술의 발달로 통계 알고리즘을 통해 이전보다 더욱 정확하게 질병 유전자를 찾아낼 수 있게 되었고 발병 가능성을 예측할 수 있게 되었다고 발표함.

2 학 년	영어 1	평소 듣기가 약했지만 자신의 관심 분야인 해외축구경기를 보며 감각을 체득하기 위해 노력하는 열성을 보여줌. 원어민 해설위원이 영어로 말하는 것을 반복하여 듣고 친구에게 내용을 말하는 등의 기발한 아이디어로 지속적으로 노력해 듣기실력을 향상시킴. 실력 향상을 위해 'not only eat but also memorize' 구호를 만들어 친구와 점심을 먹으며 단어테스트를 하는 등 생활 속에서 즐겁게 공부하는 모습을 보임. 모둠활동 전 미리 지문을 공부해서 문법과 내용상 어떤 곳이 중요한지 모둠원에서 설명하면서 이해를 돕고 자신의 지문설명, 이해 능력을 발전시켜가는 모습이 인상적임. 특히 'how removing CEO authority affects employees' 지문 공부를 위해 관련된 기사를 찾고 '종근당 운전기사 사건' 등 기업경영자들이 나쁜 권위의 폐해를 인식하고 권위를 없애야 더 큰 기업이 될 수 있다고 주장하는 등 자신의 관심 분야에 대해 높은 지식을 보임.
	영어 II	중세시대의 예술의 변천사에 관한 글을 조원들과 함께 영어로 읽고, 시대의 흐름에 따른 예술의 변화와 그 특징들을 분석하여 발표를 주도하는 리더십을 보임. 본문의 내용을 기반으로 내용 일치 확인 문제를 제공하여 학생들의 이해를 도움. 자신의 관심사인 농식품의 소비자 보호 제도에 관한 기사 중 '2018 begins with moves to strengthen consumer safety' 기사를 읽고 구제역, 조류 인플루엔자(AI)로 인한 국내 소비자들의 건강상의 문제와 축산물의 물가상승의 심각성 그리고 농가의 가축 매장이라는 1차적인 손해를 인식하고 이에 농림부와 식품 안전부와 같은 기구 차원에서 소비자의 축산 관련 종사자 모두를 고려한 현실성 있는 조치와 정부의 깊은 관심이 필요하다는 의견을 낼 정도로 기사에 대한 이해도가 높으며 수준 있는 어휘와 다양한 연결사 및 문장 구조를 활용하여 자신의 생각을 효과적으로 표현함.
3 학 년	영어독해 와 작문	수업시간에 '거시경제 안정성의 지표인 환율'이라는 내용의 영어지문을 공부한 후 '국가 관계와 환율의 상관성(The correlationship of National relations and Exchange rates)'이라는 제목의 에세이를 작성하여 제출하고 발표함. 국가 관계와 환율의 상관성을 주제로 선정하는 데 있어서 자신의 희망 분야에 평상시 관심사가 많은 영향을 미쳤음을 말하며, 환율의 개념과 환율의 변동요인, 환율이 국가 간의 관계에 어떠한 영향을 미치는지에 대해 상세히 발표함.
	실용영어 II	영어원서 'Aniaml Farm(Orwell, George)'을 읽고 자신이 가진 배경 지식을 이용해 다른 친구들의 이해를 돕고 사회주의가 왜 망하게 되었는지 지금 자본주의 사회가 더 발전하기 위해서는 지도자들의 역량이 중요하다고 주장함. 모둠활동에서 East Inequalities of The Employment Market 지문을 제시하여 풍부한 배경지식을 활용해 친구들에게 설명하고 고용시장의 불평등을 어떻게 해결할 수 있을지에 관심을 가지고 조사하는 등 정해진 학습량을 채우기보단 스스로 적극적이고 통합적인 학습을 하려고 노력함. 평소 스포츠 경영에 관심이 많아 축구클럽 AS모나코의 경영전략을 분석하고 다소 어려울 수도 있는 주제도 자신의 생각을 표현하는 데 뛰어난 능력을 보여줌. 특히 낮은 관중 수, 저조한 스폰서십으로 인한 낮은 수익이라는 실패를 본 후 유망주 육성을 바탕으로 한 경영을 모토로 삼았다는 AS모나코를 설명하면서, K리그가 흥행하기 위해서는 유스 아카데미와 스카우트 체계의 발전을 통해 스타육성을 한 후 대중들의 관심을 끌어야 한다고 주장하는 등 통합적으로 사고하고 즐기며 공부하는 모습이 인상적임.

Memo ▶ 다양한 영어지문 속에서 진로 관련 탐구학습을 진행하고, 영어 학습역량을 높이자.

구 분		세부내용 특기사항
2학년	과제연구	공정한 경제체제 구축과 그러한 체제 안에서의 기업의 역할에 대한 지속적인 관심에 따라 동일한 관심사를 가진 학생들과 함께 경제 현상 탐구를 위한 동아리를 창설함. 동아리 발전을 위해 창립 멤버가 아닌 학생을 부장으로 추대하고 자유토론을 기본으로 하는 동아리를 목표로 했으나 CEDA식 토론을 제의한 동아리 부원의 건의를 흔쾌히 받아들일 정도로 공동체의 발전을 위해 양보할 줄 아는 태도를 보임. 징벌적 손해배상 제도에 대한 찬반토론에서 기업이 이윤의 일부를 사회에 환원하고 윤리적으로 경영하려는 등 사회적 책임을 다 하려 노력하는 가운데 장기적으로 기업의 이미지 제고에 성공하고 이를 통해 더 큰 이익을 얻을 수 있을 것임을 주장하며 제도 도입에 찬성함. 법인세에 관한 토론에서는 법인세 인하가 해외자본 유입의 유인으로 작용하여 일자리 증가와 소득 증가를 통한 경제 성장을 이끌 수 있음을 들어 법인세 인하를 주장함. 재벌 개혁에 관한 찬반토론에서는 리스크 관리를 위한 사업의 다각화는 인정할 수 있으나 문어발식 확장과 일감 몰아주기 등의 부작용들로 인한 사회 전체적 효용의 감소폭이 크다는 것을 근거로 재벌개혁에 찬성함.

Memo ▶ '과제연구'를 통해 심화 학습을 하자.

철학과

💬 철학과 관련 고등학교 선택 과목

- 일반 선택 : 윤리와 사상, 생활과 윤리, 세계사, 세계지리, 동아시아사, 사회·문화, 철학, 논리학, 종교학, 논술 등
- 진로 선택 : 고전 읽기, 고전과 윤리, 사회문제 탐구, 과학사 등

➡ 선택과목으로 보는 비교과 활동

Q 철학이라는 과목이 너무 어려워서 어떻게 비교과활동을 해야 할지 모르겠어요.

A 철학이란 생각보다 많은 분야에 적용할 수 있습니다. 한국의 역사는 철학

과는 뗄 수 없는 관계에 놓여 있습니다. 특히 조선의 경우 성리학의 나라라고 할 만큼 성리학이 조선시대 동안 계속 큰 영향을 미친답니다. 한국사 수업시간에 조선시대의 역사와 함께 성리학이 어떻게 변천했는지 보고서를 작성할 때 처음에는 공자사상에서 시작해서 나중에는 실학사상까지 발전시켜 나갈 수 있습니다.

Q 그럼 성리학 말고는 없을까요?

A 지금도 이어지고 있는 종교, 불교 역시 동양철학의 한 부분이고, 불교 역시 소승불교, 대승불교, 선종과 교종 등 다양한 계파가 이어지고, 삼국시대에 각 왕들이 불교를 나라의 통합수단으로 삼으면서 조선시대 백성들의 마음을 어루만져 주었습니다. 이런 한국의 불교윤리의 사상도 역사가 오래된 만큼 큰 차이가 있어 보고서를 작성해볼 수 있습니다.

학기	과목	추천 수행평가 예시
1-1	한국사	조선시대 성리학의 변천 보고서
1-2	한국사	한국의 불교 윤리 변천 보고서
2-1	생활과 윤리	예술, 종교와 윤리
2-2	정치와 법	개인, 공동체, 국가의 윤리
3-1	윤리와 사상	도가, 도교 윤리사상, 동양 및 윤리사상의 특징, 상대주의 보편주의 윤리와 이상주의, 현실주의 윤리, 윤리와 그리스도교 윤리, 경험주의와 이성주의, 공리주의와 칸트주의, 실용주의와 실존주의, 현대 덕 윤리와 배려윤리 및 서양 윤리사상의 특징과 의미, 자본주의와 사회주의

💬 철학과 관련 활동 생활기록부 기재예시

과목	세부능력 특기사항
생활과 윤리	요니스의 책임윤리, 아리스토텔레스의 분배적 정의와 서적적 정의의 특징에 대해 정확히 알고 윤리적 문제에 대해 자신이 알고 있는 다양한 지식과 통합하여 접근함. 특히 개인선과 공통선의 조화를 위한 노력에 관심이 많으며 다양한 윤리사상을 현대사회와 접목시켜 기업의 사회적 책임과 분배에 대해 윤리적으로 접근하려는 자세가 우수함. 고전적 자유주의에서 윤리, 도덕이 없어도 인간사회가 제대로 돌아갈 수 있는가?에 대해 자신의 의견을 밝히며 현대사회에서 윤리와 사상의 필요성을 역설함. 야스퍼스 실존주의 관련 논문들을 참고하여 배경과 이성주의의 한계의 관점에서 현대 사회에서의 인간의 처한 현실을 분석함.
독서와 작문	전반적인 이해력이 우수하고 글에 대한 독해능력과 분석력이 뛰어남. 평소 독서를 통해 대상을 깊이 이해할 뿐만 아니라 글의 주제 목적을 잘 알고 그에 대한 자신의 생각을 펼치는 능력이 다방면으로 뛰어남. '학교폭력방지를 위한 CCTV 찬반토론'에서 상대방의 '인권침해이기 때문에 cctv에 반대'라는 의견에 인권존중과 공정성이라는 관련 논문 근거를 활용해 'cctv의 목적은 학교폭력의 감소가 목적이며 인권침해로 겪는 부정적인 점보다 긍정적 효과가 더 크기 때문에 cctv 설치'를 주장하여 상대방 팀의 동의를 얻어냄.
국어	맬서스의 인구론에 대한 지문을 읽고 증가하는 인구에 비해 식량은 이에 비례하여 증가하지 못하는 것에 발생한 문제점에 대해 생각해보고 멜서스의 인구론에 따라 식량이 부족할 경우 하층민이 그것을 감당해야 한다는 주장을 보고 공리주의와 칸트의 윤리의 입장에서 토의해봄. 인류적 차원에서 저렴한 가격에 높은 영양분을 가지는 식량을 개발해야 할 필요성을 느낌. 또한 평균수명 증가로 인한 인구증가에 따른 식량 공급의 필요성을 가지고 보다 효율적인 농업, 식량 식품이 개발되어야 한다고 주장함.
화법과 작문	양심적 병역 거부를 주제로 반대신문식 토론에 참가하여 상대의 의견을 잘 경청하고 입론이 논리적으로 잘 구성되어 장려상을 수상함.

역사학과

💬 역사학과 관련 고등학교 선택 과목

- 일반 선택 : 윤리와 사상, 생활과 윤리, 한국사, 동아시아사, 철학, 논리학, 종교학, 논술 등

➡️ 선택과목으로 보는 비교과 활동

학기	과목	추천 수행평가 예시
1–1	한국사	자유주제(연맹왕국의 발전과 삼국시대의 발전)
1–2	한국사	자유주제(조선의 조세제도)
2–1	한국지리	고지도에 나타난 국토
2–2	동아시아사	아시아의 역사에 다른 한국
3–1	세계사	동아시아 세계의 형성과 발전, 동아시아 세계의 발전

💬 역사학과 관련 활동 생활기록부 기재예시

과목	세부능력 특기사항
한국사	왕비의 자격–간택령, 조선의 형벌 등을 조사하며 한국문화의 독자성에 흥미를 느껴 고고학, 인류학 등에 대해 관심을 갖게 되어 클레이아크김해미술관의 건축 도자 전문미술관 《분청, 그 자유로운 정신》전시회를 방문함. 진례지역에서 생산되었던 분청과 중·일도자기를 비교하며 분청사기의 부드러운 선과 담담함이 조선의 백성을 나타낸다고 느끼며 역사와 문화역사에 대한 관심을 갖게 됨.
한국사	역사에 관심이 높으며 전반적으로 역사 전반에 높은 흥미를 가지고 있는 학생임. 특히 조선의 개항과정에서 일제 강점기에 호기심과 궁금증이 많아 배우려는 의욕이 강하고, 관련 탐구 과제를 수행하여 발표하는 능력이 뛰어남. 최초의 서양식 병원인 광혜원에 대한 관심을 가지고 대한민국 병원의 역사와 변천에 대한 PPT를 작성하며 누구보다 학구적인 모습으로 참여하였음. 직관력이 우수하지만 그에 의존하지 않고, 기본 개념을 활용한 접근을 통한 정확한 해결을 하기 위해 노력함.
한국사	자신만의 역사연표를 만들고 각 사건의 연결 관계를 통해 설명하는 모습에 한국사에 깊은 이해를 가지고 있음을 알 수 있음. 특히 삼국, 고려시대에서 조선으로 넘어가는 과정에서의 사상적 변화에 관심을 가지고 불교에서 유교로 국가의 근원 사상의 변화에 따른 '여성지위의 변천 보고서'를 작성함. 보고서를 작성하는 데 참고한 '한국 여성사 깊이 읽기(주진오)', '조선 여성의 일생(규장각 교양총서)', '82년생 김지영(조남주)' 내용을 소개하고 균형적인 시각을 위해 '82년생 김지영 그리고 74년생 유시민(이상윤)'을 읽고 다양한 시각에서 역사 속에 나타난 차별과 양성평등의 기록을 근거로 역차별 가능성에 대해 생각해봄. 여성과 남성 모두 많은 고충이 있었으며 진정한 양성평등은 서로의 차이를 인정하고 실질적 평등을 통해 서로 상호보완적인 관계를 형성하는 데 있다 주장함.

사회학과

💬 사회학과 관련 고등학교 선택 과목

- 일반 선택 : 통합사회, 과학탐구실험, 한국지리, 생활과 윤리, 사회문화, 정치와 법, 사회문제탐구

➡️ 선택과목으로 보는 비교과 활동

학기	과목	추천 수행평가 예시
1-1	통합사회	자연환경과 정치형태가 사회구조에 미치는 영향 보고서
1-2	과학탐구실험	사회조사방법론 조사하고 비교하기
2-1	사회문화	(시사)사건 기능론과 갈등론, 상호작용론으로 분석하기
2-2	정치와 법	정치제도에 따른 사회문제와 해결방안
3-1	사회문제탐구	(시사-예. 페미니즘, 노키즈관 등)문제 분석 및 해결하기

💬 사회학과 관련 활동 생활기록부 기재예시

과목	세부능력 특기사항
통합사회	통합사회 단원에서 '시장 경제는 어떤 한계가 있을까?' 파트를 배우던 중 공공재, 외부효과, 경제적 불평등, 새로 생겨나고 있는 인권 등에 흥미가 생겨 관련 도서를 읽고 조사함.' 불편해도 괜찮아-영화보다 재미있는 인권 이야기(김두식)', '왜 세계의 절반은 굶주리는가?(장 지글러)' 등을 읽고 지역 사회문제에 대해 관심을 가지게 됨. '(아프리카의)시위가 전 세계의 민주주의를 재정의하는 방법' 등 다양한 TED영상을 찾아보고 사회문제를 진단 분석하고 해결해 지역사회, 국가 및 인류발전에 기여하기를 희망해 이 분야의 진로를 희망함. 특히 각각 독립적인 개인들의 삶이 사회적인 경험, 현상, 사회제도 등에 영향을 받아 가족, 문화, 정치, 종교에 따라 다양한 사회현상들과 문제들로 나타나는 데 흥미를 가져 이러한 사회현상을 과학적으로 조사 분석하기를 희망함.

심리학과

💬 심리학과 관련 고등학교 선택 과목

• 일반 선택 : 사회문제탐구, 고전과 윤리, 사회문화, 과학사, 융합과학, 가정 과학, 음악감상과 비평, 미술감상과 비평

➡️ 선택과목으로 보는 비교과 활동

학기	과목	추천 수행평가 예시
1-1	공통사회	사회 속 아노미현상 찾아보고 동조현상 조사하기
1-2	국어	매슬로우의 욕구 위계론 보고서 쓰기 *매슬로우의 욕구위계론은 관련이 안되는 과가 없을정도로 다양한 과에 적용 가능해 심리학과, 정치외교학과, 경영학과 등 다양하게 활용가능하다
2-1	사회문제탐구	행동주의 이론과 반두라의 사회학습이론으로 본 청소년의 범죄행위
2-2	사회문화	심리학의 질적연구방법과 양적연구방법 비교하기
3-1	미술감상과 비평	미술심리치료 HTP 보고서와 그 한계점 조사하기

💬 심리학과 관련 활동 생활기록부 기재예시

과목	세부능력 특기사항
사회문화	**사회문화** : 일탈의 발생 원인을 다양한 이론으로 접근하여 탐구하던 중 낙인이론에 관심을 가짐. 특히 정보사회의 sns가 신중하지 못한 낙인을 찍는 역기능을 가지는 위험성을 제기하고 이러한 낙인이 찍힌 개인이 겪는 사회적 어려움을 소개하여 신중한 낙인의 중요성을 강조함.

정치외교학과

💬 정치외교학과 관련 고등학교 선택 과목

- 일반 선택 : 제 2외국어
- 진로선택 : 기하, 경제수학, 사회문제 탐구, 여행지리, 음악감상과 비평, 미술감상과 비평

➡ 선택과목으로 보는 비교과 활동

학기	과목	추천 수행평가 예시
1-1	공통사회	인권보장과 헌법 : 국제기구 개입 사례를 중심으로
1-2	국어	자국민 보호주의와 외교관계 실제사례 조사
2-1	사회문제탐구	국제분쟁의 역사와 해결방안
2-2	사회문화	중국의 언론장악과 전염병 확산 사례
3-1	경제수학	최저시급인상으로 인한 경제분석

💬 정치외교학과 관련 활동 생활기록부 기재예시

과목	세부능력 특기사항
법과 정치	근로자의 권리를 학습하는 과정에서 연소근로자의 권리와 법적 근거를 국가법령정보센터에서 제공하는 근로기준법 제 5장 '여성과 소년'을 참고하여 연소근로자의 개념과 근로계약법, 근로시간, 연소근로자의 취업이 금지되는 직종 등을 조사한 후 발표하였음. 예외 규정으로 15세 미만인 청소년도 고용노동부장관의 취직, 인허증이 있을 경우 근로자로 가능하다는 예외 규정까지 찾아 관련 수업에서 학생들의 이해를 돕는 데 많은 도움을 주었음.
세계지리	지구촌의 문제 중 르완다 내전에 대해 지리보고서를 작성하여 발표함. 지구촌의 각종 분쟁 중 르완다 내전에 대해 발생원인, 분쟁과정, 현재 상황에 대해 조사하고 분쟁을 해결하기 위한 방법과 바람직한 자세에 관해 정리하여 발표함. 문화상대주의와 인권의 소중함에 대해 강조하는 모습인 인상적임.

독서와 문법	비판적 읽기와 관련하여 '국민을 개돼지 취급하고 신분제를 공고화하는 10가지 교육정책'이라는 칼럼을 읽고 자신의 생각을 논리적으로 서술함. 일부정책에 대해 지나치게 편향된 관점에서 접근해 부정적인 면만 강조한 것이라 비판하여 학생부종합전형을 그 예시로 들음.
한국사	최근 이슈화되고 있는 일본군의 '위안부'문제와 그 이후 나타난 협상에 대하여 자세한 조사를 통해 그 진상을 잘 드러내어 다른 학생들에게 위안부 문제에 대하여 자세히 알 수 있는 기회를 줄 수 있는 뛰어난 발표를 함. 위안부의 정확한 용어사용과 'Sex slave'의 정확한 의미를 잘 전달하였으며 이 위안부 문제가 왜 미국 등과 같은 다른 국가에서도 이슈가 되고 있는지 설명함. 또한 위안부는 우리나라만의 문제가 아니라 중국, 대만 및 인도차이나 반도와 네덜란드까지 포함된 전 세계적인 문제점을 인식하고 이에 대한 일본과 우리나라 정부와의 협상(한일협상, 한일 위안부 협상 등)에 나타난 문제가 무엇인지 발표함.
법과 정치	청소년 참정권에 대한 논의에서 스스로 부족한 점을 느껴 '청소년, 정치의 주인이 되어볼까?(이효건)'를 읽음. '청소년은 과연 투표할 수 없을 만큼 판단력이 부족한가?'라는 의문에 대해서 스스로 답해가는 과정을 제시함. 국가 간 비교자료를 통해 만 18세를 채택하는 국가도 많고 우리나라도 21세에서 시작해 점점 낮아지고 있어 사회구성원들의 합의만 이루어진다면 청소년에 대한 투표권도 인정될 수 있다는 의견을 제시함.
개인 세부능력 특기사항	'청소년의 정치수첩(한대희, 크리스티네 슐츠-라이스)'을 읽고, 평소 관심을 갖고 있었던 필리버스터가 소수자의 권리를 보호하기 위한 수단이며, 집회나 시위가 국민들이 자신의 권리를 보장하기 위한 도구였음을 알게 되었고, 국가의 공무에 공사하는 사람들이 국가의 이익만을 우선시할 것이 아니라 국민들의 입장에서 국민들이 원하는 사회를 만들기 위해 노력해야 함을 깨달음.

➡ 나의 진로는?

➡ 나의 목표 학과는?

나만의 진로 로드맵			
구 분	1학년	2학년	3학년
자율활동			
동아리활동			
봉사활동			
진로활동			
진로독서			

　자신의 로드맵을 짜기 위해서는 그 학교의 활동을 먼저 파악할 필요가 있다. 아직 고등학교에 진학하지 않은 학생들은 학교 홈페이지나 학교알리미를 이용하면 좋다. 지금 재학생이라면 동아리 선배나 아니면 자신이 가고 싶은 학과에 진학한 선배들이 했던 활동들을 참고하는 것도 좋은 방법이 될 수 있다.

PART
2

경영계열
진로 사용설명서

대학에 들어가서
수강하는 과목

경영대학은 오랫동안 지속해온 각 국가의 경제·경영에 대해 배운다. 대표적인 학과로는 경영학과와 경제학과가 있다. 그러나 일부 대학에서는 경영대학에 경영학과만 있는 경우도 있다. 예를 들어 부산대학교에는 '경영학과'만 경영대학 안에 속해 있다. '경제학과'는 경제통상대학에 속해 있다.

경영학은 경영에 있어서 어떻게 하면 더 효율적인 성과를 낼 수 있는지에 대해 배우고자 하는 데 그 목적이 있다.

경영학에서 수강하는 대표 과목은?

➜ 경영정보시스템

정보 통신기술을 경영에 활용하는 법을 연구하는 학문으로 공학적 원리를 과학자처럼 이해하기보다는, 기술을 적재적소에 활용하여 경영과 관련된 정보를 올바르게 관리하는 것을 배운다.

• 경영정보시스템을 왜 배우나 : 모바일 쇼핑은 몇십 년 전만 하더라도 불가능하다고 생각되었던 분야였지만, 이제는 쇼핑몰을 경영할 때 필수적으로 제공해야 할 서비스가 되었다. 과학 기술의 발달이 기업 경영에 영향을 미친 사례

는 이 밖에도 무수히 많다. 경영정보시스템은 정보 통신기술을 경영에서 어떻게 활용할지를 연구하는 학문으로, 과거 사례는 물론 미래에 영향을 미칠 기술에 대해서도 탐구한다.

• 수업은 어떻게 진행되나 : 컴퓨터 관련 필기시험(컴퓨터 활용능력, 워드 프로세서)을 본 사람이라면 비슷할 것이다. 정보통신 기술을 경영에 응용한 사례 위주로 수업이 진행되며, 정보기술의 기초 개념을 배운다. 비즈니스에 IT기술을 어떻게 활용할 수 있는지, 제4차 산업혁명과 나의 미래 직업이 어떤 관련이 있는지 등을 연구한다.

• 진로는 어떻게 되나 : 경영학 안의 다른 분야에 비해서 역사가 짧은 학문이다. 기술이 빠르게 발전하므로 수업 내용도 변화가 많은 편이다. 세부 전공을 살려서 취직할 경우, 시스템경영공학과, 경영정보학과 등 이공계 출신과 함께 정보기술을 전문적으로 다루며 일하게 된다. 또한 정보기술은 마케팅, 재무관리, 생산관리 등 경영의 전 부분에 걸쳐 활용된다. 정보기술과 경영학 지식을 두루 갖추면 어디서든 핵심적 역할을 담당할 수 있다.

➡ 생산관리

제품과 서비스를 효과적으로 공급하는 법을 연구하는 학문으로 경영자가 겪는 문제를 과학적인 의사결정 방법론을 통해 합리적으로 분석하고 해결하는 방법을 배운다.

• 생산관리를 왜 배우나 : 공장 두 곳에서 똑같은 제품을 100개씩 만든다고 가정해보자. A공장의 불량품은 50개, B공장은 10개라면 당연히 A공장이 더 손해다. 어떻게 하면 B공장처럼 제품을 잘 만들 수 있을까? 단순한 질문이지만 사람들은 오래전부터 비슷한 고민을 해왔다. 이를 해결하기 위해, 생산관리

분야가 존재한다. 제품의 품질뿐만 아니라 공장의 위치 선정, 원료 구입, 생산량 조정 등 제품과 서비스를 만들고 전달하는 모든 과정을 효과적으로 설계하는 방법을 연구하여 기업이 소비자에게 가장 효과적인 제품과 서비스를 제공하기 위해서다.

- 수업은 어떻게 진행되나 : 생산관리에서 배우는 이론은 추상적인 아이디어가 아니라, 최적의 값을 찾기 위한 과학적인 방법론이다. 생산량, 판매량, 생산비용, 운반 비용 등 생산관리와 각 요소를 정확한 숫자로 표현하고 최적의 상태를 찾아낸다. 단원마다 여러 이론을 배우고, 사례에 적용해서 식을 세운 뒤 계산하는 과제가 많다. 창의력보다는 논리적인 능력이 많이 요구된다고 볼 수 있다.

- 진로는 어떻게 되나 : 현대 기업은 대부분 과학적인 의사결정 방식을 채택하므로, 생산관리에서 배운 이론은 어떤 분야로 진출하든 유용하게 쓰인다. 제품을 생산하는 과정뿐만 아니라, 마케팅이나 재무처럼 다른 영역의 의사결정 과정에서도 활용할 수 있다. 대학원에서 생산관리 분야를 더 깊이 공부해 유통이나 물류, 경영 프로세스 디자인 등의 분야에서 활약하기도 한다.

➡ 마케팅

소비자의 욕구에 부합하는 제품과 서비스를 제공하기 위한 이론과 이를 응용하면서 유연하고 창의적인 사고와 협업능력을 배운다.

- 마케팅을 왜 배우나 : 만약 기업이 고객을 생각하지 않고 사장이 만들고 싶은 제품을 만들고, 아무렇게나 쌓아 놓는다면 아마 그 제품은 팔리지 않을 것이다. 경쟁이 치열한 현대사회에서 제품과 서비스를 많이 판매하고 높은 이익을 내려면 고객 중심의 전략을 짜야 한다. 마케팅은 고객을 위한 가치를 창출하

고, 전달하고, 이익을 내기까지의 전 과정을 연구하는 학문이다.

• 수업은 어떻게 진행되나 : 여러 학자들의 마케팅 이론을 사례와 함께 배운다. 이론 내용이 실생활과 밀접하게 관련되어 있기 때문에 이해하기 쉬운 편이다. 참고로 거의 모든 수업에 조별 과제가 포함되어 있다. 원하는 기업을 골라 기존의 마케팅 전략을 분석하거나 새롭게 만들어서 발표하는 방식으로 진행된다. 창의적인 사고방식이 필요하고 현상을 해석하는 시각이 사람마다 다르기 때문에 정해진 답이 없는 과목이기도 하다.

• 진로는 어떻게 되나 : 일반 기업의 마케팅 부서에 주로 진출하며, 자사 제품 및 서비스의 마케팅을 기획하고 관리한다. 혹은 마케팅 업무를 전문적으로 수행하는 집단에서 일할 수도 있다. 이들은 일반 기업의 의뢰를 받아서 마케팅 서비스를 제공한다. 컨설팅 회사에서 자문 업무를 맡거나, 광고/마케팅 대행사에서 마케팅 전략을 실행하는 일 등이 이에 속한다.

➜ 인사조직

기업의 인적자원(사람)과 조직 관리를 연구하는 학문으로 인간의 심리적, 사회적 특성을 이해함으로써 조직을 효과적으로 경영하는 것을 배운다.

• 조직행동론을 왜 배우나 : 기업의 '자원'은 돈이나 제품, 공장만이 아니다. 사람, 즉 인적자원도 중요한 관리 대상이다. 이 중요성도 점점 커지고 있다. 사람을 채용하고, 업무를 배분하고, 교육하고, 월급을 주고, 조직 구조와 업무 환경을 정비하는 등 해야 할 일이 많다. 특히, 인간의 심리와 행동을 공부하는 조직행동론은 인적자원 관리를 위한 기본 소양이라고 할 수 있다.

• 수업은 어떻게 진행되나 : 교과서에 실린 다양한 연구 결과에 대해 배운다. 구체적인 사례와 함께 제시되며, 사람이라면 누구나 한 번쯤 경험했을 현상을

다룬다. 그래서 다른 경영학 기초 과목에 비해 이해하기 쉽다는 평이 많다. 배운 내용을 바탕으로 실제 기업의 인적자원 관리 현황을 분석하거나 조직 내 갈등 해결, 종업원 동기부여 등 문제 상황에 대한 해결책을 찾아내는 과제가 주어진다.

- 진로는 어떻게 되나 : 기업 내 인적자원 관리 영역의 직무는 채용, 평가, 교육, 보상, 조직 설계 등의 세부 분야로 나뉜다. 일반 기업이 아닌 HR(Human Resource, 인적자원) 컨설팅 회사에서 전문 역량을 쌓을 수도 있다. 또 노동법을 공부해 공인노무사 자격증을 취득하는 방법도 있다. 공인노무사의 주요 업무는 기업의 인사 업무 자문, 기업과 노동자 사이의 분쟁 중재, 노동자의 권리 구제 등이다.

➡ 재무금융

기업에 필요한 자본의 조달과 조달한 자본의 운용 방법을 배우는 학문이다. 기업 재무 외에도 투자론, 국제 재무 등을 배운다.

- 재무관리를 왜 배우나 : 재산/재물의 '재', 업무/사무의 '무'. 재무란 돈과 재산에 관련된 모든 업무를 뜻한다. 시뮬레이션 게임에서 돈이 있어야 전략이 진행되고, 돈을 잘못 쓰면 망하듯이 현실 세계의 경영도 똑같다. 재무의 중요성은 아무리 강조해도 지나치지 않다. 재무관리에서는 기업이 재무 의사결정을 내릴 때 필요한 기본 이론을 배우고, 기업 인수합병이나 투자 결정 등 실제 이슈에 어떻게 적용되는지 배우게 된다.
- 수업은 어떻게 진행되나 : 수학 또는 경제 수업 시간과 비슷하다. 이론을 배우고 연습 문제를 푼다. 개념과 공식을 무작정 암기하기보다는, 이해하고 응용하는 게 중요하다. 예를 들어, 재무관리 과목에선 300만 원을 이자율 연 5%

로 3년간 정기 예금에 넣어 두었을 때 가치가 어떻게 변하는지를 구한다. 이때 이자, 시간 가치 등의 개념을 정확히 모른다면 식을 세울 수 없다. 과제나 시험도 개념에 대해 묻거나, 문제를 해결하는 형태로 주어진다.

• 진로는 어떻게 되나 : 일반 기업의 재무 부서에 주로 진출한다. 기업의 자금을 관리하고, 운용 계획을 수립하는 등 내부 살림꾼 같은 역할이다. 반면 은행, 보험사, 증권사 등 금융기관에 근무하게 된다면 외부 고객에게 서비스를 제공하게 된다. 양쪽 모두 회계, 세무 업무와 밀접한 관련이 있으므로 해당 수업을 함께 수강하는 것이 좋다. FRM(위험 관리전문가), CFA(국제재무분석사) 등 관련 자격증을 공부하는 것도 도움이 된다.

✏️ 호텔경영학

호텔경영학과에서는 호텔 등 숙박 시설의 고객과 관광객들의 다양한 수요를 만족시키는 것은 물론, 서비스의 질을 높이기 위한 호텔 경영 전반에 대해서 배운다. 졸업 후에는 미래의 관광산업 및 호텔산업을 성장시킬 전문가가 될 수 있다.

💬 호텔경영학에서 가장 중요한 공부는

호텔경영학과에서는 크게 세 가지 중요 교육과정이 운영되고 있다. 하나는 실무 중심의 교육과정이고 또 하나는 자격증 취득 교육과정이고, 세 번째는 외국어 교육과정이다. 특히 실무 교육과정에는 이론보다는 커피나 와인, 칵테일, 면세점 실무, 카지노 실무, 파티플래너, 웨딩플래너 등의 산업체 현장에서 바로 사용할 수 있는 실무 교육과정이 운영되고 있다. 자격취득 교육과정에서는 커피바리스타, 와인소믈리에, 웨딩플래너, 파티플래너, 카지노 딜러, 서비스 코디네이터,

컨벤션 기획사, 병원 코디네이터 등의 자격증 취득과 관련된 교육과정이 있는데 이 교육과정을 이수하면 자격증과 연결되어 졸업 전에 자격증을 취득할 수 있도록 진행되고 있다. 외국어 중심 교육과정에는 한 사람이 영어, 중국어나 일본어는 구사할 수 있게 글로벌 교육이 진행되고 있다.

💬 호텔경영학과에서 공부를 잘하려면

먼저 교과목보다는 아무래도 우리나라에서 호텔시설을 주로 이용하는 고객이 외국인들이 많기 때문에 그들과 편안하게 의사소통을 하려면 외국어 습득 노력이 중요하다. 특히 최근에는 국내 호텔관광시장에 중국관광객의 영향이 확장되고 있으므로 외국어 중에서도 중국어에 대한 준비를 많이 해두면 도움이 될 것이다. 또한 호텔서비스는 모든 서비스의 최고봉이기 때문에 서비스 마인드가 필요하다. 결국 자기중심적 사고와 행동보다는 남을 배려하는 봉사정신이 필요하며 이에 대한 노력이 요구된다. 마지막으로는 서비스를 제공하는 데에 있어서 외모가 중요하므로, 외모에 대한 자기관리도 어느 정도 준비를 해나가야 한다.

💬 호텔경영학과의 전망은

우리나라에서도 이제 5일 근무제가 시행되고 관광에 대한 여건이 좋아져서 호텔과 관련된 산업이 많이 발전하였으며, 마찬가지로 KTX나 고속도로망이 보편화되어서 관광할 수 있는 공간과 여건이 매우 넓어졌다. 따라서 앞으로도 국내 호텔관광시장은 지금보다 더욱 발전될 것이다. 특히 최근 한류열풍으로 숙박시설이 매우 부족한 편이다. 그래서 서울을 중심으로 많은 호텔들이 건설되고 있다. 하지만 안타까운 것은 아직까지 우리나라에서는 서울이나 제주, 부산 정도 세 개 지역을 제외하고는 관광시장 규모에 한계가 있다는 것이다.

경제학에서 수강하는 대표 과목은?

➡ 국제통상개론

국제무역의 개념 및 모든 이론, 국제무역환경의 기조와 변화, 국제무역정책 규범·제도, 실무 등에 대한 포괄적인 문제들을 체계적으로 이해시킨다. 국제무역에 대한 기본 이해를 바탕으로 국제통상의 모든 분야에서 전문적인 연구와 실무에 응용할 수 있는 기초를 배운다.

➡ 수리경제학

소비자의 효용극대화와 기업의 이윤극대화 등의 수리경제학적으로 최적화하여 문제를 해결하는 방법을 배운다.

➡ 금융경제학

가계, 금융기관 등 금융주체자의 금융 행위를 분석하고 금융자산의 종류와 성격, 금융시장의 성격, 제도 및 경제적 기능 등을 다루고 또한 화폐의 수급, 이자율 및 통화량과 국민 소득과의 관계를 규명하고 정책효과를 분석하는 방법을 배운다.

➡ 재정학

국가 또는 지방공공단체의 경제활동에 관한 이론을 연구하여 공고선택 이론, 비용편익분석, 공기업이론, 조세, 사회보장, 지방재정을 배운다.

➡ 국제경제론

국제 간의 실물거래 및 금융, 자본거래에 관한 기초적인 부분을 학습한다. 국제 간의 교역을 나타내는 국제무역이론, 각종 무역정책에 관한 것을 다룬다. 또한 국제 간의 자본 및 금융거래와 관련된 외환시장, 환율, 자본거래, 국제수지 등을 다루는 국제금융론에 대한 기초적인 부분을 배운다.

➡️ 기업경제학

국가 간 제도수렴이 급격히 이루어지고 기업부문의 중요성이 급증하는 상황에서 '기업' 특히 '주식회사'의 제반 특성에 관해 검토한다. 경제학에서 흔히 주장되는 이윤극대화 또는 주주이익의 극대화라는 주식회사의 목적에서부터 출발하여, 의결권·이사회·충실의무·인수합병·주주총회·대표소송 등 골격을 이루는 선진국과 우리 제도들에 관해 경제학적으로 비교 분석함으로써 현실에서의 응용력을 함양하여 주주·경영자·이사·근로자·채권자·소비자 등 관련 당사자들에게 가장 적합하게 경쟁력을 제고할 수 있는 방법을 배운다.

🖊️ 빅데이터 시대, 경제학의 많은 변화

성균관대학교 같은 경우 퀀트응용경제학과의 대학원 프로그램으로 경제 데이터를 직접 분석할 수 있는 전문가를 양성하는 과정이 있다.

기업, 정부 등 경제 주체들이 의사결정과 관련된 상황에서 빅데이터 및 머신러닝 기법을 적극적으로 활용하고 있으며, 이와 관련하여 학술적인 연구 또한 활발히 진행되고 있다. 이용 가능한 데이터가 점점 더 풍부하게 축적되고 인공지능 관련 기술이 급속히 발전하는 상황을 고려할 때, 빅데이터 및 머신러닝 기법을 경제 분석 및 예측에 결합하려는 경향은 앞으로 보다 더 심화될 것으로 예상되고 최신의 빅데이터 및 머신러닝 기법이 결합된 경제 분석 및 예측 방법론을 효과적으로 배우고 있다.

과거와 달리 이론에 치우치지 않으면서 필요한 경제 이론들을 효과적으로 학습하는 수업, 전통적인 실증 분석 기법을 학습하는 수업, 빅데이터 활용을 통한 경제 실증 분석과 머신러닝 기법을 적용한 경제 예측에 초점을 두는 수업 등으로 다양하게 구성되었다.

이 과정에서의 교과목을 보면 다음과 같다.

💬 퀀트입문 (Basics for Quantitative Analysis)

경제 데이터 분석에 기초가 되는 통계학 및 계량경제학 기법을 학습하는 것을 목표로 한다. 경제 데이터 분석에 널리 사용되는 선형회귀분석, 최우추정법(MLE), 일반적률추정법(GMM) 등을 논의하고, 고차원 데이터(high dimensional data)와 관련한 LASSO기법과 주성분 분석(Principal Component Analysis) 등을 소개한다. R 프로그램 사용법을 습득하고, 실제 경제 데이터를 이용하여 다양한 계량경제 모형의 추정 및 검정을 실시한다.

💬 데이터 관리 및 통계 분석 (Advanced Methods for Economic Data Analysis)

미시경제 데이터와 거시경제 데이터 각각을 분석하는 데 필요한 중급 수준의 방법론을 학습하는 것을 목표로 한다. 미시경제 데이터와 관련하여 패널 분석(Panel Analysis), 이산선택(Discrete Choice) 모형 등을 논의하고, 거시경제 데이터와 관련하여 시계열분석론(Time Series Analysis)을 다룬다. 본 과목은 수강생들이 실제 경제 데이터를 이용하여 기업전략, 공정거래, 노동시장, 금융시장 등과 관련된 다양한 문제를 직접 분석할 수 있는 능력을 함양하는 것을 목표로 하고 있으며, 이를 위해 많은 연구사례에 대한 토론과 실습을 실시한다.

💬 빅데이터 분석과 머신러닝 (Big Data Analysis and Machine Learning)

빅데이터를 분석할 수 있는 도구로써 다양한 머신러닝 방법들을 이해하고 실제 데이터 분석에 이를 활용할 수 있는 능력을 배양하는 것을 목표로 한다. 이를 위해 다양한 머신러닝 모형과 기법들을 소개하고 통계학적 관점에서 그 방법들의 개념과 원리를 공부한다. 또한 다양한 데이터 분석 예를 통해 주어진 데이터와 분석 목적에 맞는 머신러닝 방법을 선택하고 유연하게 적용할 수 있는 능력을 배양한다. 이를 통해 향후 머신러닝 기법들을 스스로 빅데이터 분석에 적용하고 결과를 해석할 수 있는 토대를 마련할 수 있을 것으로 기대한다.

💬 노동시장과 빅데이터 분석(Labor Economics : Quantitative Approach using Big Data)

노동시장 및 교육 관련 이슈를 중심으로 빅데이터를 포함한 다양한 형태의 자료를 분석하는 방법을 익히고, 이를 실무에 활용할 수 있는 능력을 갖추도록 돕는 것을 목표로 한다. 이를 위해 노동경제학 분야의 핵심 연구 주제인 노동시장, 소득분배, 인구변동, 그리고 교육 관련 주제를 중심으로 실증 분석에 초점을 맞추어 수업을 진행한다. 수업에서는 R 프로그램을 사용하여 텍스트 자료를 포함한 다양한 유형의 자료를 분석이 가능한 형태로 정리하고 분석한 후 이를 해석하는 과정을 집중적으로 수행한다.

💬 머신러닝과 경제예측 (Machine Learning and Economic Forecasting)

거시 및 금융 시계열의 예측에 사용되는 전통적인 시계열 기법부터 최근 활용되는 머신러닝을 이용한 기법까지 다양한 예측 방법과 예측 모형 간의 통계적 평가 방법을 학습하는 것을 목표로 한다. 시계열 모형 설정에 따른 예측, 고차원 데이터(high dimensional data)가 제공하는 정보를 LASSO 기법 등을 통해 활용하는 예측, 머신러닝 기법을 활용한 예측 등을 논의한다. 또한 예측오차함수, 예측력 우수성의 검정 방법 등 예측 평가와 관련한 사항들뿐만 아니라 Direct Forecasting 등 예측 관련 이슈들을 소개한다.

광고홍보학에서 수강하는 대표 과목은?

➡ 광고기획관리론

광고기획의 전적인 과정에 대해 학습하고, 실제 광고 기획서 작성법에 대해 배운다.

➡ 광고매체기획

TV, 신문, 잡지, 라디오, 인터넷 등 다양한 광고매체의 특성들에 대해서 살펴보고 효과적인 메시지 전달을 위한 적절한 매체전략에 대해 배운다.

➡ 국제광고론

국제광고의 이론, 국제광고 관리의 기본 및 여러 국가의 광고현황을 연구하며 국제PR의 기본 업무에 대해 배운다.

➡ 광고제작론

광고의 언어적, 비언어적 메시지 구성과 관련된 크리에이티브 이론 및 전파광고 제작이론 등을 습득하도록 함으로써 실제 광고제작에 필요한 이론 및 실제를 배운다.

➡ 광고매체론

광고매체조사, 광고매체계획, 광고매체구매 등 광고매체계획을 수립할 때 광고매체계획자가 맞닥뜨리게 되는 의사결정을 하는 법을 배운다.

➡ 광고와 마케팅

기업이 판매를 촉진하기 위하여 활용하고 있는 최신 마케팅 전략 및 정책을 소비자의 관점에서 분석하여 그 효율성을 살펴보고 나아가 좋은 광고와 효율적 광고가 어떤 것인지 이해하기 위하여, 실제 TV와 인쇄 광고물을 분석하고 제작하여 배운다.

무역학에서 수강하는 대표 과목은?

➡ 관세론

무역상 발생하는 관세의 기초이론과 국제 관세기구에 대한 지식을 습득하게 하고 우리나라 관세법, 관세제도, 관세정책에 대해 배운다.

➡ 무역학개론

무역학의 개괄적이고 총체적인 내용을 소개하는 기초학문으로서 무역학의 학문영역, 접근방법, 국제무역의 기초이론, 무역실무의 기초이론, 무역실무의 기초분야 등 무역학 전반을 소개함으로써 여타 전공과목 이수를 위한 기초지식을 쌓기 위한 내용을 배운다.

➜ 무역정책론

무역정책의 궁극적인 목표, 무역정책수단과 효과를 연구하고, 자유무역과 보호무역에 대한 균형적 시각을 확립하며, 국제경제의 상관관계에 대해 배운다.

➜ 국제무역론

무역발생의 원인과 형태에 관한 순수무역이론으로서, 국제무역의 기본이론과 원리에 대한 이해력을 제고하고 고전학파, 신고전학파와 현대 학자들이 주장하는 무역 관련 이론들에 대해 배운다.

➜ 국제금융론

환율의 기초개념부터 시작하여 그 결정이론과 아울러 국제수지의 결정이론과 조정과정을 다루며, 특히 개방 거시경제학적 접근방법으로 이른바, '외환론'과 '국제수지론'을 분리하여 강의하는 것은 타당하지 않음을 환율과 국제수지의 상호 관련성을 통해 배운다.

➜ 무역법규론

무역 관련 법규는 기본적으로 국제무역의 질서유지와 국제규범을 정하여 효율적인 무역거래가 이루어지도록 하며, 이를 둘러싼 각종 상사분쟁의 해소 내지는 경감을 목적으로 존재하는 법률이다. 따라서 무역법규론은 국제통상의 경제법적인 이념뿐만 아니라 무역거래의 전반적인 진행과정에 걸쳐 법제화되어 있는 모든 국제법규를 지칭하고 있어 이에 대해 배운다.

관광학에서 수강하는 대표 과목은?

➡ 관광마케팅

관광기업의 마케팅 문제를 중심으로 깊이 있게 교육함으로써 현대 관광 기업체의 적응력을 높이는 방법을 배운다.

➡ 관광법규

관광 사업자 및 사원이 관광산업에 종사하면서 숙지해야 할 관광기본법과 관광진흥법을 중심으로 관광진흥개발기금법, 관광단지개발촉진법, 공중위생법, 여권법, 자연공원법, 문화재보호법 등 관광과 관련된 제반 법규를 배운다.

➡ 여행사 경영론

여행업 경영에서 실무처리 능력을 함양시켜 주기 위한 기초 과정이다.

➡ 외식사업 경영론

외식사업에 대한 전반적인 내용을 교육하게 되며 외국의 유명 외식기업들과 국내업체들의 현황과 국내업체의 노하우 및 호텔 외식사업에 대한 내용을 배운다.

➡ 호텔경영론

관광산업에서 중심을 이루고 있는 호텔업에 대하여 그 경영상의 원리와 각 부서의 관리업무에 대한 포괄적인 이해와 지식습득을 목표로 개설한 과목이다.

➡ 관광마케팅

관광기업의 마케팅 문제를 중심으로 깊이있게 교육함으로써 현대 관광기업체의 적응력을 높인다.

➡ 관광법규

관광 사업자 및 사원이 관광산업에 종사하면서 숙지해야 할 관광기본법과 관광진흥법을 중심으로 관광진흥개발기금법, 관광단지개발촉진법, 공중위생법, 여권법, 자연공원법, 문화재보호법 등 관광과 관련된 제반 법규를 배운다.

➡ 국제관광론

외국의 다양한 관광환경 및 문화를 이해함으로써 외국 관광객들이 우리나라를 방문하였을 경우 효과적으로 홍보할 수 있는 다양한 기법을 배운다.

졸업해서
나아갈 수 있는 분야

경영학 분야

➡ 노무사

❖ **노무사가 하는 일은 무엇인가요?**

 "근로자의 모든 법률문제를 담당하는 전문가"입니다. 사업장의 노사관계에 대한 사항을 분석하여 합리적인 개선방안을 제시하며, 채용에서 퇴직까지 근로자의 모든 법률문제에 대한 상담 및 교육업무를 담당합니다.

❖ **노무사라는 직업의 장점과 단점은 무엇인가요?**

 노무사는 전문직이기 때문에 자격증을 취득하게 되면 개인적으로 전문성을 발휘하여 노무사 업무를 수행할 수 있는 장점이 있습니다. 다만 자격증 기반의 전문직이기 때문에 노무사 이외의 다른 직무를 경험할 기회를 얻기는 매우 힘이 듭니다.

❖ **앞으로 이 직업의 전망은 어떤가요?**

 기업의 지속적인 경영활동을 고려해볼 때 노무사는 반드시 필요한 직업입니다. 다만 변호사가 많이 배출되어 사회적으로 다소 무리가 생기는 것과 마찬가지로 노무사도 매년 많은 수의 노무사가 배출되고 있습니다. 따라서 노무사 자격증을 취득하여 노무사로서의 직업을 선택하는 것도 좋지만 국내 노무사의 규모 등을 고려해서 신중히 결정하는 것도 좋을 듯합니다.

➡ 경영컨설턴트

❖ 경영컨설턴트가 하는 일은 무엇인가요?

"기업경영의 문제점 분석 및 자문을 담당하는 전문가"입니다. 기업경영에 관한 문제점을 분석하고 대책을 연구하며, 사업추진에 관한 상담과 자문을 제공하는 일을 합니다.

❖ 이 일은 전공과 어떤 관련이 있나요?

경영학부를 졸업하고 석사과정에서 'Brand Management'를 전공하여 '브랜드 전략 수립'에 대한 연관 프로젝트들에 참여했던 경험과 데이터 분석 프로그램의 사용 경험이 업무를 수행하는 데 큰 도움이 됩니다. 물론 경영학 전공자가 아니어도 경영컨설턴트로 일할 수 있습니다. 다양한 경험을 바탕으로 경영컨설턴트들과 협업하여 업무를 수행하기 때문입니다.

❖ 경영컨설턴트라는 직업의 장점과 단점은 무엇인가요?

프로젝트 단위로 이루어지는 조직 구성과 개개인의 철저한 역할분담에 따른 연구수행으로 개인의 자율성이 최대한 보장되는 직종이라는 것이 최고의 장점입니다. 한편, 개개인의 역량에 따라 프로젝트를 수행할 수 있는 능력이나 범위가 명확하게 구분되는 점은 장점인 동시에 단점이기도 합니다.

❖ 앞으로 이 직업의 전망은 어떤가요?

공공기관을 대상으로 하는 정책/경영 컨설팅은 지속적으로 성장하고 있는 '지식서비스산업'으로 공공기관의 수요가 꾸준하게 증가하고 있습니다. 미국이나 유럽의 주요 국가 등은 정책 추진의 객관성 및 효율성 등의 측면에서 외부 기관이나 기업의 참여를 적극 권장하는 등 경영컨설턴트라는 직무 전망은 상당히 밝다고 할 수 있습니다.

경제학 분야

➡️ 지식재산전문가

❖ 지식재산전문가가 하는 일은 무엇인가요?

"아이디어나 경험에 의한 발명, 창작물, 저작물 전문가"입니다. 국가와 국가 사이에서 지식 저작권 거래가 이루어지도록 중개하는 업무를 수행합니다.

❖ 이 일은 전공과 어떤 관련이 있나요?

대학교 때 기술정책과 지식재산 수업을 듣고 앞으로 개발될 새로운 기술들을 평가하는 일이 높은 대우를 받을 수 있으므로 전기전자 산업경영 수업을 추가적으로 들으면 좋으며, 산업경영학과를 복수전공하면 더욱 좋을 것입니다.

❖ 지식재산전문가라는 직업의 장점과 단점은 무엇인가요?

의사는 사람의 몸을 고치고, 정책을 하는 사람은 사회와 국가의 병을 고치는 사람입니다. 이와 비슷하게 지식재산전문가는 국가와 사회에 이바지하는 장점이 있습니다. 그러나 이 분야는 하나의 학문 분야만 배워서는 일을 할 수 없으며, 융합적인 학문이기 때문에 다른 학문들에 대한 이해의 폭이 있어야 업무를 수행하기 좋습니다. 그래서 다양한 분야에 대한 공부를 끊임없이 해야 하는 단점이 있습니다.

❖ 앞으로 이 직업의 전망은 어떤가요?

저작물에 대한 지적재산권이 중요시되고 있고 이를 어길 경우에는 저작권법에 따라 엄중한 처벌이 가해지게 됩니다. 따라서 출판물 등에 대한 저작권을 확보하기 위한 저작권 에이전트의 입지가 넓어질 것으로 사료됩니다. 또한 저작물 거래가 증가하고 있고, 콘텐츠의 국제교류가 지속적으로 이루어지고 있는 점은 저작권 에이전트의 일자리 창출에 긍정적인 요소로 작용할 것으로 생각합니다.

❖ 지식재산전문가가 되고 싶은 청소년들에게 한마디 해주세요.

이 분야로 가고 싶다면 공학, 법학, 경제학, 산업공학 심지어 교육학을 해도 상관없습니다. 교육학과 융합하여 교육프로그램을 만들어서 지식재산권으로 그 프로그램을 보호하고 사업할 수 있습니다. 우리 주변에 있는 다양한 분야가 다 지식재산이기에 현재 배우고 있는 것과 관련된 지식재산을 조사하면서 발전시키면 좋겠습니다.

➡ 프라이빗뱅커(Private Banker, PB)

❖ 프라이빗뱅커가 하는 일은 무엇인가요?

"고액자산가를 전담으로 관리하는 은행원"이라고 할 수 있습니다. 고액자산가의 자산 및 수익 증대를 목적으로 자산(예금, 주식, 실물자산 등)을 종합관리하고 세무, 법률, 상속 등 비금융 업무에 대한 서비스도 제공합니다.

❖ 이 일은 전공과 어떤 관련이 있나요?

경제학은 투자이론의 기본을 이해하는 데 중요한 학문입니다. 신탁자산을 운용함에 있어서 가장 기초가 되는 부분이기 때문에 경제학과와 연관성이 높습니다. 해당 직무에 필요한 자격증들도 학부 수업과 연계됩니다.

❖ 프라이빗뱅커라는 직업의 장점과 단점은 무엇인가요?

금융산업의 꽃은 자산운용입니다. 단순히 한 분야만 공부하면 성공하기 힘들기 때문에 많은 공부를 하면 큰 장점이 되며, 수익률에 대한 부담이 어느 정도 있다는 것을 알고 시작하는 것이 중요합니다. 그러나 그 정도 스트레스는 어느 직업이나 있기에 걱정하기보다는 인공지능에 관한 지식을 쌓아 퀀트(어떤 금융상품의 공정가치를 구하는 사람)에 관한 지식도 습득하길 권합니다.

❖ 앞으로 이 직업의 전망은 어떤가요?

한국시장은 금융산업의 발전이 상대적으로 취약한 편입니다. 그만큼 향후 발전과 성장가능성이 높은 영역이라고 볼 수 있습니다. 특히 자산운용이나 자산관리의 영역은 저금리 시대가 장기화될 것으로 예상되는 한국 상황에서 그 가치가 더욱 높아질 것으로 예상됩니다.

광고홍보학 분야

➡ **카피라이터(광고문안작성원)**

❖ **카피라이터가 하는 일은 무엇인가요?**

"광고의 메시지를 기발하고 창조적인 문구로 전달해주는 전문가"입니다. 방송 매체 또는 인쇄매체 등의 광고에서 소비자들이 공감하고 주목할 만한 광고 문안을 작성합니다.

❖ **이 일은 전공과 어떤 관련이 있나요?**

광고회사에는 다양한 전공을 경험한 사람들이 모여 서로의 아이디어를 보완해주며 재미있게 일을 합니다. 카피라이터가 되기 위해서는 전공보다도 학창시절에 광고에 관계된 다양한 대내외 활동을 하면서 업무 경험을 쌓는 것이 더욱 중요합니다.

❖ **카피라이터라는 직업의 장점과 단점은 무엇인가요?**

카피라이터는 수많은 프로젝트를 하는데 매번 카피를 쓴 그대로 진행이 되는 경우가 많지 않습니다. 그래서 수많은 조정 끝에 실제로 제작이 된 광고를 볼 때 성취감과 보람을 많이 느끼게 됩니다. 하지만 야근이 많고 주말에도 출근을 해야 할 일이 많기 때문에 체력적으로 힘들 때가 많습니다. 또한 크리에이티브라는 것이 겉으로는 화려하게 보이지만 제약이 많기 때문에 이러한 부분들이 어려운 점이라 할 수 있습니다.

❖ **앞으로 이 직업의 전망은 어떤가요?**

카피라이터는 글을 쓰는 일만 하지는 않기 때문에 향후 콘텐츠플래너라는 이름으로 대체될 수 있습니다. 이렇듯 향후에 어떤 이름으로 불리게 될지는 모르나, 광고가 있는 한 카피라이터원의 역할을 할 사람은 분명 필요합니다. 명칭이 바뀌더라도 해야 하는 일의 영역은 점점 더 넓어질 것으로 예상됩니다.

➡ 홍보기획자

❖ **홍보기획자가 하는 일은 무엇인가요?**

"고객 또는 자사의 대외홍보를 위한 제반 상황을 분석하는 홍보전문가"입니다. 기업체의 마케팅·홍보부서에서 상품판매전략 수립과 홍보물을 제작하거나 홍보대행사에서 특정 조직이나 사람의 특성에 맞게 전문적인 홍보를 담당해 진행하고 있습니다.

❖ **이 일은 전공과 어떤 관련이 있나요?**

현재 홍보기획을 하는 이들을 보면 광고·홍보학과뿐만 아니라 신문방송, 국어국문, 경영학과 등 다양한 전공자들이 있습니다. 신문방송학 전공이라면 기획기사와 보도자료를 배포하는 업무에 있어서 두각을 드러낼 수 있습니다. 광고·홍보학 전공자라면 기업브랜드와 제품을 홍보하기 위한 아이디어를 제공하는데 있어서 능력을 발휘할 수 있습니다. 이 일은 관련학과를 나오지 않더라도 다양한 대내외 활동 경험이 있다면 도움이 됩니다.

❖ **홍보기획자라는 직업의 장점과 단점은 무엇인가요?**

홍보기획자의 장점은 다양한 클라이언트를 접할 수 있으며, 개인의 능력이 우수하다면 그 부분을 충분히 인정받을 수 있다는 점입니다. 단점으로는 야근이 많고 언제 갑자기 클라이언트 업무가 생길지 예측할 수 없기 때문에 개인의 시간을 이용하여 업무를 처리해야 할 일이 종종 생깁니다.

❖ **앞으로 이 직업의 전망은 어떤가요?**

여전히 우리나라에서는 언론관계 그리고 기업과 소비자의 관계에서 PR이 중요하게 작용하고 있습니다. 새로운 브랜드를 런칭하고 해외로 수출입할 때는 홍보대행사의 역할이 중요하므로 향후 전망은 긍정적일 것으로 예측됩니다.

무역학 분야

➡ 국제통상전문가

❖ **국제통상전문가가 하는 일은 무엇인가요?**

"국제무역으로 기업의 이익을 이끄는 무역가"입니다. 국제통상전문가는 기업에 소속되어 무역 계약, 결제 및 관련 법규 등에 대한 지식과 외국어 능력, 무역 실무 능력을 바탕으로 국제무역 관련 업무를 수행합니다.

❖ **이 일은 전공과 어떤 관련이 있나요?**

국제통상에 대한 전문적인 지식을 가지고 일련의 과정을 이해하고 그에 필요한 기본을 갖추고 있어야 하는데, 이러한 부분은 무역학 전공에서 기본적으로 다루게 됩니다. 무역학을 전공하며 수강했던 과목이 국제계약론, 국제결제론, 국제운송론, 국제보험론 등으로 국제통상의 일련의 과정을 세부적으로 다루며 공부하기 때문에 전공과 업무의 관련성은 상당하다고 할 수 있습니다.

특히 무역학이 학문적 접근보다는 실무적 접근을 강조하기 때문에 강의 내에서 실습활동이 많은데, 국제계약 수업에서는 팀을 나누어 수입·수출자가 되어 협상을 맺고 계약을 체결해보며 가상으로나마 국제통상전문가로서 일할 수 있습니다. 이러한 경험은 업무를 하는 데 두려움을 없애고 자신감을 가지는 데 도움이 됩니다.

❖ **국제통상전문가라는 직업의 장점과 단점은 무엇인가요?**

국제통상전문가는 무역체결부터 국내수입(또는 해외수출)까지 모든 업무를 이해하고 총괄하기 때문에 업무 능력의 스펙트럼이 넓습니다. 이는 향후 특정 분야에 스페셜리스트가 될 수도 있는 장점이 될 수 있습니다. 하지만 한 번의 계약으로 억 단위의 금액이 왔다 갔다 하기 때문에 그에 상응하는 부담감이 있습니다. 여러 국가의 사람들과 일을 하기 때문에 각 나라의 문화를 이해하고 응대하는 일도 익혀야 합니다.

❖ **앞으로 이 직업의 전망은 어떤가요?**

경제활동의 세계화가 급격하게 진전되면서 통상 관련 전문 인력에 대한 수요가 크게 증가하고 있으며, 특히 우리나라는 G20 중 수출입 의존도가 1위를 차지할 정도로 대외의존도가 높아 전문인력에 대한 수요는 한동안 끊임없을 것으로 예상됩니다.

그뿐만 아니라 전통적인 상품무역 분야 외에도 금융, 유통, 통신 등의 서비스 분야 및 국제투자와 현지진출 등의 분야에서도 통상전문 인력의 수요가 크게 증가하고 있고 최근의 급격한 IT기술 진보를 바탕으로 한 전자상거래와 인터넷 무역 등의 증대로 국제통상전문가 분야의 범위도 크게 확대되고 있어 전망이 밝다고 할 수 있습니다.

➔ 공정무역전문가

❖ **공정무역전문가가 하는 일은 무엇인가요?**

"저개발 국가의 생산자와 소비자의 공정한 교역을 돕는 전문가"입니다. 저개발 국가의 생산자와 그들이 생산한 제품을 구입하는 소비자 사이에서의 교역을 돕는 일 전반을 담당합니다.

❖ **이 일은 전공과 어떤 관련이 있나요?**

공정무역전문가와 무역학은 밀접한 관련이 있고 무역학에서 배운 이론은 공정무역전문가로 활동하며 적용가능한 부분이 많아서 처음 업무를 이해하는 데 큰 도움이 됩니다. 제조나 수입, 판매의 단계 부문은 무역학 중 국제운송론, 국제결제론과 많은 부분 일치하여 이론으로 익힌 지식을 실무로 활용할 수 있습니다. 특히 전공을 들으며 습득했던 유통과정 및 수수료 부분이 공정무역에서의 유통부문 업무에 큰 도움이 됩니다.

❖ **공정무역전문가라는 직업의 장점과 단점은 무엇인가요?**

장점은 불공정한 거래를 없애고 소비자에게도 바른 소비를 할 수 있는 방법을 제시할 수 있다는 점에서 생산자와 소비자에게 모두 만족감을 줄 수 있다는 것에 성취감과 자부심을 느낄 수 있는 일입니다. 하지만 현재 공정무역전문가가 될 수 있는 길이 명확하지 않고 공정무역전문가로 활동할 수 있는 곳이 많지 않다는 점과 비영리단체나 사회단체에 속해서 일하기 때문에 수입이 많지 않다는 단점이 있습니다.

❖ 앞으로 이 직업의 전망은 어떤가요?

공정무역은 대중화된 상품시장이나 단순 이익창출을 목적으로 하는 사업이 아니기 때문에 급격한 성장이나 일자리 창출을 기대하기는 어려울 것 같으나 그 필요성과 의미에 대한 공감대가 확대되면서 앞으로 공정무역전문가를 필요로 하는 곳은 꾸준히 증가할 것으로 생각됩니다.

융합학 분야

➡ 스포츠마케터

❖ 스포츠마케터가 하는 일은 무엇인가요?

"기업이 스포츠를 통한 마케팅 활동을 할 수 있도록 전략을 수립"하는 사람입니다. 스포츠 팀 및 기업이 스포츠마케팅을 통해 인지도 향상 및 이미지 개선을 할 수 있도록 스포츠와 관련된 각종 행사지원, 선수지원, 스포츠용품 판매 등을 대행합니다.

❖ 이 일은 전공과 어떤 관련이 있나요?

경영학에 대한 전공지식이 반드시 필요하다고 할 수는 없지만, 스폰서십 등을 체결하기 위해서는 광고효과 등 다양한 경영학적 분석을 할 수 있으면 업무를 잘 수행할 수 있습니다. 하지만 마케팅·광고, 경영학, 사회체육학, 스포츠과학과 등 다양한 학과을 졸업하더라도 스포츠경영관리와 외국어 능력이 뛰어나다면 충분히 스포츠마케터로 활동할 수 있습니다.

❖ 스포츠마케터라는 직업의 장점과 단점은 무엇인가요?

스포츠마케터라는 분야는 아직 우리나라에서 활성화되지 않은 분야이므로 향후 발전가능성이 높을 것으로 생각됩니다. 특히 축구와 같은 스포츠는 국내에서만 하는 것이 아니라 해외와의 통합리그를 통해 폭발적인 성장이 가능합니다.

단점으로는 국내 인구가 적은 상황에서 다양한 스포츠가 모두 발전하기는 어렵다는 한계를 가지고 있습니다. 따라서 스포츠마케팅을 할 수 있는 기업도 적어 취업의 기회도 적지만 인터넷으로 인해 지구가 연결되었기에 발전가능성은 높은 분야로 생각됩니다.

❖ 앞으로 이 직업의 전망은 어떤가요?

무엇보다 스포츠는 국내에만 한정된 것이 아니기 때문에 발전 가능성은 높습니다. 예를 들어, NBA가 중국에서 개막전 1경기를 했는데, 이와 같은 행사는 메인스폰서 등 해당 한 경기를 통해 엄청난 경제효과가 발생했습니다. 여가시간이 많아지고, 생활수준이 향상되면서 스포츠에 대한 관심이 증가하고 있습니다. 이에 따라 프로스포츠 관련 산업이 성장하고, 다양한 종목에서 해외 유명리그로 진출하는 선수들이 증가하는 추세여서 스포츠마케터의 고용 전망이 밝다고 생각되어 성장잠재력이 있는 분야입니다.

🔘 벤처캐피탈리스트

❖ 벤처캐피탈리스트가 하는 일은 무엇인가요?

"스타트업 및 성장 초기 단계의 벤처기업에 지분을 투자하는 투자전문가"입니다. 위험성은 크나 높은 투자 수익이 기대되는 스타트업과 성장 초기단계의 벤처기업, 문화콘텐츠 등에 투자하여 성장과정을 지원하고 지분 매각 또는

IPO(상장)를 통해 투자자금을 회수하는 업무를 수행하고 있습니다.

❖ 이 일은 전공과 어떤 관련이 있나요?

회사의 성장성, 투자 후 기업가치 증대 등 숫자와 관련된 업무가 많습니다. 기본적으로는 회계 관련 지식이 필요합니다. 또한 회사를 발굴한 뒤 올바른 투자를 하기 위해서는 회사의 내용을 정확하게 파악해야 합니다. 이는 벤처캐피탈리스트로서 올바르게 심사해야 한다는 뜻과도 일맥상통합니다.

따라서 경영지식도 필수적으로 요구되는 지식 중 하나입니다. 이외에도 경제학을 꼽을 수 있습니다. 투자를 한 회사가 성장을 할 수 있을지, 이보다 더 앞서서 투자를 할 만한 경제적 흐름이 되는지, 가치가 있는지를 잘 알아야 하는 것이 벤처캐피탈리스트의 몫이라고 생각합니다. 그렇기 때문에 경제의 전반적인 이해, 전체 산업에 대한 감이 중요합니다.

❖ 벤처캐피탈리스트라는 직업의 장점과 단점은 무엇인가요?

업무 자체가 다양한 산업과 기업체를 만날 수 있고, 업체의 성장을 지켜보는 것 또한 매우 보람된 일입니다. 그러나 완벽한 일은 없으므로 고객과 기업이 손실을 받지 않도록 야근, 주말출근 등 업무량이 많은 축에 속합니다.

❖ 앞으로 이 직업의 전망은 어떤가요?

로봇과 인공지능시대가 도래하더라도 벤처캐피탈리스트는 사라지지 않을 것입니다. 아무리 컴퓨터가 발달하고 프로그래밍이 발달한다고 해도 다양한 기업체를 만나고, 가치와 경제적 흐름을 판단하여 투자를 결정하는 일을 인공지능에만 맡겨둘 수 없기에 이를 감시하고 프로그래밍할 전문가는 더욱 필요할 것이라고 생각됩니다.

➡ 국제결혼상담원 및 웨딩플래너

❖ 국제결혼상담원 및 웨딩플래너가 하는 일은 무엇인가요?

"국제결혼상담과 웨딩 진행을 도와주고 대행해주는 플래너"입니다. 국제결혼상담원 및 웨딩플래너는 국제결혼과 관련하여 배우자를 결정하기까지의 과정을 담당하고, 결혼 과정을 고객과 협의하여 기획하고 대행해주고 있습니다.

❖ 이 일은 전공과 어떤 관련이 있나요?

웨딩플래너의 업무는 신혼여행지의 선별이나 허니문 상품 개발과 예비부부와 여행사와의 원활한 커뮤니케이션입니다. 또한 국제결혼상담 업무이기에 다양한 국가의 문화적 특징을 이해하고 조언해주는 것이 좋습니다.

❖ 국제결혼상담원 및 웨딩플래너라는 직업의 장점과 단점은 무엇인가요?

웨딩플래너의 업무를 할 때 가장 큰 보람은 새로운 사람들과의 기분 좋은 시작과 행복을 함께 할 때입니다. 커플의 행복한 미소와 감동적인 순간들을 생각하며 느낄 수 있는 만족감과 기쁨을 원동력으로 삼고 있습니다.

하지만 예비부부의 스케줄에 맞춰서 업무를 진행하기 때문에 주로 야간이나 휴일에 고객과의 미팅을 하는 경우가 많습니다. 또한 결혼의 특성상 주말이나 휴일에 하는 경우가 대부분이기 때문에 남들이 쉴 때 일해야 하는 부분에서는 개인적인 일을 보기 힘들 때가 많습니다.

❖ 앞으로 이 직업의 전망은 어떤가요?

국제결혼상담원과 웨딩플래너는 나이가 들어도 할 수 있는 안정적인 직업이라고 생각됩니다. 정년이 없으며 자신이 진행할 수 있는 만큼 수입도 늘어납니다. 과거와는 달리 2030세대들은 자기표현에도 적극적이며, 타인과의 차별화, 전문적인 서비스를 받고 싶은 욕구에 따라 웨딩플래너를 찾는 사람들이 더욱 증가할 것이라고 생각합니다.

또한 이혼 건수의 증가와 함께 재혼 건수도 2배 이상 증가하였습니다. 이런 분위기 속에서 재혼을 희망하는 사람들을 전문으로 하는 결혼상담원도 증가하는 추세입니다. 결혼과정이 하나의 산업으로 바뀌어 가고, 국제결혼도 증가하고 있으므로, 직업적인 전망은 밝다고 볼 수 있습니다.

➡ 생태어메니티전문가

❖ 생태어메니티전문가가 하는 일은 무엇인가요?

"농·산·어촌의 쾌적한 자원·상품·환경 등을 컨설팅하여 지역의 활성화를 이끄는 전문가"입니다. 생태어메니티전문가는 농·산·어촌 지역 주민들이 자기 지역의 어메니티(Amenity) 자원을 활용하여 지역개발을 하도록 업무지원과 컨설팅을 담당합니다.

❖ 이 일은 전공과 어떤 관련이 있나요?

지역개발에 있어 관광프로그램 및 관광마인드를 통한 관광요소가 큽니다. 공간요소는 조경이나 환경/건축이 크고, 도농교류, 체험관광 등에 있어서는 관광학 지식이 중요한 요소로 작용합니다. 영역이 나뉘어 있어 전체 전공자들이 함께 모여 일을 하게 됩니다.

예를 들면, 농식품부 사업 중 권역단위 정비종합사업에서 컨설팅 역할을 하는 것도 이 직업에서 하는 일이며, 관광학을 공부한 사람이 전공을 살릴 수 있는 좋은 직업입니다.

❖ 생태어메니티전문가라는 직업의 장점과 단점은 무엇인가요?

　시대 변화와 지역의 변화를 느끼고, 지적인 에너지를 충족시킬 수 있는 역동적인 직업입니다. 자기 스스로 계획을 세우고 지역이 변화되는 묘미를 목격할 수 있으며, 자신의 손으로 설계하고 이뤄가는 과정에서 자부심을 느끼게 되는 등 굉장히 매력적인 직업입니다.

　하지만 지역 주민들이 대부분 연세가 많다 보니 서로 맞춰 나가는 과정에서 어려움이 생기곤 합니다. 공무원조직, 지역주체 등과 같은 협력자와 조정자들도 많아 이 모두와 조율하고 상대하는 과정에서 정신적인 스트레스를 받게 됩니다. 또한 출장이 많은 직업이라 출·퇴근이 부정확하기 때문에 정시 출·퇴근을 생각하는 분들이라면 힘든 직업입니다. 상대방의 시간에 맞춰서 일이 진행되거나 상대방이 요청할 경우 그쪽으로 가야 하는 부분도 단점이라 할 수 있습니다.

❖ 앞으로 이 직업의 전망은 어떤가요?

　전망은 매우 밝은 편입니다. 웰빙과 여가에 대한 도시민의 수요가 꾸준히 증가하고 있고, 각 지자체에서 경쟁적으로 어메니티 자원을 활용한 지역경제 활성화 사업을 추진할 것으로 기대됩니다. 따라서 이들 사업을 개발하고, 컨설팅하며, 실행할 생태어메니티 전문가에 대한 수요는 꾸준히 증가할 것입니다. 또한 중앙 정부에서 전 국토의 어메니티 자원을 개발하고 지속적으로 관리하는 것은 사실상 어렵기 때문에 지역 단위에서 활동하는 전문가들의 수요가 증가할 것으로 예상됩니다.

계열별
핵심 키워드

핵심 키워드로 알아보는 경영학

경영학은 기업경영에 필요한 전반적인 지식과 마케팅, 회계, 재무관리, 인사관리, 경영정보 등 각 분야의 관리기술을 종합적으로 교육하는 학문이다. 기업경영은 소비자가 원하는 것이 무엇인지 파악하고, 이를 어떤 방식으로 생산해서 판매할지를 선택하는 의사결정 과정의 연속이다. 따라서 경영학과는 기업경영자가 합리적인 의사결정을 할 수 있도록 전문적인 정보와 경영지식을 제공하는 역할을 수행한다.

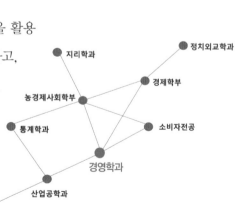

이를 통해 졸업 후 경영학적 지식을 활용하여 제품과 서비스의 가치를 창출하고, 기업의 올바른 의사결정을 내리는 인재를 양성한다. 경영학은 크게 마케팅, 생산운영관리, 인사조직, 재무관리, 회계, 국제경영 등으로 나눌 수 있다. 하지만 이 학문들이 별개의 학문이 아니라 서로 연계하여 기업이라는 큰 조직을 효율적으로 운영하도록 서로 협업해야 한다.

사회과학의 특성상 그 학과를 전공했다고 해서 반드시 정해진 진로를 따르지는 않는다. 오히려 관련된 학문들 간의 연계성을 통해서 자신만의 진로를 정할 수 있다. 특히 경영학은 사회의 다양한 측면을 모두 반영하기 때문에 타 학과와의 연계성을 잘 살펴보는 것이 좋다.

가장 밀접한 관계가 있는 경제학은 물론이고 농업과 관련하여 발생하는 여러 경제현상을 연구하여 농업의 발전과 경제의 여타 부분과의 관련성을 고찰하는 농경제사회학부와도 연계가 가능하다. 또한 시장에서의 판매를 위해 소비자 입장에서 연구하는 소비자학도 관련 과목으로 연계할 수 있다. 산업 기술을 공학적 기법으로 경영하는 방법을 탐구하는 산업공학과는 앞으로 계속해서 인기를 끌 수 있는 학문이기도 하다.

핵심 키워드로 알아보는 경제학

경제학은 인간의 가장 본질적인 문제를 연구하는 학문으로, 우리가 살아가면서 매순간 직면하고 있는 선택이라는 문제를 다루고 있다는 점에서 무엇보다도 우리의 일상과 가장 밀접한 학문이며, 여러 가지 사회현상을 올바르게 이해하고 바람직한 대안을 모색하기 위한 경제학적 개념과 지식을 습득하는 것을 목표로 한다. 경제학의 교육목표는 경제학적 분석력, 합리적 판단

력, 세계수준에서 경쟁할 수 있는 업무능력을 갖춘 전문경제인 양성에 있다.

경제학과의 연계성은 다른 학과들에 비해 무궁무진하다. 우선 경제와 떨어질 수 없는 정치 분야와의 연계를 볼 수 있다. 정치 현상에 대한 분석을 통해 투명한 정치 과정과 정치 발전을 목표로 하는 정치외교학부는 최근 다양한 분야에서 초국가적 이슈들이 등장하고, 국제사회에서 국제기구, 비정부단체, 다국적 기업의 영향력이 커지면서 그 적용 범위가 넓어지는 추세이다.

외교관을 목표로 공부하고 있다면 국립외교원 선발자 2차 시험에 경제학, 국제경제학 과목이 있는데 이는 일반적인 학부과정을 훨씬 뛰어넘기 때문에 오히려 경제학과 출신들이 더 좋은 성과를 내기도 한다. 또한 경영학과와 연계하여 농업시장의 분석을 위한 농경제사회학부나 이를 공학적으로 접근하는 산업공학과도 연계할 수 있는 학문이다.

핵심 키워드로 알아보는 광고홍보학

기업 간 경쟁이 심화되고 상품판매 전략이나 이미지가 기업홍보에 중요한 역할을 차지하면서 광고 및 홍보에 대한 중요성이 더욱 커지고 있다. 또한 정부, 지방자치단체, 시민단체, 종교 단체 등에서도 조직의 이미지 관리를 위한 홍보에 많은 관심을 보이고 있다.

광고홍보학은 광고활동과 광고현상 등을 연구하는 '광고' 분야와 커뮤니케이션 활동을 통한 기업, 단체, 관공서 등의 계획, 활동, 업적 등을 효과적으로 알리는 '홍보' 분야로 구분된다. 광고학은 광고 분야의 새로운 이론과 실제를 다루는 학문으로서 마케팅, 커뮤니케이션, 심리학, 사회학 등 광범위한 관련 이론을 바탕으로 광고기획, 제작, 시장조사, 매체 계획, 브랜드 등 다양한 분야를 연구하는 학문이다.

홍보학은 사회과학의 독특한 영역으로서, 조직과 이를 구성하는 대중 간의 이로운 상호관계를 위한 의사소통에 대하여 전략적인 관리의 가치를 강조한다. 성공적인 홍보학의 이행은 과학적인 지식과 실질적인

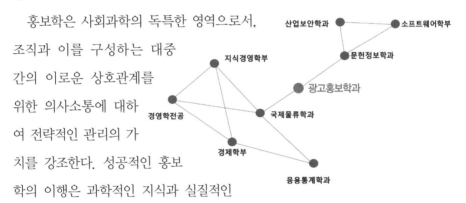

기술들을 필요로 하기 때문에 교육과정에 소비자 및 대중을 설득하기 위한 이론과정과 이론을 실제로 적용해보는 실습과정을 포함하고 있다.

미국의 한 광고학자는 '기업의 광고 전략은 종교를 전파하는 것과 같다.'라고 했다. 한편 홍보는 '자신의 주장과 행위에 대해 사람들이 호의를 갖도록 노력하는 것'이다. 즉, 광고와 홍보의 공통적 본질은 '사람들의 마음을 움직이는 것'이다. 따라서 광고홍보학을 위해서는 소비자를 알아야 하고, 이들이 호의를 가지고 소비할 수 있도록 제품을 알리는 것이 중요하다. 이를 위해서 나라와 나라 사이에서 원재료, 상품 따위가 사회적으로 어떻게 흐르는지 연구하는 국제물류학과와의 연계를 통해 상품을 제대로 이해하는 것이 필요하다.

또한 인간의 지적활동에 필요한 정보 및 문헌의 속성을 이해하며, 이들을 효과적으로 수집하고 전달하기 위한 학업을 하는 문헌정보학과와의 연계를 통해 소비자를 사로잡는 카피라이터가 될 수도 있다. 대학 입결이 높은 광고홍보학과나 경영학과를 목표로 하는 학생은 상대적으로 입결이 낮은 문헌정보학과에 입학한 후 광고홍보학을 함께 공부하는 것도 좋은 방법이 될 수 있다.

핵심 키워드로 알아보는 무역학

무역학과는 사회에서 수요로 하는 무역 및 국제통상에 대해 전문 능력을 갖춘 전담 인력을 양성하는 것을 목표로 하고 있다. 따라서 무역학과는 국가 및 지역사회의 요구를 반영하여 세계화와 정보화의 추세 속에서 국제 비즈니스 현장에 필요한 다양한 학문 분야를 학제적으로 소화하여 국제적인 사업 환경에 효과적으로 대처할 수 있는 글로벌 비즈니스 리더를 양성한다.

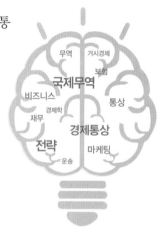

전공 과정에서는 무역학의 기초를 제공하며 국제경영, 국제경제, 국제경영학, 연구방법론의 교육을 강화하여 기초 학문에 대한 충실한 교육을 바탕으로 학문에 대한 이해의 폭을 넓히고 응용력을 향상시킨다. 또한 세계화의 시대적 흐름과 사회적 수요 및 국제 무역의 전문성과 특성을 감안하여 체계적인 세계화 교육을 지향한다.

무역학은 국제경영, 국제경제, 국제경영학의 학문을 배우는 학문인만큼 경영학과 경제학이 밀접하게 관련이 있다. 특히 무역을 하기 위해서는 기업의 운영에 대한 기본적인 이해가 있어야 하기 때문에 각 나라의 문화에 대한 이해도 필요하다. 따라서 글로벌 비즈니스 학과와의 연계성도 있다고 볼 수 있다. 또한 외국어 능력이 필수적이기 때문에 어문계열로 진학한 후에 복수전공을 하는 방법도 있다.

핵심 키워드로 알아보는 관광학

관광학과는 문화관광, 호텔경영 및 외식경영이 통합된 학문으로서의 지식습득과 전문가적 기술을 배양하는 데 목적이 있으며, 타 전공과의 접목을 통한 미래사회 트렌드를 종합적으로 다룰 수 있는 역량 확보를 목표로 한다. 전공교과는 문화관광, 외식경영, 호텔경영, 항공관광, 레저, 컨벤션학 등으로 분류된다.

관광학과는 실용학문이므로 현장실습과 어학교육이 중요하다. 또한 세계 문화, 외국어에 대한 관심이 있는 사람들에게 맞는 학문이다. 또한 관광산업은 세계적으로 가장 빠르게 성장하는 유망산업이다. 10년 내에 그 규모가 2배 이상 커질 것으로 예측되는 만큼 관련 직업이 더욱 많아질 것으로 예상된다.

이러한 관광학과와의 연계성을 가진 학과로 각 나라의 문화와 관련되어 연구하는 문화관광산업학과나 문화관광콘텐츠 학과를 들 수 있다. 이후 어문계열로의 연계나 호텔이나 외식으로의 연계도 가능하다. 또한 최근에는 스포츠 관련 관광이 많은 관심을 받고 있어 골프산업학과와의 연계도 좋은 방법이 될 수 있다. 관광업은 소비자의 성향에 따라 다양하게 변할 수 있고, 시장의 개척에 따라 종류가 많으니 관심이 있는 학과로 진학한 후에 관광학을 공부하는 것도 추천할 수 있는 방법이다.

계열별 연계 도서와
동영상을 추천해주세요

경영학계열 추천도서와 동영상

💬 추천도서

도서명	지은이	출판사
좋은 기업을 넘어 위대한 기업으로	짐 콜린스	김영사
습관의 힘	찰스 두히그	갤리온
3차 산업혁명	제레미 리프킨	민음사
스티브 잡스	월터 아이작슨	민음사
아웃라이어	말콤 글래드웰	김영사
21세기 지식경영	피터 드러커	한국경제신문사
넛지	리차드 탈러	리더스북
당신은 전략가입니까?	신시아 A 몽고메리	리더스북
설득의 심리학	로버트 치알디니	21세기북스
손자병법	손자	글항아리
10년 후 미래	대니얼 앨트먼	청림출판
경제학 콘서트	팀 하포드	웅진지식하우스
카네기 인간관계론	데일 카네기	리베르
관찰의 힘	얀 칩체이스	위너스북
군주론	니콜로 마키아벨리	까치

💬 추천 동영상

경영학과 학과정보	경영학과 학과정보 / 한국고용정보원직업진로동영상 https://job.asamaru.net/%ED%95%99%EA%B3%BC/%EA%B2%BD%EC%98%81%ED%95%99%EA%B3%BC
대학 전공별 가이드	대학 전공별 가이드 / 한국고용정보원직업진로동영상 https://www.youtube.com/watch?v=nFGSaaQvS3Y
미래를 개척하는 경영	미래를 개척하는 경영학과에 도전하다! / 커리어넷 http://www.career.go.kr/cnet/front/web/movie/catMapp/catMappView. do?ARCL_SER=1023888
[청소년 기업가정신]	[청소년 기업가정신] 01. 세상을 바꾼 기업가와 기업가정신 / 창업에듀 https://www.youtube.com/watch?v=6dI8OXqoQTg&feature=youtu.be

💬 K-MOOC 참고 동영상

경영데이터마이닝

김종우 | 한양대학교
2019/04/22 ~ 2019/07/28

4차 산업혁명과 경영혁신

성신여자대학교
2019/03/04 ~ 2019/06/18

미래창업을 위한 창의성과 창
의경영

김진화 | 서강대학교
2019/09/03 ~ 2019/12/24

사회적경제기업가의 경영전략

양준호 교수 | 인천대학교
2019/12/16 ~ 2020/02/28

창조경영을 위한 인적자원관리, 길을 묻다

전상길 | 한양대학교
2019/09/09 ~ 2019/12/01

인문기초회계

박희우 | 가톨릭대학교
2019/12/30 ~ 2020/03/15

💬 TED 참고 동영상

Ray Anderson
레이 앤더슨이 지속가능성의 기업적 논리에 대해 애기합니다.
Posted May 2009

Philip Evans
데이터의 등장이 비즈니스에 끼치는 영향
Posted Mar 2014

Jeff Smith
제프 스미스(Jeff Smith): 감옥에서 배운 사업의 교훈들
Posted Dec 2012

Michael Porter
어떻게 기업이 사회 문제 해결에 기여할 수 있는가
Posted Oct 2013

Gaby Barrios
성별 마케팅이 왜 비즈니스에 해로울까요?
Posted Nov 2019

Don Tapscott
블록체인이 돈과 경제를 어떻게 변화시키고 있는가
Posted Aug 2016

경제학계열 추천도서와 동영상

추천도서

도서명	지은이	출판사
넛지	리처드 H. 탈러,캐스 R. 선스타인	리더스북
경제학 콘서트	팀 하포드	웅진지식하우스
청소년을 위한 1010 텐텐 경제학	한스−크리스토프 리스	탐
이준구 교수의 인간의 경제학	이준구	알에이치코리아(RHK)
죽은 경제학자의 살아있는 아이디어	토드 부크홀츠	김영사
만화로 보는 맨큐의 경제학	그래고리 맨큐	이러닝코리아
맨큐의 경제학	그래고리 맨큐	센게이지러닝 (Cengage Learning)
경제의 속살 1 경제학 편	이완배	민중의소리
가난한 사람이 더 합리적이다	아비지트 배너지, 에스테르 뒤플로	생각연구소
상식 밖의 경제학 (10주년 기념 리커버 에디션)	댄 애리얼리	청림출판
고범석의 통합 경제학	고범석	다산다움
관찰의 힘	얀 칩체이스	위너스북
군주론	니콜로 마키아벨리	까치

추천 동영상

5분 경제학 주가 3

5분 경제학 주가 30년사
https://www.youtube.com/watch?v=2ICTAVtEQfw

	경제를 움직이는 숨은 일꾼 http://www.career.go.kr/cnet/front/web/movie/catMapp/catMappView. do?ARCL_SER=1023824&SUP_CAT_ID=MCAT0028
	경제문제의 합리적 해결 http://www.career.go.kr/cnet/front/web/movie/catMapp/catMappView. do?ARCL_SER=1000507
	EBS 다큐프라임 자본주의 제1부 돈은 빚이다 https://www.youtube.com/watch?v=0LYMTsj_eqc

💬 K-MOOC 참고 동영상

경제학원론 : 미시경제학

| 서울대학교
2018/09/03 ~ 2018/12/16

경제학 들어가기

이준구 | 서울대학교
2019/09/02 ~ 2019/12/15

현실경제의 이해

임덕호 | 한양대학교
2019/04/22 ~ 2019/07/21

계량경제학

| 제주대학교
2018/09/01 ~ 2018/12/10

재미있는 글로벌 경제 기행

김영재 | 부산대학교
2019/09/02 ~ 2019/12/07

금융경제 기초

최철 | 숙명여자대학교
2019/09/02 ~ 2019/12/15

💬 TED 참고 동영상

Yochai Benkler
요차이 벤클러의 새로운 오픈 소스 경제에 대하여
Posted Apr 2008

Loretta Napoleoni
로레타 나폴리오니: 테러의 정교한 경제학
Posted Dec 2009

Shlomo Benartzi
Shlomo Benartzi: 내일, 내일을 위해 저축하기
Posted Feb 2012

Jac de Haan
왜 경쟁사들은 가게를 서로 이웃해서 둘까? - 쟈끄 드 한(Jac de Haan)
Posted Nov 2012

Daniel Kahneman
대니얼 카너먼: 경험 대 기억, 그 수수께끼 같은 관계
Posted Mar 2010

Tim Jackson
팀 잭슨의 경제 바로 보기
Posted Oct 2010

Niki Okuk
노동자들이 회사를 소유할 때, 경제는 더욱 탄탄해집니다.
Posted Aug 2017

Paul Piff
돈이 당신을 가치있게 합니까?
Posted Dec 2013

Robert Neuwirth
아프리카의 오래 된 공유 경제 - 왜 확장되어야 하는가
Posted May 2018

광고홍보학계열 추천도서와 동영상

💬 추천도서

도서명	저자
마케팅 차별화의 법칙	신상훈
영상디자인의 선구자	박효신
인문학으로 광고하다	박웅현
구글 에드센스 마케팅	박영훈
블로그의 신	장두현
마케팅 키워드 101	김상용
친절한 효자손의 구글애드센스 고수익자 되기	유길용
올댓카피	민재희
광고사전	김광철
카피공부-매일 언어를 다루는 사람들에게	헬 스테빈스

💬 K-MOOC 참고 동영상

광고&잡지 스타일링
조인실 | 장안대학교
2019/12/11 ~ 2020/01/29

외식산업 인터넷 마케팅
김재정 교수 | 부산디지털대학교
2019/12/30 ~ 2020/02/23

혁신 마케팅 CASE STUDY
| 한양대학교
2019/07/22 ~ 2019/11/10

마켓과 ING하기: 마케팅 고수
가 되기 위한 원리
이성호 | 서울시립대학교
2019/09/03 ~ 2019/12/20

Internet Marketing
| 우송대학교
2019/03/18 ~ 2019/07/14

차이나마케팅 : 중국 내수시장
공략하기
| 성균관대학교
2018/09/10 ~ 2018/10/28

💬 TED 참고 동영상

Rory Sutherland
로리 서덜랜드: 광고쟁
이의 인생 교훈

Posted Oct 2009

Andy Hobsbawm
앤디 홉스범이 말합니
다: "환경친화적으로
행동하십시오."

Posted Nov 2008

Rory Sutherland
로리 서덜랜드: 작은
일에 집중하라

Posted Jun 2010

Dave Meslin
데이브 메슬린: 무관심
에 대한 해독제

Posted Apr 2011

Al Seckel
**Al Seckel이 우리의 두
뇌가 잘못 연결(mis-
wired)되어 있다고 말
한다.**

Posted Apr 2007

David Carson
Posted Jan 2009

Emily Levine
Emily Levin: 사기꾼의 모든 것에 대한 이론
Posted Apr 2009

Jeff Bezos
제프 베조스, 다가오는 웹 이노베이션에 대하여
Posted Apr 2007

Abe Davis
사물의 숨겨진 성질을 보여주는 새로운 비디오 테크놀로지
Posted May 2015

무역학계열 추천도서와 동영상

💬 추천도서

도서명	저자
무역왕 김창호	이기찬
무역전쟁	CCTV 경제 30분팀
부자나라는 어떻게 부자가 되었고 가난한 나라는 왜 여전히 가난한가	에릭 라이더트
그들이 말하지 않은 23가지	장하준
경제 인류학으로 본 세계 무역의 역사	필립 D 커튼
죽은 경제학자의 살아있는 아이디어	토드 부크홀츠
국부론1	애덤 스미스
네 안에 있는 글로벌 인재를 깨워라	안진오
반도체와 바나나	한국 무역협회
경제발전론	스테펜 C 스미스
리카도가 들려주는 자유무역 이야기	허균

💬 K-MOOC 참고 동영상

무역상무론

안병수 | 서울디지털평생교육원
2020/01/31 ~ 2020/02/28

전자무역론

민경기 | 서울디지털평생교육원
2020/01/31 ~ 2020/02/28

비즈니스 협상, 차이를 인식하라!

곽복선 | 경성대학교
2019/11/12 ~ 2020/01/07

생각보다 가까운 FTA(1)

정인교 | 인하대학교
2019/03/04 ~ 2019/04/28

생각보다 가까운 FTA(2)

| 인하대학교
2019/04/29 ~ 2019/06/23

4차산업혁명과 산업보안법제도

손승우 | 중앙대학교
2019/12/23 ~ 2020/02/09

💬 TED 참고 동영상

Ngozi Okonjo-Iweala
응고지 오콘조-이웨알라: 원조 대 무역

Posted Jul 2007

Susan Shaw
수전 쇼: 기름 유출의 독성 상반관계

Posted Jul 2010

Bandi Mbubi
반디 음부비(Bandi Mbubi): 휴대전화 공정무역을 요구합니다

Posted Sep 2012

Samantha Nutt
전세계 무기 거래의 진정한 해악

Posted Jun 2016

14.33   9.10   9:54   17:53

Alex Tabarrok
알렉스 태브록의 위기를 극복하는 아이디어들
Posted Apr 2009

Zak Ebrahim
저는 테러리스트의 아들입니다. 제가 평화를 선택한 방법이 여기 있습니다.
Posted Sep 2014

Aicha el-Wafi + Phyllis Rodriguez
9/11 치유: 용서와 우정을 찾은 어머니들
Posted May 2011

Shashi Tharoor
샤쉬 타루어 : 왜 국가들은 연성국력(소프트 파워)을 추구해야 하는가
Posted Nov 2009

관광학계열 추천도서와 동영상

💬 추천도서

도서명	저자
맛과 멋이 있는 교토건축산책	가이 미노리
나의 문화유산 답사기	유홍준
마이 컬트 트립	비유비유
외식경영의 새로운 이해	최동주
호모 루텐스 – 놀이하는 인간	요한 하위징아
놀이와 인간–가면과 현기증	로제 카이와
오사카는 기꺼이 서서 마신다	박찬일
식탁 위의 한국사	주영하
스타벅스 감성 마케팅	김영한
세팅 더 테이블	대니 메이어
한비야의 중국 견문록	한비야

💬 K-MOOC 참고 동영상

호텔관광실무론

김해옥 | 사이버한국외국어대학교
2019/12/16 ~ 2020/02/16

문화관광상품의 이해

김재호 교수 | 인하공업전문대학
2019/09/02 ~ 2019/12/20

부산과 세계

정주영 외 14명 | 동의대학교
2019/10/28 ~ 2020/01/31

구석구석 부산에 대한 창의적 시선

강동진 | 경성대학교
2019/09/24 ~ 2019/12/31

바.로 쓰는 판매외국어

| 사이버한국외국어대학교
2019/10/07 ~ 2019/11/24

숲으로 떠나는 건강여행

신원섭 | 충북대학교
2019/11/25 ~ 2020/02/23

💬 TED 참고 동영상

Aziz Abu Sarah
**더 많은 관용을 위해,
우리는 더 많은... 관광
이 필요하죠?**
Posted Jan 2015

Lesley Hazleton
**레즐리 헤이즐턴: 꾸란
을 읽는 것에 대하여**
Posted Jan 2011

Marc Kushner
**미래의 건축물이 여러
분에 의해 실현되는 이
유**
Posted Mar 2015

Mike Gil

**물고기의 사회적 네트
워크가 산호초를 구하
는 데 도움이 될까요?**

Posted Jan 2018

Kristen Marhaver

**아직 산호초에 희망을
가지는 이유**

Posted Jul 2017

Geoff Mulgan

**제프 멀간: 작업실 학
교 소개**

Posted Sep 2011

Kate Stafford

**인간의 소음은 해양 서
식지에 어떻게 영향을
미치는가**

Posted May 2017

Olúfémi Táíwò

**아프리카가 다시 지식
의 중심이 되어야하는
이유**

Posted Sep 2017

Jason deCaires Taylor

**생명이 넘쳐나는 수중
미술관**

Posted Dec 2015

현대의 학문은 한 가지 학문의 독자적인 발전 형태가 아닌
여러 학문이 서로 영향을 주고받으며 발전되어가는 형태를 가지고 있는 게 그 특징이다.
그러므로 통계학의 이러한 특징 때문에 다양한 분야에서 접목이 가능하고
시너지 효과를 낼 수 있는 게 통계학이 가진 가장 큰 장점이기도 하다.

PART
3

통계·회계계열
진로 사용설명서

대학에 들어가서
수강하는 과목

통계학에서 수강하는 대표 과목은?

통계·회계계열에는 통계학과, 회계학과, 세무학과, 전산회계학과 등이 있다.
통계학과는 수학적 지식을 바탕으로 다양한 특성 및 정보를 과학적으로 분석하
고 결과를 이끌어내는 이론과 방법을 연구하는 학문이다.

➲ 생물통계학

생물학, 의학, 보건학 등의 생물 분야에서 빈번히 발생하는 자료들을 어떻게
통계적으로 분석하는가에 대해 배운다.

➲ 수리통계

확률변수의 분포, 조건부 확률과 독립성, 몇 가지의 특수한 분포, 확률변수
의 함수 분포 등에 대해 배운다.

➲ SPSS입문

SPSS를 활용하기 위한 사용법을 익히는 과목으로서, 데이터의 입출력, 자료
의 변환, 기술통계량, 통계보고서출력, 출력결과 다루기, 도표작성, 가설검정방
법에 대하여 배운다.

적성 및 흥미

• 컴퓨터를 활용한 통계분석 기법이 많이 사용되기 때문에 컴퓨터 활용능력이 있으면 공부하는 데 도움이 되고, 수리력과 분석력, 추리력을 요구한다.

회계학에서 수강하는 대표 과목은?

회계학은 세무학, 경제학, 경영학과 등 상경계열 학과와 밀접한 관련이 있어 관련 분야와의 융합이 용이하기 때문에 학부 수준의 소양으로도 다양한 분야로 진출할 수 있다. 또한 다양한 자격증 취득의 기회가 있어 자격증 취득 시 진로 선택의 폭이 넓어진다.

➡ 회계학

기업의 경제활동을 객관적으로 측정하고 기록하기 위한 학문으로 경제 활동 내역을 정해진 규칙에 따라 기록하여 제공함으로써, 기업 내·외부 관계자의 올바른 판단을 돕는다.

• 회계학을 왜 배우나 : 작은 가게의 거래 내역은 단순하다. 장부를 기록하는 것도 자유롭다. 하지만 큰 기업의 복잡한 경제활동은 반드시 규칙에 따라 기록해야 한다. 사장, 직원, 투자자 등 관련된 사람들의 이익과 손해를 정확히 파악할 수 있어야 하기 때문이다. 회계학은 기업의 경제활동을 객관적으로 측정, 기록하기 위한 학문으로 대학 수업에서는 관련 규칙을 이해하고 실제로 활용하는 법을 배운다.

• 수업은 어떻게 진행되나 : 고등학교 수학수업과 비슷하다. 단원마다 규칙을

배우고, 원리를 익힌다. 원리 공부가 끝나면, 그것을 응용해 문제를 푼다. 실제로 회사에서 일어날 법한 상황(물건을 사고팔고, 건물을 빌려주는 일 등)을 제시하면, 그것을 회계정보로 정리해 표를 작성한다. 시험도 평소에 하던 문제풀이와 흡사하게, 개념 확인과 표 작성 위주로 출제된다.

• 진로는 어떻게 되나 : 공인회계사 자격증을 취득하면 회계사가 될 수 있다. 기업이 회계 업무를 투명하게 수행하고, 부당한 이득을 취하지 않았는지 점검하는 '감사'가 주요 업무다. 자격증이 없어도 기업 회계팀 소속으로 업무를 수행할 수 있지만, '감사'는 할 수 없다. 또한 회계학은 세무사, 감정평가사 등의 전문 자격증 시험의 주요 과목 중 하나다. 이 밖에도 은행과 같은 금융기관에서 일하고 싶다면 필수로 배워야 하는 분야이다.

세무학에서 수강하는 대표 과목은?

세무학과는 경영/경제학과와 달리 법(50%)+회계학(30%)+경제학(20%)을 배운다. 그 중에서 조세에 관한 내용을 주로 배워 이를 이용하여 합법적으로 세금을 줄여주는 일을 한다.

조세는 국민의 의무이자 권리이고 국가경제의 중요한 동력이다. 졸업 후 바로 현장에서 일할 수 있는 세무전문가 양성을 위하여 실무형 교육에 중점을 두고 있는 편이다. 금융·회계·세무학과는 경제학과, 경영학과와 밀접한 관련이 있다

➔ 비교조세법

우리나라의 세법체계와 주요 선진국의 세법체계를 비교·검토하고 개선 가능성에 대해 배운다.

➡ 소득세법

직접세의 핵심을 이루고 있는 소득세법 중에서 총칙 부분과 종합소득세를 중심으로 하여 퇴직소득세, 양도소득세, 산림소득세 등에 대해 배운다.

➡ 소비세제법

간접세법의 일반 이론을 검토함과 동시에 부가가치세법, 특별소비세법, 주세법 등을 공부한다.

적성 및 흥미

• 세무·회계학과는 기업의 현재 상황을 점검하고 진단함으로써 미래의 예측능력을 부여하는 학문으로 전문적인 이론과 실무적인 기술을 익힐 필요가 있으며 여러 가지 이해관계를 조정할 수 있는 책임성과 예리한 분석능력이 필요하다.

졸업해서
나아갈 수 있는 분야

통계학 분야

➡ 데이터마이너

❖ **데이터마이너가 하는 일은 무엇인가요?**

"특정 목적을 위해 데이터를 분석/관리하는 전문가"입니다. 분석 목적에 따라 필요한 형태로 데이터를 분석하고 관리하는 업무를 수행하고 있습니다.

❖ **이 일은 전공과 어떤 관련이 있나요?**

데이터마이너는 통계학이 뒷받침되지 않고서는 언급조차 될 수 없는 직업군입니다. 데이터를 선별하는 과정에서 선별한 데이터를 구분하는 것도 통계학을 뒷받침 삼아서 진행될 수밖에 없기 때문입니다. 물론 작업을 수행하는 중간에 프로그램을 다루는 것도 매우 중요하나, 통계학적 분석이 없다면 단순히 프로그램을 이용한 데이터 선별작업 밖에는 되지 않을 것입니다. 결론적으로 통계학과 데이터마이너의 연관성은 아주 높다고 볼 수 있습니다.

❖ **데이터마이너라는 직업의 장점과 단점은 무엇인가요?**

데이터 마이닝은 방대한 데이터를 다루는 직업입니다. 그러다 보니 누군가는 우스갯소리로 '막노동'이라 하기도 합니다. 그러나 프로젝트를 마치고 나서 기업 혹은 고객의 문제가 해결되는 모습을 보고 있으면 또 다른 프로젝트를 시작하고 싶다는 생각을 합니다. 이 일이 단순히 데이터 마이닝에서 그치는 것이 아니라 고객에게는 일종의 솔루션을 제공하여 성취감과 만족도가 높지만, 업무의 강도가 높다는 단점이 있습니다.

❖ 앞으로 이 직업의 전망은 어떤가요?

데이터마이너는 전망이 아주 밝은 직업이라고 생각합니다. 특히나 앞으로 더 많은 모바일, 온라인 매체가 쏟아지고 그에 따라 더 많은 정보가 쏟아질 것입니다. 따라서 기업, 기관들은 그 자료를 선별할 전문가를 찾게 될 것이라서 앞으로 블루오션인 직업이 될 것입니다.

❖ 데이터마이너가 되고 싶은 청소년들에게 한마디 해주세요.

미국 등의 국가에서는 IT쪽 전공자들도 많이 일을 합니다. 통계학과 졸업생도 해당 직업에서 임무를 수행할 수 있지만, 데이터 마이닝을 제대로 수행하기 위해서는 C언어나 Java 등의 프로그램을 다룰 줄 알면 좋습니다. 진짜 데이터 마이닝에 뜻이 있는 분이라면 양쪽 전공 및 스킬을 완벽하게 숙지하면 데이터마이너전문가가 될 수 있습니다.

➔ 사회조사분석사

❖ 사회조사분석사가 하는 일은 무엇인가요?

"사회(여론)조사를 위한 준비와 실제 조사를 설계하고 결과를 분석하는 사회(여론)조사 전문가"입니다. 조사에 대한 목적, 대상, 표본크기, 범위, 기간, 방법 등에 대하여 팀원과 협의하여 설문지를 설계하고, 조사의 성격 및 방법 등을 교육한 후 사회(여론)조사를 실시합니다.

❖ 이 일은 전공과 어떤 관련이 있나요?

통계학과 학생이라면 한두 달만 열심히 준비해도 시험에 합격할 수 있다는 말을 할 정도로 전공과 관련성이 깊습니다. 대학 때 배운 지식과 사회현상을 분석하는 능력이 있다면 사회조사분석사로 활동하기 용이합니다.

❖ 사회조사분석사라는 직업의 장점과 단점은 무엇인가요?

사회조사분석사라는 자격을 가지고 있다면 일반 사기업 취업 시 다른 사람보다 더 빠르게 취업이 가능합니다. 사회조사분석사에 대한 수요도 높고 연봉도 나쁘지 않은 직업입니다. 다만 시장조사부터 보고서 작성까지 해야 하기에 야근과 업무 스트레스가 높은 단점이 있습니다.

❖ 앞으로 이 직업의 전망은 어떤가요?

현재 빅데이터의 활용도가 높아지는 등 앞으로 사회조사 및 데이터의 중요성이 높아지고 이에 따라 관심도도 꾸준히 이어질 것으로 예상됩니다. 요즘 모든 종류의 시장이 글로벌하게 구축되어 있기 때문에 사회조사분석사가 활동할 영역도 넓어지고 있습니다. 특히, 언론 및 공공기관에서도 통계에 대한 신뢰성을 높게 평가하고 있기에 사회조사분석사에 대한 수요는 꾸준히 증가할 것으로 보입니다.

➔ 통계컨설턴트

❖ 통계컨설턴트가 하는 일은 무엇인가요?

"연구나 사업계획 수립에 요구되는 통계기법이나 표본 수 등에 대해 조언하고 통계자료를 분석하고 모델링하는 통계 전문가"입니다. 연구기획이나 사업계획을 수립 시 필요한 통계적 자료를 제공하여 분석, 통계에 대한 문의에 답변하고 조언하는 역할을 수행합니다.

❖ 이 일은 전공과 어떤 관련이 있나요?

'통계컨설턴트'라는 단어 자체에 이미 '통계'라는 단어가 들어가 있을 만큼 통계학과 통계컨설턴트의 연관성이 높다고 봅니다. 물론 다른 과를 전공한 이들도 통계컨설턴트의 영역에 들어올 수 있지만, 4년간의 학부생활을 거치면서 통계의 기본적인 개념들을 익힌 통계학도들이 어느 정도 유리한 위치에 서 있다고 볼 수 있습니다. 뿐만 아니라 수행하는 업무 자체가 통계학의 A to Z를 알고 있어야만 진행이 가능합니다. 그러므로 통계학은 통계컨설턴트라는 직업에 있어서 필수적인 학문이라고 얘기하고 싶습니다.

❖ 통계컨설턴트라는 직업의 장점과 단점은 무엇인가요?

항상 사람들을 만나서 일을 진행하는 직업이기 때문에 다양한 사람들과 전문 연구진들과 협업하여 새로운 프로젝트를 진행하여 같이 성장하는 모습을 보는 것이 가장 큰 즐거움이자 장점인 것 같습니다. 회사에 소속되어 일을 하지만 가끔 영업을 해야 하는 것이 단점입니다.

❖ 앞으로 이 직업의 전망은 어떤가요?

빅데이터라는 말이 마치 유행처럼 번지고 있습니다. 그 말인즉슨 사회 곳곳에서 좀 더 정확하고 체계적인 통계치를 요구하고 있다는 뜻입니다. 때문에 기업이나 연구소, 국가기관에서도 정확한 통계를 원하는 빈도가 점차 늘어나고 있기 때문에 전문적인 통계컨설턴트를 향한 수요도 늘어날 것입니다.

회계학 분야

➡ 조세전문 공인회계사

❖ 조세전문 공인회계사가 하는 일은 무엇인가요?

"기업 회계 감사 및 자문 서비스를 제공하는 회계 전문가"입니다. 공인회계사 고유의 업무 영역인 회계감사 업무를 수행하며, 이외에도 세무자문, 경영자문, 인수합병 거래자문, 사업 타당성 조사(Feasibility Study) 등 다양한 자문 서비스를 제공합니다.

❖ 이 일은 전공과 어떤 관련이 있나요?

우선 무엇보다 공인회계사 시험은 회계학, 경제학, 경영학 및 세법 등의 상경계열 과목에 대한 스터디가 선행되어야 하며, 합격 이후에도 경제활동과 관련된 업무를 주로 수행하게 되므로 회계학과, 경영학과 내지는 경제학과 전공자들이 보다 접근하기 수월합니다.

또한 조세의 경우 세법에 대한 해석능력도 필요하므로 기본적인 법학 관련 과목의 이수도 도움이 될 수 있습니다. 조세전문컨설턴트가 되기 위해서는 세무에 대한 지식뿐만 아니라 회계, 상법 등 관련 법령에 대한 지식도 매우 중요합니다.

❖ 조세전문 공인회계사라는 직업의 장점과 단점은 무엇인가요?

조세전문가는 그 실력을 인정받을 경우 단순히 세무신고업무를 뛰어넘어 기업의 구조조정, 지배구조 관련 자문을 수행할 기회가 생기게 됩니다. 이러한 경우 기업의 회계/세무팀 팀원이 아닌 기업의 임원 또는 오너에게 직접 자문을 하게 됩니다. 이러한 자문과정에서 그 기업의 핵심 인력과 수많은 네트워크를 형성하게 되며, 보다 많은 경험과 지식을 축적하게 됩니다.

또한 이러한 과정을 통해 전문가로서의 보람도 느끼게 되며, 상대적으로 높은 소득수준을 누릴 수 있게 됩니다. 반면에 다른 직업보다 업무 강도가 높으며, 스트레스도 많이 받게 됩니다.

❖ 앞으로 이 직업의 전망은 어떤가요?

조세전문가는 개인과 기업의 모든 경제활동과 연결되어 있는 직업입니다. 따라서 자본주의 시장이 존재하고 세금이 존재하는 한 영속할 수밖에 없는 직업입니다. 또한 현재와 같이 경제활동이 복잡해지고 어려워질수록 반드시 필요한 직업이므로 자신의 적성을 고려하여 끊임없이 노력한다면 조세전문가로서 성장할 수 있으리라 생각합니다.

세무학 분야

➜ 조세공무원

❖ 조세공무원이 하는 일은 무엇인가요?

"세금의 부과 및 징수에 관한 사무를 담당하는 공무원"입니다. 국세공무원은 관세를 제외한 소득세, 법인세, 부가가치세 등 10개 세목의 보통세와 교육세 등 3개 세목의 목적세를 부과 징수하는 업무를 수행하며, 지방세 담당 공무원은 취득세, 재산세 등 16개 세목의 지방세 부과 및 징수하는 업무를 수행합니다.

❖ 이 일은 전공과 어떤 관련이 있나요?

조세 관련 업무를 수행하기 위해서는 기본적으로 회계와 세무에 대한 지식이 있어야 합니다. 기업회계 기준에 따라 작성된 장부를 바탕으로 세법을 적용하여 세금을 부과하고 조정하는 과정을 거치기 때문에 회계와 세무 관련 지식이 있어야만 조세 업무를 수행할 수 있습니다.

❖ 조세공무원이라는 직업의 장점과 단점은 무엇인가요?

연봉은 법에 정해져 있으므로 특별한 것은 없습니다. 법에 따라 조세를 징수하는 등의 일을 하므로 민원 문제 말고는 사람에 대한 스트레스가 크게 없다는 게 장점입니다. 그러나 업무가 기본적으로 많은 편이므로 야근이 많다는 것이 단점입니다.

❖ 앞으로 이 직업의 전망은 어떤가요?

향후 5년간 조세공무원의 고용은 현 상태를 유지할 전망입니다. 세금 부과 및 징수, 조사에 대한 업무는 매년 주기적으로 수행되는 업무이므로 국세청이나 지방자치단체에서는 매년 일정 규모로 채용하고 있습니다. 그러나 이들의 신분은 공무원으로 고용안정을 중시하는 구직자들이 대거 몰리면서 높은 경쟁률을 보이고 있으므로 치열한 경쟁이 불가피할 것이라 생각됩니다.

융합학 분야

➡ 빅데이터분석가

❖ 빅데이터분석가가 하는 일은 무엇인가요?

"다양하고 방대한 대용량 자료를 분석하는 데이터전문가"입니다. 데이터분석을 통해 행동패턴 또는 시장경제 상황을 예측하고 인사이트를 도출하는 역할을 합니다.

❖ 이 일은 전공과 어떤 관련이 있나요?

통계학을 전공했다면, 상당히 유리한 측면이 많습니다. 빅데이터 전문가는 통계적 지식이 깊은 편이며, 데이터에 대한 다양한 접근이 가능하면 유리한 측면이 많습니다. 하지만 다양한 방면으로 분석하려면 통계학이라는 기술적인 측면과 광고, 홍보, 마케팅 및 경영학에 대한 일반적인 이해가 있다면 훨씬 더 폭넓게 데이터에 대한 분석 및 접근이 가능합니다.

또한 데이터를 단순히 분석하는 것이 아니라 경영적인 측면의 이해와 분석에 대한 다양한 현실적인 접근을 해야 하기 때문에 융합적인 사고가 필요합니다. 통계, IT, 그리고 광고, 홍보, 경영학에 대한 공부가 골고루 잘 되어 있다면 많은 도움이 될 것입니다. 추가적으로 클라우딩 컴퓨터에 대한 이해가 뒷받침된다면 매우 유익할 것 같습니다.

❖ **빅데이터분석가라는 직업의 장점과 단점은 무엇인가요?**

향후 전망은 다른 어떤 직업보다 밝은 편이며, 인력이 굉장히 부족한 편이기 때문에 앞으로 지속적인 수요가 있으리라 생각됩니다. 많은 기업에서 데이터를 통한 효율적 분석 및 예측을 해야 하므로 수요의 꾸준한 증가가 예측되는 직업입니다. 하지만 대부분의 일들이 프로젝트성이다 보니 일의 과중이 다른 직업보다는 많이 생길 수가 있다는 단점이 있습니다.

❖ **앞으로 이 직업의 전망은 어떤가요?**

향후 빅데이터 분석가에 대한 수요는 폭발적으로 증가할 것 같습니다. 이쪽 분야에 관심 있는 분들은 통계 쪽에 대한 이해만으로는 부족하고, 융합적인 시각을 갖춘 즉, 경영학, 광고, 홍보 및 IT에 대한 이해가 요구됩니다.

➡ 인적자원컨설턴트

❖ **인적자원컨설턴트가 하는 일은 무엇인가요?**

"인적자원의 관리와 개발을 위한 컨설팅을 수행하는 컨설턴트"입니다. 기업 및 조직의 비전과 목표를 달성하기 위해 인적자원에 관련된 제반 문제에 대한 지향점을 설계하고 현상을 분석하여 효과적인 개선방안을 관리와 개발 관점에서 제시합니다.

❖ 이 일은 전공과 어떤 관련이 있나요?

통계학과와 HR 컨설턴트가 연관성이 많지는 않습니다. 제가 수행하고 있는 직무의 경우 다양한 과의 사람들이 업무를 진행 중에 있습니다. HR이라는 것이 정답이 있는 것도 아니고, HR 컨설팅을 주로 가르치는 과가 많은 것도 아니기 때문입니다.

다만, 저는 업무를 수행함에 있어 다양한 사람의 정보를 받다 보니 이 정보를 제 나름대로 보기 좋게 혹은 기억하기 쉽게 정리하는 것도 주요 업무 중에 하나가 되거든요. 그래서 학부시절 배웠던 통계 기본 원리 등을 쉽게 정리하도록 도와주는 저만의 프로세스를 만드는 데 접목을 시켰습니다.

❖ 인적자원컨설턴트라는 직업의 장점과 단점은 무엇인가요?

인전자원(HR) 컨설팅 업무는 회사마다 팀마다 다 다르겠지만 주로 야근이 많은 편입니다. 일이 이렇게 늦게 끝나다 보니 여가 시간을 갖기 힘든 것도 사실입니다. 그러나 업무가 힘들기는 해도 사측의 대우는 높은 편입니다. 업무특성상 사람을 대하고 사람을 만나는 일이기 때문에 여타 식비 등을 지원해주는 경우도 많습니다. HR업무는 사람 자체가 자원이기 때문에 사원을 위한 대우가 상당히 좋은 편입니다.

❖ 앞으로 이 직업의 전망은 어떤가요?

갈수록 사회 인식이 변화하고 있습니다. 좋은 인재를 발굴하는 것도 중요하지만 중요한 인재를 적재적소에 잘 배치하여 최대의 효과를 내는 것도 중요합니다. 사원들을 단순 소품이 아니라 회사의 일원으로서, 회사와 사원이 원-윈 할 수 있는 시스템을 원하는 회사가 늘고 있습니다. 이러한 측면에서 HR 컨설팅의 중요성은 갈수록 부각될 것이고, HR 컨설턴트들이 설 자리도 늘어갈 것입니다.

➜ IT컨설턴트

❖ IT컨설턴트가 하는 일은 무엇인가요?

"기업의 자원 및 제반조건에 관련된 자료를 수집/분석하여 최적의 시스템을 제안하는 컨설턴트"입니다. 해당 기업의 인적/물적 자원 및 제반조건에 관련된 자료를 수집/분석하여 해당 기업의 경영환경에 가장 적절한 정보시스템의 구축을 제시하고 추천합니다.

❖ 이 일은 전공과 어떤 관련이 있나요?

IT컨설턴트의 기본 자질은 정보시스템에 대한 기술력을 기본 바탕으로 그 기술을 통한 컨설팅 결과물을 전달해야 하는 커뮤니케이션(의사소통, 발표, 문서작성 등) 능력, 그리고 문제해결을 위한 논리적 사고력이 필요합니다.

따라서 IT 관련학과 전공과의 연관성은 매우 높고, 컨설팅 업무를 위한 논리적인 사고와 말하기, 글쓰기에 대한 공부가 중요합니다. 또한 기술 트렌드에 대한 지식 습득을 위한 영어 공부도 필요합니다.

❖ IT컨설턴트라는 직업의 장점과 단점은 무엇인가요?

새로운 기술에 대해서 남들보다 빠르게 습득할 수 있고, 프로젝트에 참여한 기업에 대해서 잘 알 수 있는 기회가 많습니다. 하지만 프로젝트 기간 내에 끝내야 할 업무량이 많고 그 결과를 보고서로 작성해야 하기 때문에 마감에 대한 스트레스가 많습니다.

❖ 앞으로 이 직업의 전망은 어떤가요?

현재 대부분의 기업은 정보시스템 환경에서 업무를 수행하고 있기 때문에 IT

컨설팅을 받고자 하는 기업의 수요는 많습니다. 특히 개인정보 유출사고로 인한 위험이 증가하고 있는 현 상황에서 개인정보 보호는 중요한 이슈로 부각되고 있습니다. 따라서 IT 컨설팅에 대한 관심과 수요는 더욱 높아질 것이며, 전문적인 기술을 가진 IT컨설턴트에 대한 수요도 함께 높아질 것입니다.

➡ 사모펀드매니저

❖ 사모펀드매니저가 하는 일은 무엇인가요?

"Buyout(경영권 인수)을 통해 기업가치 제고 후 매각하여 수익을 창출하는 투자 전문가"입니다. 연기금, 보험사, 기업, 개인 등으로부터 자금을 조달하여 기업인수합병을 통해 경영권 확보 후 일정기간 회사의 가치를 제고한 후 매각하여 수익을 창출합니다.

❖ 이 일은 전공과 어떤 관련이 있나요?

기업 인수합병과 관련된 직업은 재무관리 및 회계가 기본지식이 됩니다. 기업의 가치를 평가할 수 있어야 하기 때문에 회계에 대한 지식이 없이는 전문가로 성장하기 어렵습니다. 또한 사모펀드의 경우 거시적인 경제상황에 대한 이해가 필수적이므로 경제학에서 배우는 경제학원론, 거시경제, 미시경제 등의 과목이 도움이 되며, 인수 후 기업가치제고 전략을 수립하기 위해서는 경영학에서 배우는 전략, 마케팅, 인사조직, 생산관리 등의 과목도 도움이 됩니다.

❖ 사모펀드매니저라는 직업의 장점과 단점은 무엇인가요?

사모펀드는 기업 투자 시 2대 주주 등 소액투자를 하는 경우도 있지만 해당 기업의 경영권을 인수하는 Buyout 투자(특정기업에 지분을 투자한 뒤 경영지원활동을 통해 기업 가치를 높인 후 지분을 되팔아 투자자금을 회수하는 투자방법)도 많이 이루어집니다. 특히, 시장에서 활발히 활동하고 있는 대형펀드일수록 대기업을 인수할 수 있는 기회가 많아집니다. 따라서 사모펀드매니저만큼 업무적으로 단기간에 기업의 경영진 레벨을 경험할 수 있고 다양한 인맥을 구축할 수 있는 기회가 주어지는 직업은 많지 않습니다. 역할과 책임이 큰 만큼 연봉도 높은 편이며, 투자 후 매각을 성공적으로 이끌었을 때는 높은 성과보수도 받을 수 있습니다.

하지만 다른 직업보다 업무 강도와 스트레스가 많은 편입니다. 좋은 투자 건을 발굴하기 위해 끊임없는 분석과 넓은 인맥, 남들보다 빠른 의사결정 역량이 요구됩니다. 그만큼 업무의 난이도가 높고, 항상 긴장 속에서 생활해야 하는 직업입니다.

❖ 앞으로 이 직업의 전망은 어떤가요?

국내 사모펀드 시장은 큰 성장을 이루어, M&A 시장의 주축으로 발전했습니다. 그러나 역사가 짧아 질적인 성장은 많이 부족한 편입니다. 특히, 기업가치 제고 역량은 미국이나 유럽 등 사모펀드의 역사가 오래된 나라에 비해 많이 부족하며, 이에 따라 Buyout 투자보다는 Minority 투자가 주를 이루고 있습니다. 또한 LP(Limited Partner, 펀드에 투자하는 개인 또는 기관투자자)로 참여하는 기관도 제한적이며, 사모펀드당 투자금액도 적은 편입니다.

향후 국내 사모펀드 시장은 성장 가능성이 크다고 볼 수 있습니다. 전체 시장 규모는 계속하여 증가하고 있으며, 펀드 운용사 수도 같이 증가하고 있습니다. 실력 있는 펀드 운용사들을 중심으로 조 단위의 대형펀드들이 등장하고 있는 반면 경험 있는 사모펀드매니저는 여전히 부족한 상황입니다.

계열별
핵심 키워드

핵심 키워드로 알아보는 통계학

통계학은 문제를 해결하기 위하여 수리적 정보나 자료를 수집, 정리, 분석하여 해석하는 과학으로 금융, 경영, 경제, 행정, 사회과학, 생명공학 및 자연과학 등 거의 모든 학문 분야에서 사용되는 학문이다. 통계학에서는 수리적 이론을 기본으로 하여, 이에 합당한 합리적인 해석 및 사회현상을 모형화할 수 있는 인재를 양성하는 데 그 목표를 둔다.

통계학은 학문의 특성에 따라 크게 이론통계 분야와 응용통계 분야로 나눌 수 있다. 이론 통계 분야에서는 대표적으로 확률론과 이론통계를 배우며, 응용통계 분야에서는 선형모형, 시계열분석, 실험계획, 표본설계, 전산통계 등을 배운다. 특히 응용 분야는 연구 대상에 따라 생물통계, 경제통계, 공업통계, 환경통계, 공식통계 등 사회 현상에 따라 다양하고 복잡한 형식으로 개발되고 있다.

컴퓨터를 활용한 통계 분석 기법이 많이 사용됨으로 컴퓨터 활용능력이 기본적으로 요구된다. 통계분석을 위해서는 수학응용능력이 많이 사용되므로 수학을 좋아하는 사람이 공부하기에 적합하며, 정보를 분석하고 추리하는 것을 좋아하는 사람에게 적합하다.

통계학은 다양한 학문과 관련되어 있으므로 학과와의 연계보다는 통계학의 세부적인 나눔을 알아보자. 이를 통해 자신이 관심 있는 분야에 접목할 수 있는 시야를 키우는 것이 좋겠다.

통계학은 많은 대학에 배치되어 있다. 통계학이 세분화된 만큼 각 개설된 학과의 이름도 다양하다. 통계 분야 중 어느 부분을 심도 있게 배우는지에 따라 금융, 전산 등의 수식이 붙게 된다.

전공명	대학교명
응용통계학과	가천대, 건국대, 경기대, 단국대, 세종대, 연세대, 중앙대, 한신대, 호서대
정보통계학과	강릉원주대, 강원대, 경상대, 경성대, 덕성여대, 동국대, 동덕여대, 안동대, 안양대, 연세대(미래), 충남대, 충북대, 평택대
통계학과	경북대, 계명대, 고려대, 부경대, 부산대, 서울대, 서울시립대, 성균관대, 성신여대, 숙명여대, 영남대, 인제대, 이화여대, 인하대, 전남대, 전북대, 창원대, 청주대, 한국외대(글로벌)
기타 관련학과 – 대학	

금융정보공학과(이공) – 서경대, 금융정보통계학과 – 한림대, 데이터경영학과 – 부산외대, 물류통계정보학과 – 용인대, 수리정보과학과 – 대구가톨릭대, 전산통계학과 – 대구대, 제주대, 정보통계·보험수리학과 – 숭실대, 컴퓨터 통계학과 – 조선대, 통계정보학과 – 수원대, 통계컴퓨터과학과 – 군산대, 빅데이터경영통계학과 – 국민대, 데이터정보학과 – 동의대

현대의 학문은 한 가지 학문의 독자적인 발전 형태가 아닌 여러 학문이 서로 영향을 주고받으며 발전되어가는 형태를 가지고 있는 게 그 특징이다. 그러므로 통계학의 이러한 특성 때문에 다양한 분야에서 접목이 가능하고 시너지 효과를

낼 수 있는 게 통계학이 가진 가장 큰 장점이기도 하다.

다음 표는 통계학과를 설치한 대학의 문과/이과별로 구분한 표이다.

문과계열에 설치한 대학	이과계열에 설치한 대학
건국대, 경기대, 고려대, 성균관대, 연세대 등	서울대를 비롯한 국립대학, 동국대, 영남대, 원광대, 이화여대, 숭실대, 중앙대 등

핵심 키워드로 알아보는 회계학

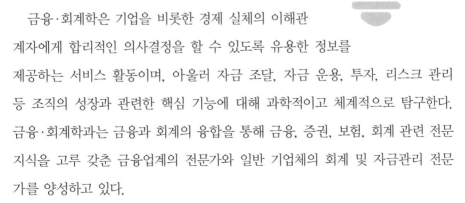

금융·회계학의 인력양성 목표는 21세기 금융의 국제화·정보화·증권화 시대에 부응하여 급변하고 있는 금융환경에 적응하기 위한 경영일반·금융·회계·세무 분야의 이론 및 실무 교육을 체계적으로 실시함으로써 기업경영 및 자본시장에 대한 올바른 이해를 갖춘 경쟁력 있는 금융전문인력을 육성하는 것이다.

금융·회계학은 기업을 비롯한 경제 실체의 이해관계자에게 합리적인 의사결정을 할 수 있도록 유용한 정보를 제공하는 서비스 활동이며, 아울러 자금 조달, 자금 운용, 투자, 리스크 관리 등 조직의 성장과 관련한 핵심 기능에 대해 과학적이고 체계적으로 탐구한다. 금융·회계학과는 금융과 회계의 융합을 통해 금융, 증권, 보험, 회계 관련 전문지식을 고루 갖춘 금융업계의 전문가와 일반 기업체의 회계 및 자금관리 전문가를 양성하고 있다.

금융·회계학과는 기업 등 조직의 현재 상황을 점검하고 진단함으로써 미래의 예측 능력을 부여하는 학문으로서, 전문적인 이론과 실무적인 기술을 익힐 필요가 있으며, 여러 이해관계를 조정할 수 있는 책임성과 예리한 분석능력이 필요한 학문이다.

금융·회계학은 세무학, 경제학, 경영학과 등 상경계열 학과와 밀접한 관련이 있어 관련 분야와의 융합이 용이하기 때문에 학부 수준의 소양으로도 다양한 분야로 진출할 수 있다. 또한 다양한 자격증 취득의 기회가 있어 자격증 취득 시 진로 선택의 폭이 넓어질 수 있다. 공인회계사나 세무사 자격과 함께 실무 교육이 중요한 학문으로 다른 학과와의 연계는 다른 사회과학과목에 비해 적은 편이다.

사회복지학과
경제학과
식품산업관리학과
회계학과
경영학과
경영정보학과
컴퓨터공학전공
산업시스템공학과
멀티미디어공학과

핵심 키워드로 알아보는 세무학

세무학과는 조세와 관련되어 발생하는 제반 현상을 연구대상으로 하는 학과이다. 현대사회에 있어서 조세는 공경제 및 사경제 그리고 사회적으로 중요한 기능을 수행하고 있다. 따라서 뛰어난 세무정보처리 능력을 갖춘 인재의 필요성이 점차 확대되고 있다. 세무학과는 세무 관계 분야, 특히 기업체의 세무회계 분야 및 세무기획업무 분야에 필요한 유능한 인재의 양성에 교육목표를 두고 있다.

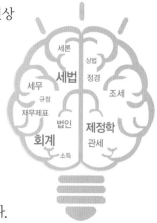

세론
상법
세법
정경
세무
조세
규정
재무제표
법인
제정학
회계
관세
소득

세무학 특성상, 국가공인세무사 및 국가공
인회계사 자격증이 있으면 좋다. 세무사는 조
세에 대한 상담을 하고, 의뢰인을 대리하여 세
무에 대한 각종 서류를 작성하여 세무서에 신
고, 신청, 청구하는 등의 일을 하며 최근에는 외
국 취업 및 한국 진출 외국계 기업을 목표로 미국
공인회계사(AICPA, American Institute of Certified Public
Accountant) 및 미국 연방 세무사(EA, Enrolled Agent) 자격증 취득이 꾸준히 증
가하고 있는 추세이다.

관련 자격증으로는 재경관리사, 전산세무회계, 전산회계운용사, 세무회계, 회
계관리 등이 있으며, 융합 가능한 자격증으로는 공인국제금융역(CIFS), 보험계
리사, 보험중개사, 손해사정사, 신용관리사, 신용분석사, 신용위험분석사(CRA),
여신심사역, 외환전문역, 자산관리사(FP) 등이 있다.

세무학과는 조세에 특화된 학과로 법학, 회계학, 경제학을 배우고 이러한 인
접학문의 기반 위에 세법, 세부회계, 조세 정책에 대한 지식을 배운다. 이런 지
식은 희소성이 있고 또한 실용적이기도 한 학문이다. 상경계열인 경영학과, 경제
학과와 밀접한 관련이 있으며 조세와 법에 대해서 알아야 하기 때문에 법학과
나 사회학과와도 연계가 되어 있다. 하지만 세무전문인이 되기 위해서는 국가공
인세무사 및 국가공인회계사 자격증이 있어야 하기에 타학과에 진학한 후에도
반드시 세무학을 복수전공하는 방법을 택하는 것이 좋다.

계열별 연계 도서와
동영상을 추천해주세요

통계학계열 추천도서와 동영상

💬 추천도서

도서명	저자
이렇게 쉬운 통계학	혼마루 료
이토록 수학이 재미있어지는 순간	야나기야 아키라
Head first statistics	돈 그리피스
데이터를 부탁해	전익진
통계학 리스타트	이야 야스유키
R-함수로 배우는 확률통계	임태진
R까기2	박찬성
그림으로 설명하는 개념쏙쏙 통계학	와쿠이 요시유키
통계학의 피카소는 누구일까	데이비스 살스버그
세상에서 가장 쉬운 베이즈통계학 입문	고자마 히로유키
데이터 과학을 위한 통계	피터 브루스
틀리지 않는 법 - 수학적 사고의 힘	조던 엘런버그
통계의 미학	최제호
빅데이터를 지배하는 통계의 힘	니시우치 히로무

💬 추천동영상

통계학의 이해 1	통계학의 이해 1 (통계학을 공부하는 이유) : 제대로 시작하는 기초통계학 https://youtu.be/saCv9cBvT7U
통계닥터 '통닥'	통계닥터 '통닥'이 통계청의 궁금증을 파헤칩니다! https://www.youtube.com/watch?v=FyUtG5sQDuA
통계의 거짓말	[생활 속 통계] 통계의 거짓말 https://www.youtube.com/watch?v=PLkTF0TZ1qI
통계와 표본조사	[빅데이터] 통계와 표본조사 개념 간단하게 정리하자 https://www.youtube.com/watch?v=ZcEMqaurnlc

💬 K-MOOC 참고 동영상

통계학의 이해 Ⅰ
여인권 | 숙명여자대학교
2019/05/01 ~ 2019/08/03

통계학의 이해 Ⅱ
여인권 | 숙명여자대학교
2019/08/13 ~ 2019/11/09

[A.I. SERIES] R을 활용한 통계학개론
김충락 | 부산대학교
2018/09/03 ~ 2018/12/11

경제통계학 1부 : 그림과 수치를 이용한 자료의 정리
류근관 | 서울대학교
2019/09/02 ~ 2019/10/27

경제통계학 2부 : 통계적 추론을 위한 개념, 도구, 사례
| 서울대학교
2019/03/04 ~ 2019/04/21

경제통계학 3부 : 표본조사와 통계적 추론
류근관 | 서울대학교
2019/09/02 ~ 2019/11/10

💬 TED 참고 동영상

Mona Chalabi
잘못된 통계를 알아내는 세 가지 방법
Posted Mar 2017

Robin Nagle
내가 뉴욕의 쓰레기장에서 발견한 사실
Posted Nov 2013

Kim Gorgens
뇌 손상과 범죄의 놀라운 상관관계
Posted Apr 2019

Peter Donnelly
피터 도넬리가 통계가 어떻게 배심원들을 속이는지를 보여줍니다.
Posted Nov 2006

Sebastian Wernicke
거짓말, 황당한 거짓말과 통계 (TEDTalks 에 관해)
Posted Apr 2010

Anne Milgram
왜 스마트 통계가 범죄와의 전쟁에 핵심 요소인가?
Posted Jan 2014

Priya Vulchi and Winona Guo
인종주의 리터러시를 갖추기 위해 필요한 것
Posted May 2018

Hans Rosling
한스 로슬링이 이제껏 보지 못했던 최고의 통계를 보여준다.
Posted Jun 2006

Michael Green
사회 진보 지수가 당신의 나라에 대해 밝힐 수 있는 것은 무엇일까요?
Posted Nov 2014

회계학계열 추천도서와 동영상

💬 추천도서

도서명	저자
IFRS 회계원리	최창규
기업가치란 무엇인가	팀 콜러
박 회계사의 재무제표 분석법	박동흠
숫자로 경영하라 시리즈	최종학
재무제표 모르면 주식투자 절대 하지 마라	사경인
CFO 강의노트	황이석
이것이 실전회계다	김수헌
IFRS 고급회계	이만우

💬 K-MOOC 참고 동영상

회계정보의 이해와 활용

정광화 | 강원대학교
2019/11/01 ~ 2020/02/14

원가 및 관리회계

이은철 | 동덕여자대학교
2019/08/08 ~ 2019/10/31

인문기초회계

박희우 | 가톨릭대학교
2019/12/30 ~ 2020/03/15

시민을 위한 정부회계

최원석 | 서울시립대학교
2019/03/12 ~ 2019/06/28

**재무제표 작성 : Step-by-
Step Guide**

송창준 | 한양대학교
2019/04/22 ~ 2019/08/04

도전! 국제조세법 101

양인준 | 서울시립대학교
2019/10/29 ~ 2020/01/28

💬 TED 참고 동영상

Tim Ferriss
**목적보다 두려움을 정
의해야 하는 이유**

Posted Jun 2017

Cameron Herold
**카메론 헤럴드: 아이들
을 기업가로 키웁시다**

Posted Jun 2010

Nancy Frates
**아이스버킷 챌린지를
시작한 엄마**

Posted Nov 2014

Eve Ensler
**이브 앤슬러의 몸과 마
음의 행복**

Posted Sep 2006

James Flynn
우리의 IQ가 조부모님 들보다 더 높은 이유
Posted Sep 2013

Leana Wen
의사가 공개하려 하지 않는 것
Posted Nov 2014

Lucy Marcil
의사들이 대기실에서 세무 신고 서비스를 제 공하는 이유
Posted Jul 2018

Anthony Goldbloom
기계에게 빼앗길 직업 과 그렇지 않은 직업
Posted Aug 2016

세무학계열 추천도서와 동영상

💬 추천도서

도서명	저자
2019 세법강의2	이철재
중소기업 세무 가이드북	신방수
부동산법인세무가이드북	신방수
창업경리 세법개론 세무조사 부가세신고 종합소득세, 법인세 회계	손원준
엑셀 2016 자동계산 – 경리회계	손원준
일주일 법인세 신고	윤상철
양도소득세 실무	변종화
2018 세무 실무편람	한국세무사고시회
법인 컨설팅 바이블	김종완
사업하기 전에 세무부터 공부해라	김진
가지급금 죽이기	장보원

💬 K-MOOC 참고 동영상

성공하는 사업자를 위한 법인세 세무전략

이영한 | 서울시립대학교
2019/09/03 ~ 2019/12/20

역사로 배우는 세금이야기

박종국 | 영남대학교
2019/09/02 ~ 2019/12/20

도전! 국제조세법 101

양인준 | 서울시립대학교
2019/10/29 ~ 2020/01/28

기업경영과 법

| 이화여자대학교
2019/09/02 ~ 2019/12/15

문학과 영화를 통한 법의 이해

홍성수 | 숙명여자대학교
2018/09/03 ~ 2018/12/16

재미있는 글로벌 경제 기행

| 부산대학교
2019/03/04 ~ 2019/06/10

경제학 들어가기

| 서울대학교
2018/09/03 ~ 2018/12/16

재미있는 글로벌 경제 기행

| 부산대학교
2018/03/02 ~ 2018/06/11

금융경제 기초

최철 | 숙명여자대학교
2019/09/02 ~ 2019/12/15

재미있는 글로벌 경제 기행

김영재 부산대학교
2019/09/02 ~ 2019/12/07

위기의 정치경제학

조정인 | 숙명여자대학교
2018/11/15 ~ 2019/01/13

역사로 배우는 세금이야기

박종국 | 영남대학교
2019/09/02 ~ 2019/12/20

💬 TED 참고 동영상

Lucy Marcil
의사들이 대기실에서 세무 신고 서비스를 제공하는 이유
Posted Jul 2018

Alan Siegel
알란 시젤 (Alan Siegel): 법률 전문용어를 단순화 합시다!
Posted Mar 2010

Niti Bhan
비공식 경제의 숨은 기회들
Posted Nov 2017

Jennifer Lu
위조 동전 수수께끼를 풀 수 있습니까?|제니퍼 루(Jennifer Lu)
Posted Jan 2017

Tan Le
텐 리: 뇌파를 읽는 헤드셋
Posted Jul 2010

Amy Tan
에이미 탄의 창조성
Posted Apr 2008

Chade-Meng Tan
차드-멍 탄: 구글에서의 일상의 동정심
Posted Apr 2011

Tal Golesworthy
탈 골스워디: 내가 내 심장을 어떻게 수리했는가?
Posted Apr 2012

역사는 흔히 단순히 과거를 공부하는 암기 위주의 과목이라 생각하기 쉬운데, 그렇지 않다.
역사는 과학이다. 역사는 인간 삶의 궤적을 연구하는 학문으로서 인간의 사상이나 생활방식,
인간관계 등 눈에 보이지 않는 다양한 흔적까지 추적하고 사람들이 어떠한 조건 속에서
이런 삶을 살아왔는가를 치밀하게 논리적인 탐구를 통해서 연구하게 된다.

PART
4

인문계열
진로 사용설명서

대학에 들어가서
수강하는 과목

　인문대학에는 오랫동안 지속해온 각 국가의 문화에 관한 과들이 많이 개설되어 있다. 일어일문학과, 불어불문학과, 노어노문학과, 인문학의 꽃이라 불리는 철학과, 역사학과도 인문학과에 포함되어 있다. 각 학교의 인문대학이 조금씩 다른데 부산대학의 경우 '언어정보학과', '한문학과'가 인문대학에 속해 있다. 따라서 각 대학의 인문대학에 속해 있는 과를 잘 살펴봐야 할 것이다.

　철학 관련 학과로는 철학과, 윤리학과가 있다. 철학과에서 배우는 과목으로는 먼저 저학년에서는 철학개론을 비롯해 동양철학과 서양철학의 기초와 역사에 대해 배우고 고학년에서는 도가철학, 불교철학, 인식론 등 전문 분야를 공부할 수 있다. 윤리학과에서는 기초이론과 동서양의 윤리 및 문화에 대해 자세히 배울 수 있다.

　철학과 졸업 후 취득할 수 있는 자격증은 사회복지사, 중등학교 2급 정교사 자격, 심리상담사, 정신건강삼담전문가, 갈등조정전문가, 라이프코치, 논술지도사 등이 있다.

　역사학과에서는 동양고대사, 동양근대사, 동양현대사 등 여러 나라의 역사에 대해 배우게 된다. 진로는 문화재수리기술자, 박물관 및 미술과준학예사, 언론인, 인문 관련 연구원 등 여러 역사와 관련된 또는 학문과 관련된 직업을 가질 수 있다. 중·고등학교 때 다른 과목보다 국사나 세계사에 대한 관심이 많았던 학생에게 적합하며, 인간에 대한 깊은 호기심을 가지고 인류와 사회의 발달 과정에 대해 흥미를 느낀다면 4년 동안 꾸준히 공부할 수 있을 것이다.

철학과에서 수강하는 대표 과목은?

➡ **동양철학의 기초**

철학을 공부하는 데 있어 학생들이 갖게 되는 어려움 가운데 하나는 철학적 개념이 담고 있는 역사적인 맥락에 대한 무지에서 비롯된다고 할 수 있다. 이 강의는 동양철학을 공부하는 데 있어 필요한 개념들을 직접적으로 다룬다. 다만 철학사를 통해 개별 사상가를 다루는 방식으로 접근하는 것이 아니라, 예를 들어 도(道), 리기(理氣), 예(禮) 등과 같은 기본 개념사를 다루는 것이 이 강의의 목적이다.

- 동양철학은 왜 배우나 : 철학은 자연과 인간, 그리고 사회의 근본 원리를 탐구함으로써 미래사회 건설에 필요한 독창적이고 합리적인 사고력을 배양하고 인간다운 삶을 주체적으로 실현하는 것을 목표로 한다. 이를 위해서 인식론, 윤리론, 존재론 등 다양한 영역에서 제기되는 문제들과 이에 대한 해결책을 탐구한다.
- 수업은 어떻게 진행되나 : 대학에 입학하면 먼저 철학과의 기초라고 할 수 있는 논리와 사고, 동양철학의 기초, 서양철학의 기초 등을 배우게 된다. 2,3학년 때에는 중국철학사, 불교사상, 도교 사상 등 여러 과목 중 더 관심이 가는 과목을 선택하여 배울 수 있다. 4학년 때에는 졸업논문(철학)을 하게 된다.(경희대학교 철학과 참조)
- 진로는 어떻게 되나 : 철학을 업으로 삼는 직업은 교수나 연구원 등 매우 제

한되어 있다. 그러나 철학적 사유의 훈련을 하면 그 활용방안은 매우 무궁무진하다. 경제 현장이나 법조계 같은 분야에 진출해도 경영학, 법학 등 실용적 학문을 기반으로 한 사람보다 멀리 보고, 깊이 사유할 수 있다. 그것은 현장에서 실무를 담당할 때 결정적 차이를 가지게 된다. 졸업을 하고 난 후에 게임 시나리오 작가, 방송작가, 소설가, 시인, 영화시나리오 작가, 철학연구원, 기록물관리사, 논술지도사, 윤리교사, 출판물기획전문가, 방송기자, 신문기자가 될 수 있다.

➡ 서양철학

서양철학을 공부하는 데 있어 필요한 개념들을 직접적으로 다룬다. 다만 철학사를 통해 개별 사상가를 다루는 방식으로 접근하는 것이 아니라, 예를 들어 실체(substance), 형상(eidos), 이성(reason) 등과 같은 기본 개념사를 다루는 것이 이 강의의 목적이다.

- 서양철학은 왜 배우나 : 철학은 지금 눈앞에 벌어지고 있는 일을 깊이 있게 통찰하고 해석하는 데 필요한 열쇠를 얻게 해주기 때문이다. '지금 눈앞에서 어떤 일이 벌어지고 있는가'라는 물음에 대한 답을 하는 데 철학자들이 남긴 생각이 큰 영향을 미친다. 눈앞에서 벌어진 일의 흐름을 읽고 미래를 예측하는 데 철학자의 다양한 사고법이 큰 도움이 된다.
- 수업은 어떻게 진행되나 : 서양 고전 철학의 정점으로 일컬어지는 헤겔 이후의 철학 사조, 특히 현상학, 해석학, 언어철학, 구조주의, 비판이론, 해체철학 등을 그 이전의 철학사상과 연관하여 배운다.
- 진로는 어떻게 되나 : 철학과 출신들 모임에 나가 보면 기업, 언론, 출판, 문화예술 등 여러 분야에서 활발하게 활동하고 있는 것을 볼 수 있다.

➡ 논리학

기호 논리학 체계에 중점을 두어 추론능력과 일상생활에 있어 그 적용법을 배운다. 무엇보다도 논리학의 주요 주제들(귀납과 연역의 정당성, 오류론, 사유의 3가지 기본 원칙, 추론의 건전성 등)을 실제 생활에서 이용할 수 있는 능력을 개발하는 데 중점을 둔다.

- 논리학은 왜 배우나 : 주장과 근거를 파악하거나, 이를 사용하여 참임을 증명하는 학문이다. 어떤 주장과 근거를 내세우느냐에 따라 이야기하고 싶은 바가 명확해질 수 있다. 반대로 상대방의 주장과 근거를 듣는 사람이 그것이 정당한지 파악하는 것 또한 논리학의 영역이다.
- 수업은 어떻게 진행되나 : 아리스토텔레스의 삼단논법과 현대 기호논리학의 양화이론의 기초를 습득하고, 명제 논리와 술어 논리를 기본적으로 다룬다. 그리고 모순, 함의, 보편성, 일반성과 같은 중요한 논리적 개념들을 동시에 배운다.
- 진로는 어떻게 되나 : 사회 활동을 하다가 그 분야에서 한 발 더 나가기 위해 철학과 대학원을 찾는 사람들도 적지 않다. 특히 요즘처럼 로스쿨이나 MBA 같은 대학원 교육이 필수적인 과정이 되는 시대에는 대학에서 인문학의 기반으로서 철학을 공부하는 것이 유익하다.

학교	학부 /학과명	전공 및 특이사항
서울대	철학과	한 가지만을 주류로 삼기보다는 분석철학에서 포스트 모던 철학까지 동양철학과 서양철학을 아울러 가르치고 연구한다는 점이다. 학부과정에서는 다양한 주제를 포괄적으로 공부하지만 대학원에서는 교과과정을 동양철학전공과 서양철학전공을 분리하여 운영하고 있다. 동양철학 분야에서는 유가철학, 불교–인도철학 및 제자백가, 한국철학을 폭넓게 연구하여 동양적 사유의 특징과 철학사적 전개과정을 탐구하고 있으며 서양철학 분야에서는 윤리학, 논리학, 인식론, 과학철학 등 철학적 주제를 직접 다루는 한편 그리스 철학에서부터 현대철학에 이르는 여러 갈래의 철학적 조류를 철학사적으로 폭넓게 탐구하고 있다.

고려대	철학과	고려대학교 철학과는 1946년에 창립된 이래 반세기여 동안 수많은 철학적 성과를 이룩한 연구자들을 배출하고 한국 철학계에서 선도적인 지위를 점해 왔다. 특히 동양철학 분야의 학자들은 이미 한국 동양철학계의 주축이 되어 활동하고 있다. 본과에서 배출한 동양철학 전공 박사가 70여 명에 이르렀고, 이들은 전국 각 대학에서 연구 및 교육 활동에 힘쓰는 한편 '중국철학회', '한국사상사연구 회' 등의 학회를 조직해 동문들과의 학문적 유대감을 다지며 활발하게 연구 활동을 펼치고 있어 학계의 부러움을 사고 있다.
한양대	철학과	한양대 철학과만의 특징이라고 할 수 있는 여러 몸으로 느낄 수 있는 체험답사교육을 진행하고 있다. 먼저 봄에 2박 3일 동안 이루어지는 정기학술답사로서 학생뿐만 아니라 전임교수도 더욱 의미 있고 효율적으로 기획하는 것을 공부할 수 있다. 철학과 문화제로 매년 11월 초에 직접 준비한 연극 등 문화 활동을 공연하는 행사도 있다. 철학과 학술제는 매년 11월 말에 실시하는 학과 대표 행사로 학생들의 논문 발표와 질의응답이 이루어지는 활동도 한다.
연세대	철학과	56년의 전통을 자랑하는 철학과는 그동안 사회 각계에서 지도자로 활동하고 있는 많은 인재들을 배출하였다. 전국 각 대학 철학과에서 활동하고 있는 철학자를 비롯하여 시인, 소설가, 평론가, 연극 연출가 등의 문인들, 그리고 언론사와 대·중소기업의 지도급 인사들이 배출되었다. 연세대 철학 전공자의 미래는 과거나 현재보다 더욱 밝다. 철학과의 인력은 그 학문의 성격상 다른 여타 분야보다 더 고급의 두뇌이다. 철학 전공자는 1,2차 산업보다는 서비스업, 특히 정보산업, 문화사업에 더 많은 공헌을 할 수 있다. 과거에는 전무하다시피 했던 고등학교에서의 철학, 논리학 교육이 279개 고등학교에서 교수하고 있다. 그만큼 대학에서 철학을 전공한 인력의 요구가 우리 사회에서 폭발적으로 늘어난 셈이고 이는 앞으로 더욱 가속화될 전망이다.
성균관대	철학과	성균관대 철학과에서는 보편적 이론과 거시적 안목, 문화 예술의 심층적 이해, 창의성, 비판적 사고와 논리를 키울 수 있다. 교육 과정을 대학원 진학자를 위한 학문 지향형, 취업희망자를 위한 전문직업인 지향형, 그리고 타 전공자를 위한 철학 복수전공 등 세 부분으로 나누어 진행하고 있다. 학문 지향적 교육 부분에서는 고대 철학부터 현대 철학에 이르기까지 철학사 및 세부적이고 깊이 있는 철학강의를 개설하고 있다.

역사학과에서 수강하는 대표 과목은?

➡ 한국사학

한국사에 대한 체계적 이해를 갖추도록 고대에서 현대에 이르는 시기의 여러 주제에 대한 연구동향과 성과에 대해 배운다.

- 한국사학은 왜 배우나 : 역사는 흔히 단순히 과거를 공부하는 암기 위주의 과목이라 생각하기 쉬운데, 그렇지 않다. 역사는 과학이다. 역사는 인간 삶의 궤적을 연구하는 학문으로서 인간의 사상이나 생활방식, 인간관계 등 눈에 보이지 않는 다양한 흔적까지 추적하고 사람들이 어떠한 조건 속에서 이런 삶을 살아왔는가를 치밀하게 논리적인 탐구를 통해서 연구하게 된다.
- 수업은 어떻게 진행되나 : 한국의 문화가 역사의 전개 속에 어떻게 변화 발전하였으며, 그 시대별 특징, 예를 들면 분단 구조의 형성과 유지, 그것을 극복하려고 행한 행위, 한국을 둘러싼 국제관계에 대한 변화 내부 정치사회, 경제적 변동에 대해 상세히 파악할 수 있도록 강의한다. 예술과 학문, 사상, 종교, 생활문화를 포괄하여 다룬다.
- 진로는 어떻게 되나 : 풍부한 역사 관련 독서 역량과 한자를 익혀두면 역사적인 사건 연구에 많은 도움을 얻을 수 있다. 또한 역사적인 사건에 대해 연구하는 역사학자나 중·고등학교 교사 자격증을 취득함으로써 역사 교사도 될 수 있다.

⊃ 동양사학

동양사 분야에서 정규과목으로 개설된 과목 이외의 최근 학문 테마나 연구경향을 선택하여 공부한다.

- 동양사학은 왜 배우나 : 역사를 배우기 위해서는 현재를 이해하고 나아가 미래를 전망하게 된다. 따라서 인내심을 가지고 끈기 있게 동양사학을 배워야 한다.

- 수업은 어떻게 진행되나 : 동아시아 각국의 역사를 통사적으로 접근하여 동아시아사에 대한 이해를 통해 역사학 논문 작성 방법을 익히고, 실제로 논문을 쓰는 데 필요한 기초를 준비할 수 있는 기회를 가지게 된다.
- 진로는 어떻게 되나 : 우리나라뿐만 아니라 일본과 중국의 유물 주변을 둘러보고, 가까운 역사 현장을 찾아가서 과거 인간들의 삶과 숨결이 묻어 있는 유물이나 유적들을 이해하고 해석해보는 것을 즐기면서 동양역사를 연구하는 역사학자가 될 수 있다. 뿐만 아니라 여러 유적을 발견해내는 유적 발굴가나 새로 나온 유적들을 조사하고 연구하는 문화재 발굴 조사연구원 등이 될 수 있다.

➡ 서양사학

서양 고대 그리스·로마의 정치, 경제, 사회, 문화 등 제반 사항을 개관함으로써, 그리스·로마에 대한 전반적인 이해를 높인다. 현대 서양문명에 전달되고 변형된 고대문명의 문화적 요소에 대해 배운다.

- 서양사학은 왜 배우나 : 동서양의 벽 없는 교류는 18세기부터 대두된 제국주의의 시작으로 동·서양으로 나눠졌다. 그 이후에는 서양이 먼저 2차 혁명을 일으키면서 빠르게 발전한 경제, 문화, 유적 등에 대해서 공부하는 시간을 통해 우리가 왜 서양사를 배워야 하는지에 대한 해답을 찾을 수 있다.
- 수업은 어떻게 진행되나 : 서양의 고대와 중세시대의 역사와 문화에 대한 주요 내용을 이해하고, 그것이 서구문명의 형성에 끼친 영향에 대해 고찰한다. 서양 근대 유럽의 발전의 개괄을 통해 근대 유럽사회의 형성을 추적하고, 유럽 근대사회의 발전의 의미를 다양한 방향에서 이해한다. 서양사학인 만큼 그 나라의 고대 언어나 외국어를 배워 둔다면 서적이나 유물들을 이해하는 데 큰 도움이 될 것으로 여겨진다.

• 진로는 어떻게 되나 : 복잡하게 엉켜있는 다양한 사료들을 잘 정리해서 글을 쓰며 서양역사를 공부하고 연구하는 서양사학 교수가 될 수 있다. 뿐만 아니라 여러 서양 유적들에 대해 열심히 공부하게 된다면 문화재해설가나 문화재 감정평가사 등도 될 수 있다.

학교	학부 /학과명	전공 및 특이사항
서울대	국사학과	동아시아 문헌과 규장각, 한국사세미나, 한국현대사, 한국정치사회사, 한국사학사, 한국독립운동사 등 여러 국사와 관련된 과목뿐만 아니라 이와 다른 분야를 융합하는 연구를 통해 여러 우수한 인력을 배출해 내기 위해 노력하고 있다.
고려대	사학과	동양사학과와 서양사학과가 통합하여 다시 사학과로 바꾼 이유는 세계화가 급진 전되어 가는 상황에 발맞추어 학생들에게 세계역사에 대한 전문지식을 가르치며, 동양과 서양 어느 한 쪽에 국한되지 않는, 보다 폭넓은 역사학적 안목을 길러 주기 위함이다. 해마다 격년제로 중국 및 일본 현지의 역사유적을 탐방하는 프로그램도 있어 국제적인 감각을 기르는 데 도움을 주고 있는데, 이 프로그램 역시 앞으로 유럽과 미국 등지로도 확대시켜 나갈 계획이다. 사학과의 졸업생은 대학원에 진학하여 학계와 교육계로 진출하는 외에, 역사와 문화에 관한 전문지식을 필요로 하는 언론기관, 연구소 및 기업 등 사회의 각 분야에 진출하여 활동하고 있다.
서강대	사학과	서강대 사학과만의 이색 수업으로는 문화유산해설 연습이 있다. 학생들이 담당교수 또는 전문가와 함께 한 학기 동안 서울 및 서울 근교의 역사문화유적지를 직접 방문한 후 발표를 통해서 학습하는 수업으로 이 과목은 영어로 개설되어 외국인에게 한국의 역사문화유산을 설명할 수 있는 능력을 배양할 수 있다. 그리고 학년별로 원하는 과목을 선택할 수 있다는 점이 자신이 관심을 가지고 있는 과목을 더 집중적으로 할 수 있어 좋다.
연세대	사학과	연세사학동문회, 사학인의 밤을 통해서 각계각층의 동문들과 재학생이 만나는 행사로서 학부 후배들이 진로에 대한 고민을 나누고 선배들은 조언을 해주는 등의 다양한 교류가 이루어지는 자리를 가지기도 한다. 또한 사학과의 꽃이자 졸업 필수 요건인 문화유적답사 수업을 통해 사학에 대해 더욱 주도적으로 배울 수 있다. 너나들 등 소모임 활성화를 위해 소모임 지원금 사업 유지와 자율모임 구성을 주도하여 현재 4개의 자율 모임이 구성되어 활동할 수 있다.
성균관대	사학과	성균관대 사학과의 특징 중 하나로서 동아시아 역사연구소와 수선사학회가 있다. 역사학을 비롯한 여러 분야에 걸친 이론과 실천에 관한 연구를 통해 21세기가 요구하는 새로운 인문학의 창출과 발전에 기여하며 이를 기반으로 국제적 교류를 촉진시킬 수 있는 기회를 가지고 있다. 또한 전통문화유산을 계승함과 동시에 근대적 역사학의 새로운 전통을 창출하려는 의지를 담고 있다.

졸업해서
나아갈 수 있는 분야

연구원 분야

➡ 인문과학 연구원

❖ **철학과 관련된 직업에는 어떤 것이 있나요?**

　일반적으로는 인문과학 연구원이 될 수 있습니다. 이외에도 역사학연구원, 언어학연구원 등이 되는 경우도 있습니다.

❖ **철학연구원이 되기 위해서는 어느 정도의 학력을 취득해야 하나요?**

　대졸이 33%, 대학원 졸업이 17%, 박사 졸업이 50% 정도로 대부분 박사학위까지 취득합니다. 하지만 대졸과 대학원을 졸업한 사람들도 있기에 먼저 관련된 일을 경험하면서 필요하다고 생각되었을 때 대학원에 진학하는 것을 추천합니다.

❖ **철학연구원이 된 사람들의 직업 만족도는 어떠한가요?**

　백점 기준으로 74.4% 정도 만족한다는 것을 알 수 있습니다.

❖ **앞으로 이 직업의 전망은 어떤가요?**

　정부출연연구소도 매우 적고 단기간에 눈에 띄는 성과물이 잘 나타나지 않는 인문학 분야의 연구를 기업 부설 연구소에서 잘 하지 않는 경향이 있어 전망이 밝지 않았습니다. 하지만 지식사회와 정보화시대에 인문학과 다른 학문, 특히 인문학과 기술이 융합되어 신제품이나 새로운 서비스를 창출하는 과정에서 인문학이 새롭게 각광받고 있습니다.

❖ **인문과학연구원이 되기 위해서 어떤 것을 중점적으로 공부하면 좋을까요?**

역사, 사회와 인류, 국어를 중점으로 공부하는 것이 도움이 될 것 같습니다. 또한 음악, 미술과 같은 예술 공부를 해두는 것이 좋을 것 같습니다.

❖ **철학과와 관련된 책을 읽고 싶은데 어떤 책을 읽으면 도움이 될까요?**

논쟁으로 보는 한국철학(한국철학사상연구회), 서양철학사상(요한네스 힐쉬베르거) 등을 읽는 것을 추천합니다.

➡ 역사학 연구원

❖ **역사학 연구원은 정확하게 어떤 일을 하는 사람인가요?**

기록보관소, 도서관으로부터 유용한 자료를 수집합니다. 그리고 다른 사학자나 고고학자 등 관련 연구자의 업적을 연구한 후 자료를 분석하고 신빙성에 비추어 평가하는 일을 합니다. 뿐만 아니라 산업의 기술혁신, 특정시대의 사회관습을 주제로 연구하기도 합니다.

❖ **역사학 연구원이 되기 위해서는 어느 정도의 학력을 요구하는지 궁금합니다.**

대학원졸업이 53%, 박사졸업이 47%로 대부분 대학원을 졸업하여 관련 업무를 수행하고 있습니다.

❖ **역사학 연구원이 되기 위해서 갖추어야 하는 능력이 있습니까? 예를 들면 자격증이나 복수 전공이 궁금합니다.**

자신이 전공으로 하고 있는 역사학뿐만 아니라 인접 학문의 관련 지식을 쌓는 것이 중요합니다. 연구원이라는 직업은 끊임없이 연구하고 자기의 전공 분야에 대해 깊이 공부해야 하기 때문에 꾸준한 자기계발과 관련 지식을 배우려 노력하는 자세를 지닌다면 도움이 될 것 같습니다.

❖ **앞으로 이 직업의 전망은 어떤가요?**

최근 역사학을 포함한 인문학과 다른 학문, 특히 인문학과 기술이 융합되어 새로운 서비스를 창출하는 과정에서 실용화 시도나 학제 간 연구의 증가가 늘어나고 있어 역사학 연구원의 향후 10년간 고용은 연평균 1.9% 증가할 것으로 전망됩니다.

공공 분야

➡ 공공조달사

❖ **공공조달사가 하는 일은 무엇인가요?**

공공조달사는 조달 컨설팅 제공, 해외 조달시장 진출 지원, 조달업무 위탁 대행 등을 수행합니다. 먼저 전문적인 조달 컨설팅 제공이 주된 역할입니다. 또한 사회적 약자 기업을 대상으로 한 각종 국가 지원정책과 제도를 분석하여 맞춤 전략 제공 등을 통해 이들 기업의 초기 판로 확보를 지원하는 역할을 합니다.

❖ 우리나라에서는 잘 알려져 있지 않은 직업인 것 같은데 외국 사례를 알려주세요.

영국 및 호주는 조달 분양의 전문 인력 양성을 위해 체계적인 자격체계를 설계하여 과정평가형의 자격으로 전문 인력을 양성하고 있습니다. 영국과 호주 모두 국가에서 조달 관련 자격 인정기관을 만들어서 여러 시험과 현장평가를 시행하는 등 모든 조달 공무원에서 자격증을 보유하도록 추진하고 있습니다.

❖ 현재 국내에서 공공조달사가 되기 위해서 갖추어야 하는 능력이 있나요?

현재 국내 공공조달시장은 '기업'과 '조달청'이라는 두 개의 큰 축을 중심으로 운영됩니다. 기업은 공공조달시장의 공급자이며, 조달청은 수요자와 공급자인 기업을 연결해줍니다. 특히 중소기업에 조달시장 진입, 조달계약 관리, 조달정책 대응, 체계적인 전략을 제공할 컨설팅 인력을 추가한다면 우리나라에서도 다른 나라와 같이 공공조달사가 발전할 가능성이 높습니다.

❖ 공공조달사가 들어오게 되었을 때 우리나라의 좋은 점은 무엇이 있나요?

먼저 공공조달사가 도입되면 소기업 등 사회적 약자 기업을 대상으로 '조달물자 품질관리', '쇼핑몰 계약 체결 및 관리', '나라장터 제조업체등록 및 관리'에 대한 컨설팅 지원 사업이 가능합니다. 이는 곧 일자리 창출로도 연결됩니다.

➡ 기술문서작성가

❖ 기술문서작성가가 하는 일은 무엇인가요?

기술문서작성가는 기업에서 생산하는 제품 및 제공하는 서비스에 대한 다양한 기술 문서 및 마케팅 문서들을 작성하고 리뷰 및 검증하는 일을 담당합니다. 기술문서작성가는 데이터와 일러스트레이터, DTP편집자 및 테크니컬에디터를 아우르는 직업군이라고 할 수 있습니다. 기술 문서 및 기술 마케팅 문서들을 효과적으로 작성하기 위하여 계획, 초안 작성, 수정, 편집 및 교정으로 이어지는 절차에 따라 문서를 작성합니다.

❖ **기술문서작성가가 해외에서 어느 정도 알려져 있나요? 자격증은 어떤 게 필요한가요?**

테크니컬커뮤니케이션 분야가 활성화된 미국에서는 2007년 이후로 기술문서작성가가 꾸준히 증가하고 있는 것으로 알려져 있습니다. 커리큘럼은 테크니컬커뮤니케이션 이론부터 툴 사용법 및 다양한 분야에서 기술 문서 작성 방법에 이르기까지 다양하며, 일부 커리큘럼의 경우에는 선향이수 과목 및 해당 업계 경력을 요구하고 있습니다.

❖ **국내에서는 기술문서작성가가 어떤 분야에서 활동하고 있나요? 전망은 어떤가요?**

최근에 해외 수출업체들을 중심으로 기술 문서의 품질을 높이려는 움직임이 활발해지면서 기술문서작성가의 가능성이 늘어나고 있습니다. 부가가치가 높은 제품과 서비스를 해외에 공급하면서 기술 문서의 품질 향상이 기업 이미지 제고에 필수적이라는 인식을 갖기 시작했기에 국내에서는 소수의 기술문서작성가들이 기업이나 기술 전문업체에서 일하고 있습니다. 특히 B2B 기업의 경우 기술 문서 독자층이 엔지니어나 개발자들이므로 국내 기업들은 경력이 있는 기술문서작성가를 고용하려는 경향이 있습니다.

❖ **국내에서 기술문서작성가가 되기 위해서는 어떠한 능력이 필요하며 어떠한 사람에게 적합한가요?**

먼저 기술문서작성가가 되기 위해서는 '해당 제품이나 서비스에 관한 이해',

'뛰어난 커뮤니케이션 능력', '글쓰기 능력'이 필요하며, 특히 독자에게 전달해야 할 핵심 정보를 찾아낼 수 있는 뛰어난 커뮤니케이션 능력을 갖춰야 합니다. 또한 커뮤니케이션을 필요로 하는 국내 기업은 대다수가 수출업체이므로 외국어 능력도 키우는 것이 좋습니다.

사기업 분야

➡ 신문기자

❖ 신문기자가 하는 일은 무엇인가요?

주요 현안을 처리하는 정치현장, 범죄·화재 및 교통 사고현장, 체육경기장 및 각종 전시회 등 국민의 관심을 불러일으킬 수 있는 사건 및 사고 현장을 찾아 원인·진행과정 및 결과 등을 취재합니다. 이렇게 수집한 정보를 토대로 사건의 주요내용을 분석·정리하고, 입증된 기사내용을 편집형태와 기준에 따라 기사를 작성합니다.

❖ 신문기자가 되기 위해서는 어떤 기술이나 지식이 필요한가요?

기자가 되기 위해서는 4년제 대학교 졸업 이상자의 학력과 많은 사람을 만나 취재하고 인터뷰하기 때문에 유창한 언변과 대화능력이 있어야 하며, 기사 작성에 필요한 작문실력도 필요합니다. 인터넷신문의 편집기자는 인터넷의 구조를 다룰 줄 알아야 합니다. 전문기자라 하여 의학, 법학, 문학 등과 같이 특정 전문 분야의 지식을 갖춘 기자를 뽑기도 하는데, 전문기자가 되기 위해서는 해당 분야의 전공자이거나 의사, 변호사 등의 전문 자격증을 소지하고 있어야 합니다.

❖ 앞으로 이 직업의 전망은 어떤가요?

인터넷에 기반한 새로운 뉴스 매체들이 시장에 진입할 것으로 보이며, 이는 기자의 일자리에 긍정적인 영향을 미칠 것으로 보입니다. 특히, 대중의 관심 영역이 여러 방면으로 확장되고, 뉴스 소비패턴이 다양화되면서 소수계층을 타깃으로 한 전문 뉴스 콘텐츠 제공 방식이 더욱 증가할 전망입니다. IT와 미디어의 융합으로 누구나 글을 쓰고 사진과 영상을 찍어서 인터넷에 올리는 것이 가능해지면서 취재기자도 편집과 사진촬영, 영상제작까지 담당하는 사례가 늘고 있습니다.

➡️ 방송작가

❖ 방송작가가 하는 일은 무엇인가요?

구성작가는 텔레비전의 오락물, 교양물 프로그램, 라디오프로그램 등의 방송내용 기획과 방향을 방송프로듀서(방송연출가)와 협의합니다. 그 다음 원고작성을 위해 자료를 수집하고 정리합니다. 이때 인터넷 게시판, 메일, 우편물 등을 확인하여 사연을 정리합니다. 방송 중에는 프로그램진행자의 순조로운 진행을 돕고, 원고를 수정합니다.

❖ 방송작가는 어떤 기술이나 지식이 필요한가요?

방송작가가 되기 위해서는 대학에서 국어국문학과 등의 어문계열, 문예창작학과, 연극영화학과, 방송연출과 등에서 관련 교육을 받으면 도움이 됩니다. 관련 학과에 진학하면 다양한 작품과 작가를 분석하게 되고 습작훈련을 통해 문장력, 표현력 등을 기를 수 있습니다. 그러나 제도적 교육보다는 작가적 자질을 스스로 키워나가는 노력이 더 중요합니다. 이를 위해 평소 독서와 사색, 글쓰기 연습을 하고 다양한 경험을 쌓는 것이 중요합니다.

❖ 앞으로 이 직업의 전망은 어떤가요?

향후 5년간 방송작가의 고용은 다소 증가하는 수준이 될 것으로 전망됩니다. 방송과 통신이 융합되면서 케이블방송, 인터넷방송, IPTV 등 다매체·다채널화로 방송환경이 재편되면서 시장이 확대되었습니다. 또한 지상파와 종합편성채널이 경쟁적 구조를 갖추면서 제작 방송프로그램 수가 늘어나고, 드라마와 예능 프로그램이 꾸준히 해외로 수출되는 점은 방송작가의 고용에 긍정적인 영향을 미치고 있습니다.

➡ 문화예술평론가

❖ 문화예술평론가가 하는 일은 무엇인가요?

영화감독이 어떤 의도로 영화를 만들었는지, 시나리오와 감독의 촬영 의도대로 영상이 잘 만들어졌는지, 영화가 대중들에게 어떤 의미를 전달하고자 하는지, 그리고 어떤 영향을 미칠 수 있는지에 대해 철저하게 분석합니다. 여기에 평론가 자신의 주관적인 평을 덧붙여 일반인들에게 영화를 소개해줍니다. 어떤 영화를 평하기 위해 그 영화를 수십 번 이상 보는 평론가도 있습니다. 시대적 배경과 상황, 그 당시 정치적 성향부터 사회 분위기까지. 심지어 촬영장의 분위기를 본다든가, 배우들의 표정과 떨림까지 세세하게 묘사합니다.

❖ 문화예술평론가가 되기 위해서 어떤 것들을 준비해야 하나요?

무엇보다도 영화에 대한 풍부한 지식과 재치 있는 글솜씨가 필요합니다. 영화에 대한 애정은 물론, 글을 읽고 쓰는 것을 좋아하는 사람에게 적합합니다. 다양한 장르의 영화를 보고, 주관적으로 평가해 글로 써보는 습관을 가지는 것이 좋습니다. 영화와 관련된 정보나 기사를 접했을 때, 자신에게 유익한 사항들을 메모

하는 습관을 기르는 것도 좋습니다. 이렇게 메모한 것들이 다 글감이 됩니다. 현재 활동 중인 평론가들은 영화 및 신문방송학을 전공한 사람들이 많습니다.

❖ 앞으로 이 직업의 전망은 어떤가요?

관객들은 영화평론가의 다양한 평론을 참고하여 영화를 선택하고, 영화를 감상한 후에는 잘 이해할 수 없었던 장면에 대한 정보를 얻기도 합니다. 점점 수준 높은 영화, 다양한 나라, 다양한 장르의 영화들이 쏟아지면서 이러한 경향은 점점 짙어지고 있습니다. 이처럼 문화예술에 대한 대중의 관심과 수준이 높아지고 있고, 영화산업이 중요한 문화콘텐츠로 자리 잡으면서 이들의 활발한 활동을 요구하는 분위기입니다. 정부의 지원도 늘고 있어 앞으로 영화평론가들의 역할은 더욱 중요해질 것으로 보입니다.

➡ 분쟁조정사(철학·윤리학 + 법학)

❖ 분쟁조정사가 하는 일은 무엇인가요?

분쟁의 양측 당사자들로부터 조정에 대한 동의를 구하고, 조정에서는 당사자들이 원활한 대화를 통해 협상할 수 있도록 유도합니다. 결론을 도출할 때 중립적인 제 3자의 입장에서 분쟁 혹은 갈등 상태에 있는 양측의 당사자들이 모두 수용할 수 있는 해결책을 찾을 수 있도록 지원합니다.

❖ 앞으로 이 직업의 전망은 어떤가요?

갈등 해결이나 조정의 필요성을 느끼고 있는 사람들이 많기 때문에, 우리나라에서도 조정중재협회·한국갈등관리조정연구소·평화를 만드는 여성회 부설 갈등해결센터 등 민간 기관에서 해외의 분쟁조정사 자격 인증 제도를 도입해 훈련 프로그램을 진행하고 있습니다. 우리나라의 경우 분쟁조정사 직업을 도입하는데 현재로서는 한계가 있기 때문에 분쟁조정사가 일정한 직업군으로 인정받기 위해서는 화해, 중재, 조정 등의 대체적인 분쟁 해결 지원 자격을 변호사로 한정하는 제도를 개정할 필요가 있습니다.

❖ 분쟁조정사는 어떤 전공과 관련이 있나요?

분쟁조정사는 공정한 분쟁조정안을 도출하여 합리적으로 문제를 해결해야 한다는 점에서 철학·윤리학전공과 관련성이 있다고 봅니다. 또한 분쟁조정사의 업무는 법적인 부분, 그리고 소비자와 경영에 대한 모든 지식을 요하기에 법 전공이 조금 더 관련성이 있을 수 있습니다. 또한 분쟁 당사자들의 심리를 이해하는 데 도움이 되는 심리학, 합리적이고 공정한 분쟁조정안을 도출하는 데에 도움이 될 수 있습니다.

❖ 분쟁조정사가 되기 위해서는 어떤 노력을 해야 할까요?

분쟁조정사가 직업으로 도입되고 공공기관 및 사설 기관의 분쟁조정위원회의 위원에 분쟁조정사가 참여하게 될 경우, 어느 경우든 자신이 속한 조정위원회가 다루는 분야의 전문지식은 업무를 해결함에 있어서 큰 도움이 될 것입니다. 따라서 분쟁조정을 하게 된 분야의 대학원에 진학하여 석·박사 과정을 거치거나 관련 자격증을 취득한다면 해당 지역에서 큰 성공을 거둘 수 있을 것입니다.

➡ 소년원학교 교사

❖ 소년원학교 교사가 하는 일은 무엇인가요?

수용자를 관리하고 교화하고, 수용자에게 교화교육을 수행하고, 범죄를 예방하거나 범죄자를 재활시키기 위하여 청소년클럽, 지역공동체센터 등의 유사 조직에서 사회, 오락 및 교육활동을 조직, 감독하는 일을 합니다.

❖ 앞으로 이 직업의 전망은 어떤가요?

소년원학교 교사의 고용은 다소 증가할 것입니다. 잘못을 저지른 청소년을 교화하여 대상 학생들이 건전한 정신과 올바른 생활 자세를 갖도록 유도하는 교도행정 방침에 따라 소년원학교 교사의 역할이 중요해질 것입니다. 교정업무 외에도 교화, 직업훈련, 고충처리 관련 인력수요가 늘어나고 있습니다.

❖ 소년원학교 교사는 어떤 전공과 관련이 있나요?

방황하는 청소년들을 올바른 길로 인도한다는 점에서 철학·윤리학전공과의 관련성이 높다고 봅니다. 그밖에 교육적 업무가 많고 상담업무도 많다는 점에서 교육학이나 심리학 전공과의 관련성도 높습니다. 또한 전공과 관계없이 중고등학교 교사 자격증을 취득하면 일반 공개경쟁 시험과 특별채용 시험에 응시할 수 있다는 장점이 있습니다.

❖ 소년원학교 교사가 되고 싶은 청소년들에게 한마디 해주세요.

소년원 교사는 약자와 아이들을 사랑하는 마음과 특별한 사명감이 없이는 할 수 없는 직업이라고 할 수 있습니다. 교사자격증을 갖고 일반 학교에 취업하지 못해서 단지 직업을 얻기 위한 마음으로 입직하시는 것은 추천하고 싶지 않습니다. 소년원학교 교사라는 자부심과 직무에 대한 보람을 먼저 찾고 소년원학교 교사에 도전하기를 바랍니다.

➡️ 노인심리상담사

❖ 노인심리상담사가 하는 일은 무엇인가요?

일상생활에 적응하지 못하고 행동상의 장애를 일으켜 도움을 필요로 하는 노인들에게 전문적 대면관계를 통하여 과학적 측정도구 사용이나 상담(면접)을 통해 종합적으로 진단합니다. 이외에 심리학적 방법을 활용하여 일상생활 부적응 문제를 해결하며 정신적·심리적 원조 과정인 상담을 통해 치유해줌으로써 마음의 안정을 찾을 수 있도록 복지서비스 업무를 담당합니다.

❖ 앞으로 이 직업의 전망은 어떤가요?

우리나라는 2019년에는 14%를 넘어 고령사회가 시작되었고 세계에서 가장 빠르게 고령화 사회가 진행되고 있습니다. 노인 주거와 생활 시설 등이 노인대책의 사회적 이슈로 부각되고 있으며, 노인 인구가 폭발적으로 늘어나는 시점에 노인 문제의 시급한 과제가 노인의 심리적 위안과 안정적 상담이 절대적으로 필요하게 되었습니다. 노인을 위한 전문적이고 공식적인 지지 자원으로서 노인문제의 핵심인 복지 차원의 상담자 역할과 활성화가 절실히 요구되고 있습니다.

❖ 노인심리상담가가 되기 위해서는 어떤 노력을 해야 할까요?

전문 상담가로서 활동하기 위해서는 일단 많은 공부가 필요합니다. 봉사활동 방식으로 상담을 할 수도 있지만 전문가로서 활동하려면 더 수준 높은 공부가 필요합니다. 수준 높은 공부가 필요한 이유는 단순히 학력을 높여 직업을 얻기 위함이 아니라 사람을 상대하는 직업인만큼 많은 담금질이 필요하기 때문입니다. 철학과를 졸업한 이후 노인심리상담사 자격증을 취득하면 더욱 도움이 될 것입니다.

계열별
핵심 키워드

핵심 키워드로 알아보는 철학

철학은 모든 학문의 시작이다. 상징적으로 하는 말이 아니라 사실상 모든 학문은 철학에서 독립해 나갔거나 그 학문에서 새롭게 뻗어나간 학문이라고 할 수 있다. 우리가 아는 모든 학문은 철학에서 나왔다 해도 과장이 아닐 것이다. 그렇기에 모든 학문들은 철학과 깊숙이 연결되어 있다고 말할 수 있다.

한문학과, 사학과는 동양사상들과 연관이 있다. 유교, 불교, 도교에 따라 건국이념 또는 풍수지리설로 인한 수도 천도 등 역사적 사건들이 있어났으며, 붕당이 생기기도 했다. 중국의 문화 아래에서 여러 가지 한자와 숙어 등이 생겨났기에 함께 공부하면 보다 나은 이해를 할 수 있다.

그렇다면 정치외교학과는 어떨까? 오랜 시간 동안 쌓여왔던 인간의 지혜인

유교, 불교, 도교 동양사상뿐만 아니라 플라톤, 아리스토텔레스 서양사상까지 철학과 두루 관련이 있기에 관련 직업을 가질 수도 있다.

Q 도교, 유교, 불교는 알겠는데 신유학은 어떤 학문인가요?

A 중국 송나라 때 발흥한 유가의 새로운 학풍을 일컫는 말로 이전 중국에 유행하던 불교의 선사상과 도교의 자연사상의 영향을 받았습니다. 하지만 신유학의 학풍, 즉 성리학은 북교와 도교의 철학사상을 재해석하고 이를 극복하려는 시도에서 비롯되었다고 할 수 있습니다.

Q 철학이 우리 사회에 어떤 도움을 주는지 궁금합니다.

A 먼저 상황을 정확하게 통찰할 수 있습니다. 두 번째는 비판적 사고의 핵심을 배울 수 있습니다. 세 번째는 같은 비극을 되풀이하지 않을 수 있습니다. (출처 : 철학은 어떻게 삶의 무기가 되는가)

Q 서울대에 '과학 철학'이라는 게 있는데 어떤 것을 배우나요?

A 철학 중에서도 과학과 관련된 철학을 배우는 학문입니다. 선진국에서는 중요한 과목으로 여기며, 과학의 각종 오류에 대해 지적해내는 전문적인 학문입니다.

핵심 키워드로 알아보는 역사학

역사는 하나의 흐름이다. 역사적 흐름에 따라 그 시대의 철학적 사상도 종교도 영향을 받는다. 우리나라는 옛날부터 서민들의 종교는 불교, 지배층들의 종교는 유교였다. 그렇기에 그와 관련된 미술작품, 시조 등 문학작품 또한 생기게 되었다. 수천 년을 이어져온 역사와 사상 때문에 관련법들이 제정되기도 한다. 또한 사학과는 한국사만을 다루는 것이 아니라 세계사 또한 다루기도 하는데 같은 한자문화권인 중국, 일본뿐만 아니라 영국 등 타국가의 사건들이 서로 영향을 주고받는다. 최근에는 바뀐 트렌드를 반영하여 역사 관련 영상이나 연극 등 다양한 버전으로 역사를 배우려는 노력이 계속되고 있다.

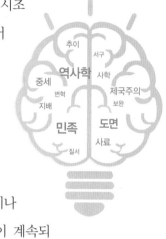

Q 고고학과와 사학과가 어떤 점이 다른지 궁금합니다.

A 사학과는 역사를 기록해 놓은 책, 사서를 연구하는 학문입니다. 역사에 관련된 '글'이라는 형태를 모두 연구하는 곳입니다. 두 번째로 고고학은 역사학과 비슷한 맥락의 학문을 탐구하는 것을 목적으로 합니다. 연구대상으로는 문자가 없던 시대인 선사시대를 연구하는 것도 포함된다는 점이 가장 큰 다른 점이라고 할 수 있습니다.

Q 사학과에 가게 된다면 어떤 과목을 배우게 되나요?

A 한국 근현대사, 한국 중세사, 한국 근세사, 서양 중세사 등 인간과 사회문제를 시간적 변화 속에서 분석해야 한다는 관점을 가지고 있습니다.

계열별 연계 도서와
동영상을 추천해주세요

철학계열 추천도서와 동영상

💬 추천도서

도서명	지은이	출판사
중관사상-불교일문총서 10	김성철	민족사
돼지가 철학에 빠진 날	스티븐 로 외	김영사
대학생을 위한 서양철학사-개정증보 3판	양해림	집문당
소피의 세계(합본)-소설로 읽는 철학	요슈타인 가아더 외	현암사
기호논리학	벤슨 메이츠 외	문예출판사
불교와 유교-성리학, 유교의 옷을 입은 불교, 카르마총서4	아라키 겐고 외	예문서원
윤리형이상학 정초	임마누엘 칸트 외	아카넷
철학하라-황광우와 함께 읽는 동서양 인문고전 40	황광우	생각정원
의지와 소통으로서의 세계-쇼펜하우어의 세계관과 아시아의 철학	이규성	동녘
스무 권의 철학	나이절 워버턴 외	지와사랑
인도불교사 1	에띠엔 라모뜨 외	시공사
청소년을 위한 서양철학사	서용순	두리미디어
칸트와 헤겔의 철학(반양장)	백종현	아카넷
불교의 중국 정복-중국에서 불교의 수용과 변용	에릭 쮜르허 외	씨아이알
아비달마불교	권오민	민족사

💬 K-MOOC 추천동영상

아리스토텔레스 철학

| 가톨릭대학교
2019/02/04 ~ 2019/05/19

서양철학산책

| 한동대학교
2019/03/07 ~ 2019/06/13

서양철학의 전통

| 가톨릭대학교
2018/08/27 ~ 2018/11/25

서양철학의 전통

| 가톨릭대학교
2019/02/25 ~ 2019/05/26

서양철학산책

| 한동대학교
2018/09/10 ~ 2018/12/21

당신의 삶을 위한 철학의 에피소드

| 연세대학교
2018/04/02 ~ 2018/07/27

💬 TED 추천 동영상

Will MacAskill
오늘날 우리에게 가장 중요한 도덕적 문제는 무엇일까요?

Posted Sep 2018

Puqun Li
선종의 '공안' - 여러분의 머리를 어지럽히는 풀 수 없는 불가사의

Posted Aug 2018

Raymond Tang
겸손한 태도를 비롯한 물의 철학이 주는 교훈

Posted Feb 2018

Eleanor Nelsen

메리의 방: 한 철학자의 생각 실험 |엘리노어 넬슨(Eleanor Nelsen)

Roger Antonsen

수학은 세상을 이해하는 비밀입니다.

Posted Nov 2016

Jonathan Haidt

분열된 미국의 치유는 가능한가?

Posted Nov 2016

💬 KOCW 추천동영상

1.

서양철학의 전통 ▶️

가톨릭대학교 | 박승찬 | 2011년 2학기

본 과목에서는 서양 철학의 형성과정을 주요 사상가들이 활동했던 시대의 변화와 함께 고찰함으로써, 철학이 해당시대의 문제점들을 어떻게 해결해 왔으며, 중요한 시대적 발전은 어떤 방식으로...

🔲 차시보기 | ➡️ 강의담기

2.

동양철학의 이해 ▶️ 🌐

충북대학교 | 정세근 | 2018년 2학기

🔲 차시보기 | ➡️ 강의담기

3.

논리와 비판적 사고 ▶️ 🌐

한국외국어대학교 | 김희순 | 2015년 1학기

오늘날 매체의 발달은 우리의 의견을 개진할 보다 많은 기회를 제공한다. 분별있는 사람이라면 하나의 의견을 지지하거나 반박할 때 그 의견을 위한 논증이 좋은 논증인지를 고려할 것이다. ...

🔲 차시보기 | ➡️ 강의담기

4.

인간의 본성에 관한 철학적 담론 ▶️ 🌐

한양대학교 | 정연재 | 2016년 2학기

인간 본성에 관한 근본 문제를 철학적 관점에서 접근함으로써 인간에 대한 다양한 이해를 도모

🔲 차시보기 | ➡️ 강의담기

역사학계열 추천도서와 동영상

💬 추천도서

도서명	지은이	출판사
사기열전1,2	사마천	민음사
역사란 무엇인가	E. H. 카	까치
백범일지	김구	돌베개
역사가의 시간	강만길	창비
유럽 문화사	도널드 서순	뿌리와이파리
한국인을 위한 중국사	신성곤	서해문집
토지	박경리	마로니에북스
종의 기원	다윈	사이언스북스
삼국유사	일연	민음사
역사	헤로도토스	숲
거의 모든 것의 역사	빌 브라이슨	까치글방
조선전쟁 생중계	정명섭	북하우스
역사소설, 자미에 빠지다	김병길	삼인
친일파는 살아있다	전운현	책으로보는세상
청소년을 위한 서양과학사	손영운	두리미디어

💬 K-MOOC 추천동영상

다시 찾는 조선의 역사와 인물

| 건국대학교
2019/09/01 ~ 2019/12/11

고전문헌과 역사문화Ⅱ

| 고려대학교
2019/10/07 ~ 2019/11/10

한국, 세계와 만나다:'조약'으로 보는 한국근대사

| 고려대학교
2019/04/01 ~ 2019/06/02

발해제국의 역사와 문화

한규철 | 경성대학교
2019/09/24 ~ 2019/12/31

역사와 문화 속의 인간

| 성신여자대학교
2019/03/04 ~ 2019/06/16

한국의 세계유산

장영숙 | 상명대학교
2019/03/04 ~ 2019/06/16

💬 KOCW 추천동영상

유럽사의 이해 ⚡

광주대학교 | 이영석 | 2014년 1학기

이 강의에서 학생들은 연대순으로 배우는 것이 아니고 유럽의 역사와 사회에서 필요한 몇 가지 경험을 이해한다. 이 강의는 두 부분으로 구성되어 있다. 하나는 프랑스와 독일, 영국과 프랑...

🖥 차시보기 | 📑 강의담기

한국사 ⚡

청주대학교 | 이미숙 | 2018년 1학기

🖥 차시보기 | 📑 강의담기

동양고대사 ▶

전남대학교 | 이성원 | 2015년 2학기

中國의 先史時代부터 秦漢代까지의 歷史를 개관한다. 문명의 태동, 초기왕조체제의 형성, 춘추전국시대의 변화상 그리고 秦漢제국의 출현 등의 제 역사적 과정을 이해한다.

▤ 차시보기 | ⤷ 강의담기

한국사 ▶ 📺

중앙대학교 | 한미라, 이대화 | 2017년 2학기

한국어 및 한국문화를 학습하는 외국인 학습자를 위한 한국 역사 강좌이다.

▤ 차시보기 | ⤷ 강의담기

역사 속 국제관계와 분쟁 ▶

성균관대학교 | 박재우, 하원수, 조성산, 최자명, 임경석, 유정애, 김민철, 이상동 | 2019년 2학기

역사 속 국제관계와 분쟁은 성균관대 사학과 전임교수진이 합동으로 개발한 총 8강의 강좌이다. 이 강좌는 오늘날 급변하는 국제정세, 특히 한일 갈등과 같은 국제분쟁에 대처할 수 있는 역...

▤ 차시보기 | ⤷ 강의담기

PART
5

사회계열
진로 사용설명서

대학에 들어가서
수강하는 과목

　사회과학대학에는 행정학과, 정치외교학과, 사회복지학과, 사회학과, 행정학과, 심리학과, 문헌정보학과, 신문방송학과, 지리학과, 경제학과, 경영학과, 미디어커뮤니케이션학과, 글로벌리더학부, 소비자학과, 아동청소년학과가 있다.

　이 중 문헌정보학과는 정보자원의 효율적인 관리를 위한 이론과 기법을 연구하는 학문이다. 정치외교학과는 정치학 이론에 기초하여 다양한 정치현상을 체계적이고 논리적으로 분석하며, 연구목적과 방법에 따라 정치 사상사와 정치현상에 대한 이론을 공부한다.

사회학과에서 수강하는 대표 과목은?

➡ 사회학

　사회학은 사람들이 사회에서 살아가는 생활방식을 분석하고, 사회구성원 간의 상호작용과 사회구조 등을 탐구함으로써 보다 나은 미래사회의 대안을 모색하는 공부를 하는 학과이다.

　사회복지학, 여성학, 신문방송학 등의 응용 학문의 기초라는 점에서 사회학과가 중요한 학문이라는 것을 알 수 있다. 사회와 인류, 철학과 신학, 역사를 중점적으로 한다면 대학에서 공부할 때에도 큰 도움이 될 것이다. 독립성, 분석적

사고, 혁신, 인내 등을 가지고 있거나 이러한 능력을 키운다면 누구나 사회학자
가 될 수 있다.

• 사회학은 왜 배우나 : 사회학은 사회에 속해 있는 우리의 삶과 행동에 대한
학문이다. 또 사회복지학, 여성학, 신문방송학, 정치외교학 등 응용 학문의 기
초라는 점에서 중요하다. 사회학과에서는 사회 각 분야의 다양한 현상과 문제
를 분석하는 데 필요한 이론과 방법을 공부한다. 따라서 정치학, 경제학, 법
학, 행정학 등 인접 학문에 대한 폭넓은 학습이 필요하다.
• 수업은 어떻게 진행되나 : 사회학의 성립과 발전에 기여한 일단의 사회학자들
(예컨대 Comte, Marx, Durkheim, Weber)의 학술을 소개하고, 그 학자들이 현
대사회학 이론의 형성과 발전에 어떠한 영향을 미쳤는가를 학습한다. 그리고
현대사회학 이론의 가장 중요한 관점이라 할 수 있는 기능론, 갈등론, 교환이
론, 상징적 상호작용론, 민속방법론 등에 대해 배운다.
• 진로는 어떻게 되나 : 우리 삶에 어우러져 있는 사회학을 배움으로써 우리 사
회가 과거에는 어떤 부분을 바탕으로 발전해 왔는지에 대해서 연구를 통해 지
금의 사회가 어떤 방향으로 발전해야 하는지에 대해 연구함으로써 사회학 연
구원이나 사회과학연구원이 될 수 있다.

➡ 문화사회학
문화사회학은 문화가 인간의 행위를 규제하는 각종 사회 제도 및 구조와 어
떻게 상호작용을 하는지 연구하는 사회학의 분과 학문 분야이다. 문화가 사회
제도나 구조의 질서 및 변동에 미치는 영향과 함께 사회 제도나 구조가 문화의
형성 변화에 미치는 영향을 다각도로 조명하는 사회학의 분과 학문으로 정의할
수 있다.

- 문화사회학은 왜 배우나 : 텍스트의 의미구조가 실제로 행위자의 행위로 수행되거나 제도적 형태로 발현되지 않으면, 문화의 관점에서 설명할 방법이 없는 경우도 발생하기 때문에 텍스트의 의미 구조가 존재한다고 해서 사회적 행위나 제도로 연계된다고 단언할 수 없다. 따라서 텍스트의 의미 구조에 대한 분석을 넘어서서 구체적으로 어떻게 사회적 행위로 수행되거나 제도의 형태로 발현되는지에 대해서 연구한다.

- 수업은 어떻게 진행되나 : 문화가 정치 과정에서 수행하는 다양한 역할(예 : 지배와 저항)을 중심으로 문화와 정치의 관계를 탐구한다. 즉, 일상생활, 국가, 세계 등 다양한 범주에서 이데올로기나 헤게모니 등과 같은 개념 분석을 통해 문화와 정치의 관계를 탐구한다.

- 진로는 어떻게 되나 : 사회뿐만 아니라 문화에 대해서도 통합적으로 배움으로써 어떤 방법이 이 지역을 발전시킬 수 있는지에 대해 연구하는 지역사회교육코디네이터가 될 수 있다. 그 문화에서 추구하는 트렌드를 찾아내 마케팅에 도움을 줄 수 있는 소비자 트렌드 분석가나 빅데이터전문가, 시장 및 여론조사 전문가가 될 수도 있다.

➡ 공공사회학

공공사회학은 국가·시장·시민사회 영역에서의 공공성에 주목하는 사회학 분야이다. 이 과목은 비판사회학과 정책사회학을 뛰어넘는 새로운 학문 분야로서의 공공사회학이 추구하는 목표와 비전, 그리고 방향을 소개하고 논의함으로써 공공사회학의 정체성을 확립하는 것을 목표로 한다. 공공사회학은 사회학 중에서도 특히 심리학, 인류학, 역사학 등 인접 학문 분야와 밀접한 관계를 맺고 있다.

- 공공사회학은 왜 배우나 : 인간 행위와 사회구조, 사회 질서와 사회 변화 사이의 상호작용을 탐구하는 학문으로서 사회학은 사회과학 분야의 지식을 제공하고 다양한 영역에 폭넓게 응용되어 삶의 질을 향상시키고 사회발전에 기여한다. 사회학은 사회현상에 대한 종합적 통찰력과 시각을 제공하기 위해 진취적인 생각과 날카로운 비판력을 키우는 학문이다.
- 수업은 어떻게 진행되나 : 단순히 서비스를 효율적으로 전달하는 것이 아니라 역사적으로 이데올로기와 밀접히 관련되어 있다. 역사적으로 나타났던 다양한 이데올로기들과 결합되어 각 나라들의 사회복지정책들은 꽤나 복잡한 모습들을 보인다. 이 과목은 이러한 다양한 사회복지정책들을 움직여 왔던 이데올로기들과 함께 복지국가 정책발전의 이념적 토대를 살펴보는 것을 중점적으로 공부한다.
- 진로는 어떻게 되나 : 사회학을 공부하는 학생들은 사회조사방법, 사회통계, 사회조사분석사 1, 2급의 자격증 취득이 가능하고, 사회학과 사회복지를 접목시켜 더 넓은 안목으로 사회복지의 더 다양한 분야에 진출할 수 있도록 진로의 폭을 넓혀주고 있다.

학교	학부 /학과명	전공 및 특이사항
서울대	사회학과	학과 내에는 여러 목표를 지닌 학회 및 연구모임이 결성되어 있고, 해마다 국내 고적답사가 실시되어 전문지식의 확대에 도움을 주고 있다. 아울러 격년제로 중국 및 일본 현지의 역사유적을 탐방하는 프로그램도 있어 국제적인 감각을 기르는 데 도움을 주고 있다. 이 프로그램 역시 앞으로 유럽과 미국 등지로 확대시켜 나갈 계획을 가지고 있다. 사학과의 졸업생은 대학원에 진학하여 학계와 교육계로 진출하는 외에, 역사와 문화에 관한 전문지식을 필요로 하는 언론기관, 연구소 및 기업 등 사회의 각 분야에 진출하여 활동하고 있다.

고려대	사회학과	고려대 사회학과는 국내 최대 규모의 학생 수를 자랑하며, 다양한 세부 분야의 뛰어난 교수진을 보유하고 있다. 사회학과는 세계화와 정보화의 급변하는 세계를 이해하고 대처하는 데 있어 사회학은 중요한 역할을 할 수 있다. 또한 한국사회는 압축적 고도성장의 시대가 저물어가면서 그동안 누적되어온 부작용과 새로운 사회문제의 등장으로 복합적 위기국면에 들어서고 있다. 저출산-고령화, 고용불안정에 따른 사회적 불안의 심화, 삶의 질과 환경에 대한 관심의 증대와 같은 전환기의 당면과제들은 다른 어떤 학문 분야보다 사회학의 적극적 역할을 필요로 하고 있다.
서강대	사회학과	서강대 사회학과와 연계되어 있는 사회과학연구소, 인문사회 분야 대학중점연구소로 선정되어 보다 더 폭넓은 연구를 할 수 있다. 뿐만 아니라 현대 사회과학이 지니는 다양한 접근방법에 입각하여 학제 간의 유기적 협력을 추구함으로써 사회과학 기초이론의 발전에 기여함과 동시에 현대사회 문제의 해결에도 적극적으로 공헌하고 있다. 또한 매년 2차례씩 사회학 콘서트를 통해 동문이 재학생들에게 자신의 전문 직종에 대해 소개하고 취업에 대한 상담을 적극적으로 제공하고 있다.
연세대	사회학과	사회학은 개인의 문제를 공적 이슈로 전환시키는 비판적 관점과 상상력을 제공하고, 다원적 민주사회에 필요한 성숙한 시민의식을 배양시키며, 다양한 자료를 과학적으로 분석할 수 있는 방법론을 습득케 하며, 단편적 현실을 체계적이고 깊이 있게 이해할 수 있도록 하는 다양한 이론을 제공한다. 또한 사회학뿐만 아니라 조직·산업·건강, 법·정책·시민사회, 문화 등 여러 요소를 통합적으로 배울 수 있다. 이를 통해 사회학 분야뿐만 아니라 여러 다양한 분야에 취업할 수 있다는 장점을 가지고 있다.
성균관대	사회학과	성균관대 사회학과의 교육프로그램은 다양한 커리큘럼과 소규모의 강좌를 특징으로 한다. 매년 학부/대학원 포함 38개의 강좌를 개설하고 있으며 소규모 수업들이 대다수여서 교수-학생 간의 상호작용 수준이 매우 높다. 정부의 대학원 육성 사업인 BK 1단계사업을 성공적으로 수행하였으며, 지난 3년간 사회학부 졸업생들의 취업률은 75%에 달하고 있는 등 꾸준히 성장하는 모습을 보인다.

심리학과에서 수강하는 대표 과목은?

심리학은 인간의 마음과 행동을 다루는 학문이다. 눈에 보이지 않는 인간의 마음을 직관이 아닌 과학적인 연구방법을 통해 분석하는 학과이다. 심리학은 기초 심리학과 응용심리학으로 나뉘어 있다.

심리학과에서 배우는 과목은 대학마다 조금씩 차이는 있겠지만 사회심리, 인지심리, 성격심리, 심리조사법 등을 배운다. 그리고 심리학과에서는 생리심리와 같은 생물과학에 대해서도 배우게 된다는 점을 알고 중·고등학교에서도 과학공부를 해주면 좋다.

➡ 아동심리학

출생에서부터 아동기에 이르기까지 연령단계에 있어서의 신체적·심리적 성장에 따르는 제반문제를 연구하는 학문으로서 아동심리학의 연구영역은 매우 방대하여 신체적·인지적·정서적·언어적 발달에 관계되는 모든 문제를 취급한다.

- 아동심리학은 왜 배우나 : 발달심리학의 한 부분으로서 아동 발달의 법칙을 찾아내고자 하는 이론적 연구와, 아동의 정신구조 및 발달 기제를 밝힘으로써 아동 교육의 과학적인 기초를 마련하고자 하는 실천적 연구로 크게 구분할 수 있으며 교육심리학에 특히 큰 공헌을 하고 있다.
- 수업은 어떻게 진행되나 : 유전, 신체발달, 지각발달, 인지발달, 언어발달, 정서발달, 사회발달 등을 다루며, 아동의 발달과정에 초점을 맞추어 수업한다.
- 진로는 어떻게 되나 : 아동의 발달과정을 토대로 공부를 해왔기 때문에 청소년 상담가나 전문상담사교사, 청소년지도사 등이 될 수 있다.

➡ 인지심리학

인간이 지식을 획득하는 방법, 획득한 지식을 구조화하여 축적하는 메커니즘을 주된 연구 대상으로 한다. 인공지능·언어학과 함께 최근의 새로운 학제적 기초과학인 인지과학의 주요한 분야를 배운다.

- 인지심리학은 왜 배우나 : 인간의 인지과정에 대응하는 구조와 원리를 하나하나 밝혀나가는 것이다. 정신활동이라는 특성상, 눈으로 직접 확인할 수 없기 때문에 수많은 가설과 실험을 통해 얻은 결과를 종합함으로써 그 내부 구조를 정확하게 그려내는 것이 인지심리학의 목표이다.

- 수업은 어떻게 진행되나 : 인지심리학은 앎에 관한 심리학 분야이다. 인지심리학에서는 인간의 주요 인지기능인 주의, 기억, 언어, 문제해결력, 창의력 등이 어떤 심리적 구조로 이루어져 있는가를 이해하고, 인지기능의 연구에 사용되는 주요 실험 방안을 살펴본다.

- 진로는 어떻게 되나 : 인지 과정은 두뇌의 물리적 특성에 의해 가능하며, 따라서 인지를 연구하는 인지 심리학은 자연히 물리학이나 생물학, 생리학에서와 같이 실험 및 가설 검증과 같은 과학적 방법을 사용해 연구하는 과학으로 심리연구원이 될 수 있다.

➡ 상담심리학

　상담심리학은 개인의 성장 욕구를 충족시키는 건설적인 측면을 강조하는 것이 특징이다. 상담 심리학은 성격, 발달, 진로 선택, 직업생활, 가족관계 및 부부관계 등 여러 분야에 적용되어 내담자의 발전적인 변화를 돕는다.

- 상담심리학은 왜 배우나 : 상담의 중요성이 높아짐에 따라 전문 상담자의 자격과 상담 기관의 설치 규정에 대한 연구가 최근 높은 관심을 받고 있다. 전문가 양성 기관, 준전문가 양성 기관의 실태 조사와 상담자를 교육하는 교육자의 양성, 자격 부여에 관한 연구도 그 필요성이 증가하고 있다.

- 수업은 어떻게 진행되나 : 학문적으로는 프로이트의 정신분석치료, 융의 분석심리, 아들러의 개인심리치료, 칼 로저스의 인본주의 심리치료, 앨리스(Albert

Ellis)의 합리적 정서치료, 인지행동치료, 펄스(Fritz Perls)의 게슈탈트 치료, 현실치료, 의사교류분석, 해결중심 단기치료, 가족치료 등을 배운다.

• 진로는 어떻게 되나 : 상담심리를 전공하면 대부분 심리상담 관련 직업을 갖는 경우가 많다. 세부적으로 말하면 정신보건사회복지사나 청소년 상담사, 직업상담사, 청소년지도사, 전문상담교사 등이 있다.

➜ 임상심리학

인간에 대한 이해를 통해 그들이 겪고 있는 정신장애나 심리적 문제를 평가하고 치료하는 것을 목적으로 하는 학문이다. 따라서 임상심리학은 지적, 정서적, 생물학적, 심리적, 사회적, 행동적 부적응과 더불어 불편함 및 장애를 이해하고 치료하는 원리와 방법, 절차 등을 다양한 내담자들에게 응용시키는 학문이라고 볼 수 있다.

• 임상심리학은 왜 배우나 : 임상심리학은 인간에 대한 이해를 통해 그들이 겪고 있는 정신장애나 고통의 심리적인 문제를 평가하고 치료하면서 인간에 대한 기본적인 전제를 중심으로 하는 여러 가지 이론과 치료법을 전쟁이라는 비일상적인 현실 속에서 겪게 되는 심리적 갈등이 심리학을 발전시켰다. 특히, 한국의 경우 6.25전쟁을 통해서 임상심리학이라는 학문이 발전하게 되었다.

• 수업은 어떻게 진행되나 : 부적응과 장애의 불편감을 이해하고 완화시키며, 인간의 순응과 적응 및 개인적 발달을 증진시키기 위해서 과학과 이론과 실천을 통합한다. 또한 다양한 문화권과 모든 사회경제적 수준에서 전 생애에 걸쳐 인간 기능의 지적, 정서적, 심리적, 사회적, 행동적 측면에 초점을 맞춰 수업한다.

• 진로는 어떻게 되나 : 임상심리학 분야에서는 박사 수준까지의 학위를 필요로

하는 경우가 많다. 따라서 학과 졸업 후 대학원 교육학과에 진학하여 상담심리학자가 되는 경우가 많다. 또는 학교 심리학자나 재활심리학자, 건강심리학자가 되는 경우도 있다.

정치외교학과에서 수강하는 대표 과목은?

➡ 한국정치

해방 이후 한국의 현대정치사를 역대 제1공화국부터 최근까지 각 행정부의 자유민주주의체제의 정치과정적 전개를 소개하는 개설적인 강의로 한국정치사의 주요 쟁점인 국가형성과 산업화, 권위주의와 민주적 이행 등을 동시에 다룬다.

- 한국정치학은 왜 배우나 : 정치발전에 대한 판단기준을 모색하고 사회변동과 정치발전의 상관관계를 근대화론, 저발전론, 종속이론, 제국주의 및 세계체제 이론 등을 이용하여 분석하면서 다양한 사례연구를 통해 정치발전 논의의 문제점과 발전방향을 알아본다.
- 수업은 어떻게 진행되나 : 한국정치의 주요 쟁점들, 예컨대 정치과정과 자유민주주의, 선거 및 헌정정치, 사회운동, 의회정치 및 거버넌스, 정치발전, 투표와 정치 참여 등의 제반 이슈들을 다루는 수업을 진행한다.
- 진로는 어떻게 되나 : 한국정치에 대해 여러 방향에서 공부하여 입법공무원이나 행정공무원, 법원공무원 등이 될 수 있다. 또는 과거 정치가 어떠한 방향으로 흘러갔는지에 대해서 공부한 뒤 정치평론가나 정치컨설턴트라는 직업을 가질 수도 있다.

➡ 국제정치

1815년 비엔나회의 이후 수립된 유럽협조 체제로부터, 제2차 세계대전 이후 형성된 냉전 체제를 거쳐 오늘날의 신국제질서의 등장에 이르기까지 세계 열강 간의 대립, 제휴, 전쟁 및 종맹의 원인들을 고찰함으로써, 시대별 국제정치체제의 성립과정에 대한 이해를 돕는다.

- 국제정치학은 왜 배우나 : 국가 간 접촉이 증대되면서 국가 간의 관계는 그 어느 때보다도 중요해졌다. 이는 정치 분야만 한정되는 것이 아니라 경제, 사회, 문화 등 다양한 분야에서 우리 실생활과 직접적으로 연관되어 있다. 변화무쌍한 국제무대에서 활약하는 여러분의 모습은 '국제정치'를 통해 좀 더 구체화될 것이다.
- 수업은 어떻게 진행되나 : 국제사회의 평화유지 및 국제협력을 위해 국제정치가 제도화되는 과정을 연구한다. 주로 국제연맹, 국제연합, 지역기구, 전문기구 등의 기원, 발전기능, 구조 등을 고찰한다.
- 진로는 어떻게 되나 : 국제정치에 대해 공부하면서 국제사회가 우리나라 경제와 정치 상황에 어떠한 영향력을 미칠지에 대해서 연구하는 국제정치연구원이나, 이외에도 국제회의 기획자, 국제기구종사자, 정치학연구원 등이 될 수 있다.

➡ 비교정치

이 분야는 정치학의 방법론에 대한 연구, 그리고 정치 체제, 민족국가의 형성, 정치발전, 근대화, 국가의 역할, 정치과정, 정치변동, 공공정책 결정 등이 세계의 여러 나라들 간에 어떤 공통점과 차이점을 보이는지에 관해 공부하며, 특히 '제3세계'라 불리는 나라들을 다루고 있다.

- 비교정치학은 왜 배우나 : 비교정치연구의 의의와 목표를 식별하고, 사상적 원류를 탐색한 후 구조 기능주의적 접근, 문화정치학적 접근, 제도론적 접근, 정치경제학적 접근 등 다양한 비교정치학의 연구방법과 개념들을 체계적으로 공부하면서 동시에 사례 연구를 통해 비교정치론의 현실적 유용성을 습득한다.
- 수업은 어떻게 진행되나 : 이 과목은 사회과학과 정치학에서 무엇을, 왜, 어떻게 '비교'하는가를 이해시키고, 세계의 여러 나라들은 왜 그리고 어떻게 서로 다른 또는 유사한 정치 체제와 제도를 발전시켜 왔는가를 설명하는 다양한 이론들을 소개한다. 근·현대의 유럽, 남미, 그리고 동아시아에서의 경제발전과 정치발전, 권위주의의 등장과 붕괴, 자유화와 민주화 등에 관한 문헌들을 학습한다.
- 진로는 어떻게 되나 : 우리나라 정치뿐만 아니라 다른 나라들의 정치를 분석하여 어떻게 정치제도를 발전시켰으며, 어떠한 점이 좋았는지를 판별하여 주는 정치학연구원이나 정치여론 조사전문가 등이 될 수 있다.

학교	학부/학과명	전공 및 특이사항
서울대	정치외교학과	외교학전공의 교육목표는 국제정치학도로서 전문지식과 실천능력을 제고하는 데 있다. 따라서 교육과정도 사회과학 전반의 틀 안에서 국제정치학의 제 분야를 체계적으로 공부할 수 있도록 짜여 있다. 우선 〈국제정치학개론〉, 〈한반도와 국제정치〉, 〈외교론〉 등의 기초과목을 통해 국제정치현상의 이해를 위한 기본 인식틀을 갖추고, 국제관계 속 한국의 문제를 살펴보려는 의식을 키운다. 또한 〈국제관계사개설〉, 〈한국외교사〉 등의 강의로서 국가 간 관계의 흐름에 대한 지식과 비판적 사고능력을 배양한다. 이를 토대로 국제관계의 여러 현상을 분석하고 설명할 수 있도록 〈국제정치이론〉, 〈국제정치사상〉, 〈국제정치경제론〉, 〈국제문화론〉 등의 강좌에서 제반 이론과 접근법을 습득한다. 나아가 〈한국외교정책론〉, 〈미국과 국제관계〉, 〈중국외교정책론〉, 〈러시아 국제관계론〉, 〈일본과 국제관계〉 등의 과목으로 한반도 주변국들의 외교정책을 살펴보고, 아울러 전쟁과 평화, 민족주의, 개발과 원조, 지역주의와 연방제, 국제커뮤니케이션과 사이버 안보공간 등 국제정치주체의 상호작용 과정에서 발생하는 여러 이슈들을 심도 있게 다룬다. 이와 같은 교육내용을 토대로 외교학전공 학생들은 성숙한 국제정치학도로서의 자질을 연마하게 된다.

고려대	정치외교 학과	지난 60여 년 동안 학문 연구와 사회활동에서 많은 업적을 쌓아온 고려대학교 정치외교학과는 21세기에도 시대적 변화에 부응하고 한국 정치학의 발전을 선도하기 위해 부단한 노력을 경주하고 있다. 본 학과는 정치학이 사실이나 현상에 대한 연구뿐만 아니라 규범적인 측면에 대한 이해를 도모하는 것이기도 하다는 전제하에 〈정치사상〉, 〈비교정치〉, 〈국제정치〉 분야에 관한 구체적, 체계적, 유기적인 교육 및 연구를 지속해왔다. 특히 삶의 가치와 권리가 보장될 수 있는 우리 사회의 이상적인 정치제도와 질서 및 역동적인 국제정세와 다양한 이슈 등에 대한 이론적 고찰과 실천적 방안 모색에 주력해왔고, 이미 그 성과를 널리 인정받고 있다. 본 학과는 우수 연구인력 및 정책전문가 양성면에서도 많은 성과를 이룬 결과, 졸업생들은 학계, 정계, 관계, 외교 및 국제기구 관련부처, 재계, 언론계, 시민단체 등에서 활발한 활동을 수행하고 있다.
한양대	정책학과	2009년도에 한양대학교에 law school이 생겨나면서 법학과가 사라지게 되고, 좀 더 변화하는 시대에 발맞추어 나가기 위해 다양한 학문을 융합하여 공부할 수 있는 인재를 만들어 가기 위해 정책학과가 신설되었다. 정책학과는 철학적 바탕 위에 정치학, 경제학, 법학 등 사회과학의 핵심적 과목들을 융합하여 교육함으로써 다양한 각도로 세상을 바라볼 수 있는 융합형 인재의 양성을 목표로 하고 있다. 또한 정책학과는 옥스퍼드대학의 오랜 전통인 PPE(Philosophy, Politics, Economy)과정에다 법학(Law)을 접목시킨 한양대만의 독창적인 융복합 과정으로서(PPEL) 학생들에게 현대 사회를 움직이는 지식, 권력, 경제를 상호 연계하여 이해시키고자 노력하고 있다. 이를 통해 고위공무원과 법조인 등 공공엘리트를 양성하여 국가와 사회에 기여하려는 것이 정책학과의 기획이고, 이제 그 꿈은 현실로 다가오고 있다.
연세대	정치외교 학과	정치현상을 과학적으로 탐구·이해하여 정치 및 외교 분야에서 활동할 수 있는 전문인력 양성을 목표로 하고 있다. 정치학 일반에 대한 이론과 실제를 교육하고 특히 날로 급변하는 국내외의 문제를 연구함으로써 장차 이 나라 각 분야에서 활약할 인재를 양성하는 데에 있다. 본 학과의 교육목적은 정치현상을 과학적으로 탐구, 이해할 수 있는 다양한 방법론과 이론을 체계적으로 습득하도록 하여 연구자는 물론 실제 정치 및 외교 분야에서 활동할 수 있는 전문인력을 양성하는 것이다. 따라서 학부의 교육과정에서 정치적 현상과 관련된 사안을 예리하게 통찰하고 분석할 수 있는 전문능력과 폭넓은 식견을 구비할 수 있도록 교육의 방향과 목표를 정하고 있다. 이러한 교육목적을 효과적으로 달성하기 위하여 국가 내부의 정치적 현상뿐 아니라 국가 간 관계와 관련된 기존 이론들을 비판적 관점에서 검토하며, 아울러 새로운 이론의 소개와 탐색에 노력을 아끼지 않고 있다.
서강대	정치외교 학과	많은 사람들이 정치외교학 전공자들을 두고 정치가나 외교관의 모습을 떠올리곤 한다. 물론 정치가나 외교관이 되기 위해서는 해박한 정치외교학의 지식이 필요하다. 하지만 정치외교학은 단순히 정치가나 외교관이 되기 위한 학문만은 아니며, 언제나 그런 현실정치만을 대상으로 하는 것도 아니다.

서강대	정치외교학과	실제로 우리의 일상 곳곳에서도 정치외교학의 대상을 어렵지 않게 발견할 수 있으며, 또 정치외교학으로 일상을 분석하는 새롭고 흥미로운 시도 또한 언제든 이루어질 수 있다. 개인과 집단, 집단과 집단, 그리고 개인과 개인의 관계에 이르기까지, 수많은 현상들을 정치학의 기본 분석 개념이라고 할 수 있는 '권력'을 통해 해부함으로써, 인간이 보다 나은 삶을 추구하기 위해 어떤 변화와 방안이 필요한지를 발견할 수 있게 되기 때문이다.

졸업해서
나아갈 수 있는 분야

연구원 분야

➡ 사회학 연구원

❖ **사회학 연구원이라는 말만 들어서는 사회에 대한 공부를 하는 건지 아니면 어떤 것을 배우는지 잘 모르겠습니다. 정확하게 사회학 연구원이 하는 일은 무엇인가요?**

인간 집단의 행동, 발달, 구조 및 사회 집단생활에서 발생하는 사회조직 및 사회적 상호작용 등을 연구하고 사회적 문제들에 대한 해결 방법 및 정책적 대안 등을 탐색하는 일을 담당하고 있습니다.

❖ **앞으로 이 직업의 전망은 어떤가요?**

긍정적인 측면에서 살펴보면, 급변하는 사회 환경 속에서 미래를 예측하고 이를 준비하기 위한 사회과학 분야의 연구는 어느 정도 활성화될 것으로 예상되고 있습니다. 하지만 대학부설연구소의 경우는 고용형태가 불안정하다는 단점이 있기도 합니다.

→ 소비자트렌드분석가

❖ 소비자트렌드분석가가 하는 일은 무엇인가요?

소비자의 구매패턴 변화를 분석해 소비재 시장의 현황과 상황의 변화를 파악합니다. 소비자의 행동 및 심리와 시장 환경을 분석해 소비트렌드를 예측하고, 이를 토대로 소비자의 요구에 부합될 수 있는 상품을 기획합니다. 이를 위해 주로 소비자의 행동과 태도의 변화를 조사하는데요, 성, 연령, 경제상황, 학력, 거주지 등 주요 소비자군의 행동변화 및 사회경제적 변화, 정치상황의 변화, 기술의 발달 등이 소비자의 행동에 미치는 영향을 분석합니다.

❖ 소비자트렌드분석가가 되기 위해 어떤 것을 준비해야 하나요?

소비트렌드분석가는 조사전문가의 한 종류로 대학에서 소비자학, 심리학, 행동경제학 등을 전공하는 경우가 많습니다. 소비자의 구매패턴 변화를 분석할 때 주변 환경적인 변수도 같이 고려해야 하므로 실증적인 연구방법에 대한 지식과 기술이 있어야 합니다. 자격요건으로는 한국소비자업무협회에서 시행하고 있는 소비트렌드전문가 자격인증 제도가 있습니다.

❖ 앞으로 이 직업의 전망은 어떤가요?

서울대 소비트렌드분석센터에서 매년 발간하고 있는 『트렌드 코리아』는 마케팅 및 사회 전반에 큰 반향을 불러일으키는 주요 보고서가 되었습니다. 주요한 소비 가이드로서의 역할을 톡톡히 하고 있는 『트렌드 코리아』는 소비자와 그 성향을 분석하는 것이 사회 전반의 현상을 이해하고 전망하는 데 중요한 요인이 된다는 것을 반증하고 있습니다.

➜ 빅데이터전문가

❖ 빅데이터전문가가 하는 일은 무엇인가요?

분석목표에 따라 빅데이터의 분석방법을 기획하고 대용량의 데이터를 처리하는 플랫폼을 활용하여 데이터를 처리하고 분석합니다. 실시간으로 데이터를 수집·저장·분석하고 시각화하여 의미 있는 분석결과를 도출합니다. 빅데이터와 관련된 새로운 기술, 유행, 트렌드 등을 수시로 파악합니다.

❖ 빅데이터전문가가 되기 위한 필요 기술·지식은 무엇인가요?

빅데이터전문가가 되기 위해서는 빅데이터를 활용하기 위한 고도의 지식과 기술이 필요합니다. 대학에서 통계학 또는 컴퓨터공학, 산업공학 등을 전공하면 기술적인 베이스를 갖추는 데에 도움이 됩니다. 경영학이나 마케팅 분야의 지식과 경험을 쌓아두면 기술적인 베이스와 융합해 시너지 효과를 발휘할 수 있습니다. 빅데이터전문가는 드러난 수치를 단순하게 나열하는 연구를 하는 것이 아니기 때문에 경영학이나 마케팅 분야의 지식이나 경험과 관련이 깊습니다. 인문학 전공자라면 통계학을 추가로 공부하면 됩니다.

❖ 앞으로 이 직업의 전망은 어떤가요?

향후 5년간 빅데이터전문가의 고용은 증가할 전망입니다. IDC에 따르면, 2017년 국내 빅데이터 및 분석 시장은 전년 대비 9.9% 성장하며, 1조 3,116억 원 규모에 이를 것으로 전망됩니다. 또한 이 시장은 2020년까지 연평균(CAGR) 9.4%의 성장세로 2020년 1조 7,619억 원 규모에 달할 전망입니다. 또한 빅데이터는 관련 서비스, 소프트웨어, 하드웨어 등에 대한 파급효과가 큽니다. 경영학, 통계학, 컴퓨터공학 등 다양한 분야의 협업이 전제가 되어야 한다는 점에서도 발전 가능성이 큽니다.

➡️ 심리학연구원

❖ 심리학연구원이 하는 일은 무엇인가요?

인간에 관한 실험과 관찰을 계획하고 수행하며, 정신 및 육체적 특징을 측정하고 정신이상 교육과정에서의 심리학적 문제, 아동의 사회발전, 직업상담, 교육 등의 분야에서 심리학적 이론을 응용하여 방안을 제시하는 일을 합니다.

❖ 심리학과를 진학하게 되면 어떠한 직업을 가질 수 있나요?

심리학 연구원, 직업상담 및 취업알선원, 상담전문가, 음악치료사, 광고기획자 등이 있습니다.

❖ 심리학 연구원 종류가 많은데 좀 더 자세히 알려주세요.

전문적으로 연구하는 분야에 따라 달라질 수 있습니다. 예를 들어 교육심리학연구원, 발달심리학연구원, 사회심리학연구원, 산업심리학연구원 등이 있습니다. 심리학 전공을 선택한 이후에 차차 자신에게 맞는 과목에 따라 전공을 좀 더 구체적으로 결정하면 좋을 것 같습니다.

❖ 앞으로 이 직업의 전망은 어떤가요?

현대사회에서 국민의 정신보건에 대한 중요성이 강조되고, 인사 선발과정, 인사컨설팅, 청소년 진로 개발 등의 분야에서도 심리검사 사용 빈도가 증가할 것입니다. 따라서 심리학연구원의 고용은 다소 증가할 것으로 생각됩니다.

➜ 정치여론조사전문가

❖ 정치여론조사전문가가 하는 일은 무엇인가요?

조사 방법론을 확립하고 여론조사나 설문지와 같은 자료수집 방식을 설계합니다. 잠재적 및 장래의 경향을 평가하기 위해 사회 또는 경제조사를 수행합니다.

❖ 앞으로 이 직업의 전망은 어떤가요?

향후 5년간 시장 및 여론조사전문가의 고용은 현 상태를 유지할 것으로 전망됩니다. 제품과 서비스에 대한 기업 간 경쟁이 심화되고, 고객 중심의 신제품 개발과 마케팅 전략이 중요해지면서 마케팅 조사에 대한 수요가 증가할 것입니다. 또한 국내 대기업의 해외진출이 활발해지면서 해외 소비자와 해외시장을 이해하기 위한 마케팅조사도 늘어나고 있습니다.

❖ 정치여론조사전문가는 어떤 전공과 관련이 있나요?

정치여론조사전문가가 되기 위하여 정치외교학과를 졸업하는 것이 필수적인 것은 아닙니다. 가장 중요한 제반 지식은 여론조사를 준비하고 분석할 수 있는 능력이기 때문에 직접적으로 도움이 되는 학과는 통계학과, 경영학과, 경제학과 등일 것입니다. 다만 정치외교학과 전공으로서 정치와 관련한 제반 지식과 센스가 있다면 확실히 취업할 때에 가산점을 받게 됩니다.

공공 분야

→ 프로파일러(범죄심리전문가)

❖ 프로파일러가 하는 일은 무엇인가요?

프로파일링이 갖는 사전적 의미인 윤곽을 그리는 것과 같이 사건의 윤곽을 그리는 사람이 바로 프로파일러입니다. 우리나라 말로는 범죄심리분석관이라고도 합니다. 수사요청을 받은 프로파일러는 사건현장에 출동해 범죄자가 어떻게 범행을 준비했고, 어떻게 범죄를 저질렀는지, 시신은 어떻게 처리했는지 등 일련의 범죄과정을 과학적으로 재구성하고 이를 통해 범행동기와 용의자의 특징 등을 분석하고 그 특징을 토대로 은신처나 도주경로를 예측하기도 합니다.

❖ 프로파일러가 되기 위해 어떤 것을 준비해야 할까요?

프로파일러가 되기 위해 심리학과 사회학을 전공하는 것이 유리하며, 석사 이상의 학위를 소지한 사람들이 우선 대상입니다. 특채로 합격하면 경찰학교에서 6개월간 교육을 받은 뒤 지방청 과학수사계 등에 배치됩니다. 보통 국립과학수사연구소는 박사학위가 요구되며, 경찰청은 관련 분야 사회학, 임상심리학 등 석사 이상으로 구성되어 있습니다.

❖ 앞으로 이 직업의 전망은 어떤가요?

경기침체와 양극화 등 사회불안이 심해질수록 강력범죄와 증거를 찾기 힘든 지능범죄가 늘어나므로 프로파일러의 범죄심리 분석 업무의 필요성도 크게 증가하고 있습니다. 때문에 경찰청에서는 연쇄 강력범죄나 지방청 2곳 이상이 연계된 사건, 기타 사회적 이목이 쏠린 사건 등 '긴급사건'이 터지면 무조건 프로파일러를 현장에 출동시켜 수사에 참여하기로 방침을 정하기도 했습니다. 하지만 프로파일러가 일할 수 있는 부서가 한정되어 있기 때문에 전문적인 자격과 실력을 갖추어야만 프로파일러로 활동할 수 있습니다.

➡ 자살예방상담가

❖ **자살예방상담가가 하는 일은 무엇인가요?**

자살시도자에 대한 지속적인 돌봄서비스, 사후관리 등을 통해 재발 방지하고, 경찰이나 소방관, 응급의료팀과 함께 자살 위기 현장으로 응급출동하게 돕습니다.

❖ **앞으로 이 직업의 전망은 어떤가요?**

우리나라는 자살률 세계 1위라는 오명을 덜고 건강한 사회를 만들기 위해 자살예방에 대한 상담이나 교육에 대한 수요는 지속적으로 늘어날 것으로 예상됩니다. 국가적으로도 사회안정망 구축의 일환으로 사회적으로 관심이 많은 자살률을 줄이기 위해 노력하고 있다는 점에서 이를 예방하고 상담, 관리하는 인력이 계속 필요할 것으로 보입니다.

❖ **자살예방상담사는 어떤 전공과 관련이 있나요?**

심리학과에서 배운 과목들이 많은 도움이 됩니다. 사회 심리학, 인간 행동과 사회 환경, 상담 심리 등, 배운 것들을 활용하여 임상활동을 할 수 있습니다.

→ 약물중독(예방)상담사

❖ 약물중독상담사가 하는 일은 무엇인가요?

알코올 의존 및 남용자에 대한 재활훈련 지원 및 의료연계서비스를 정신건강 전문가나 의료전문가와 함께 제공하고, 약물 의존성 정도에 대한 평가 및 치료 계획을 수립합니다.

❖ 앞으로 이 직업의 전망은 어떤가요?

최근에는 여러 가지 분야에서의 중독이 사회적 이슈가 되고 있으며, 알코올, 마약과 같은 약물(물질)중독은 비교적 오래전부터 알려진 중독으로 심각한 사회문제로 인식되고 있습니다. 알코올 중독의 경우 다른 사고로 이어지는 경우가 많아 사전 관리와 예방이 더욱 중요합니다. 또한 우리나라는 현재 UN이 지정한 마약청정국이지만 국내 마약 사범은 꾸준한 증가세를 보이고 있습니다.

❖ 약물중독상담사는 어떤 전공과 관련이 있나요?

인간의 행동과 사고에 관한 연구인 심리학을 전공한다면, 약물중독예방상담사로서 제 역할을 수행하는 데에 도움이 될 것으로 보입니다. 이 때문에 이 분야에서 활동 중인 사람 중에는 심리학 전공자가 다수이며, 학부에서 다른 학문을 전공한 사람의 경우 부가적으로 심리나 상담과 관련한 공부를 더 하기도 합니다.

→ 국제범죄전문가

❖ 국제범죄전문가가 하는 일은 무엇인가요?

수사가 필요할 경우 수사권을 가진 검찰 및 경찰 등 관련 기관에 수사를 의뢰·지원하고, 국제범죄 상담센터를 운영하여 관련 범죄에 관한 상담 및 신고 접수를 합니다. 국제범죄조직의 국내 불법행위 관련정보를 수집하고 차단합니다.

❖ 앞으로 이 직업의 전망은 어떤가요?

21세기에 들어 정보통신기술 및 교통수단의 발달로 국제범죄가 지구촌 전역으로 확대되고 있으며, 마약, 위조화폐, 밀수 등 전통적인 국제범죄는 물론 금융사기 등 새로운 유형의 범죄들이 속속 나타나고 있습니다. 그 내용도 매우 다양화됨에 따라 주변국들의 국제범죄조직이 우리나라에 진출하는 등 국제범죄는 앞으로도 늘어날 것으로 예상됩니다.

❖ 국제범죄전문가는 어떤 전공과 관련이 있나요?

외사경찰 역시 경찰 공무원의 일종이므로 전공에 특별히 제한이 있다거나 전공 관련성이 큰 편은 아닙니다. 다만 우선 외국어에 능통해야 하므로 각 언어와 관련된 학과를 나오는 것이 가장 유리할 것으로 생각됩니다. 그 중에서도 아랍어, 우즈벡어, 네팔어 등 생소한 언어를 전공하는 경우 경쟁자가 적을 것이므로 도움이 될 것입니다.

➡ 국제공무원

❖ 국제공무원이 하는 일은 무엇인가요?

제각기 자기 나라 국적을 가지고는 있지만 국제조직에 근무하는 직원으로서 국가적 입장을 떠나 국제조직에 봉사하고 국제기구에서 전 세계 사람들을 위해 자신이 속한 기구의 설립 목적에 맞게 경제, 환경, 식량 등 지구가 당면한 문제들을 해결하기 위한 업무를 수행합니다.

❖ 앞으로 이 직업의 전망은 어떤가요?

국제기구는 국제기구의 성격에 따라서 회원국별로 인원이 할당되어 있습니다. 우리나라는 급성장한 경제성장으로 국제사회에서 차지하는 위상이 높아지고 있으며, 이로 인해 국제기구에 할당되어 있는 분담률이 조금씩 상승하고 있습니다. 하지만 경쟁이 치열하고 오랜 경력이 필요한 직업이기 때문에 일자리가 크게 증가하지는 않을 것입니다.

❖ 국제공무원은 어떤 전공과 관련이 있나요?

유엔난민기구에는 다양한 학력과 전공 출신자들이 함께 일하고 있습니다. 단 국제기구라는 곳이 지구가 당면한 여러 문제들을 해결하기 위한 업무를 맡는다는 점에서 비추어 볼 때, 세계의 역사적·정치적 흐름과 인간들의 결집체인 사회의 속성을 이해할 수 있는 방법을 배우는 정치외교학은 추천할 만한 전공이라고 생각됩니다.

사기업 분야

➡ 미디어콘텐츠제작자

❖ 미디어콘텐츠제작자가 하는 일은 무엇인가요?

광고기반 플랫폼에 개인의 영상 콘텐츠를 제작하여 업로드하고 이를 통해 수익을 창출하는 일을 합니다. 기획안 구성부터 연출, 촬영, 편집 등을 종합적으로

소화하기 때문에 PD, 배우, 작가의 역할이 총망라되어 있다고 할 수 있습니다. 기존 지상파 방송과는 달리 제작과정이 축약되어 있기 때문에 리허설 등의 연습은 생략하는 경우가 많고 실제 촬영에서 대사나 연출 방법 등을 바로 수정하여 촬영하는 편입니다.

❖ 미디어콘텐츠제작자가 되기 위해서 어떤 준비를 하면 되나요?

자신만의 개성이나 색깔을 가진 콘텐츠를 영상으로 제작해 공유하고자 하는 사람이라면 누구든지 도전해볼 수 있습니다. 구독자와 영상 조회 수를 늘리는 등 자신의 콘텐츠를 홍보하고 이를 통해 광고수익을 올려야 하므로, 많은 사람들이 공감할 수 있는 콘텐츠를 가진 사람에게 적합합니다. 무엇보다 새로운 콘텐츠에 대한 호기심이 많아야 하고, 인기 콘텐츠를 면밀히 분석해서 적용하기 위한 남다른 노력이 필요합니다.

❖ 미디어콘텐츠제작자에 적합한 사람은 어떤 사람인가요?

자신의 콘텐츠를 홍보하고 이를 통해 광고수익을 올려야 하므로, 많은 사람들에게 호소할 수 있는 특별한 콘텐츠를 가진 사람이 적합합니다. 요즘에 핫하게 뜨고 있는 유튜브나 인스타그램에서 활동할 수 있습니다.

❖ 앞으로 이 직업의 전망은 어떤가요?

모바일 환경이 좋아지고 새로운 영상 콘텐츠에 대한 사람들의 욕구가 커지면서 많은 구독자를 가진 예비 창작자들이 늘어나고 있습니다. 수요의 증가에 따라 대기업의 사업 참여 등으로 인해 활동의 장이 더욱 확대될 것으로 전망됩니다.

➔ 국제회의기획자

❖ 국제회의기획자가 하는 일은 무엇인가요?

우리나라의 국제회의에 참가하는 외국인들과 물론 내국인도 마찬가지고요. 그분들이 편안하게 회의를 참여할 수 있고 회의가 성공적으로 개최할 수 있도록 옆에서 조언을 해주는 조언자의 역할입니다.

❖ 국제회의기획자가 갖추어야 하는 자질은 무엇인가요?

정적인 마인드가 가장 중요하며, 배려와 긍정적인 마인드를 갖고 있어야 합니다. 물론 외국어 실력은 기본으로 갖춰져 있어야 합니다. 또한 치밀하게 계획하고 실행할 수 있는 능력이 중요하다고 생각합니다.

❖ 앞으로 이 직업의 전망은 어떤가요?

6월 초에 발표된 세계국제회의연합(UIA) 통계에 의하면 우리나라는 2012년 국제회의 개최 건수 5위를 달성했습니다. 총 개최 건수는 563건이고 정부에서 많은 지원을 해주고 있기 때문에 앞으로도 비전이 밝다고 생각됩니다.

➔ 해외영업원

❖ 해외영업원이 하는 일은 무엇인가요?

해외 시장에 판매할 상품의 영업 전략을 수립하기 위해 상품의 각종 특성 및 원가, 사업성을 분석하여 합리적인 의사결정을 위한 상품 분석보고서를 작성합니다. 또한 상품의 해외 판매를 위하여 목표시장 진입전략, 시장 유지전략, 경쟁전략 및 각종 위기관리계획을 수립합니다.

❖ **해외영업원이 갖추어야 하는 자질은 어떻게 되나요?**

해외영업원이 되기 위해서는 고졸 이상 또는 전문대졸 이상의 학력을 갖추어야 합니다. 특히 해외영업원은 외국어 실력이 요구되므로 관련학과나 학원에서 외국어과정을 수강하는 것이 취업에 유리합니다. 이외에도 취업 후에는 지속적으로 능력개발을 위해서 회사의 내·외부에서 훈련을 받게 되는데 영업능력향상과정 등의 과정이 기업체나 훈련기관에 개설되어 있습니다.

❖ **앞으로 이 직업의 전망은 어떤가요?**

향후 5년간 해외영업원의 고용은 다소 증가할 전망입니다. 해외영업원의 고용은 글로벌 경제 환경과 국내 기업의 적극적 해외 진출에 영향을 받습니다. 기존에 내수시장에만 머물러 있던 기업들도 해외시장을 적극 공략하고 있기에 해외영업원이 증가할 것입니다.

➡ 병무행정사무원

❖ **병무행정사무원이 하는 일은 무엇인가요?**

병역법에 의거하여 징·소집 대상, 병역대체복무자, 병력동원대상 등 병역자원을 관리합니다. 산업기능요원 채용 업체를 지정하고 관리하는 등 병역대체복무자를 편성·관리합니다. 병역 의무자의 국외여행 및 국외체제 시의 허가 및 병적증명서, 복무확인서 발급 등의 업무를 수행합니다.

❖ **병무행정사무원이 갖추어야 하는 기술이나 지식이 있나요?**

병무행정을 관할하는 국방기구는 병무청인데, 병무청은 국방부 산하의 행정기관으로 병역의무자에 대한 징집·소집 및 전시병력 동원 등 의무부과와 향토

예비군의 편성·관리, 산업기능인력의 지원, 병역의무자 국외여행허가 등을 주요 임무로 하고 있습니다. 국가공무원을 선발할 때 지원 후 합격해서 병무청에 배치되어야 병무행정사무원이 될 수 있습니다.

❖ **앞으로 이 직업의 전망은 어떤가요?**

향후 병무행정사무원의 고용은 현 상태를 유지할 전망입니다. 군대에 가야 되는 병역자원을 관리하고 병역 의무자에게 징집 및 소집 등 병무행정 업무를 계획하고 시행하는 병무행정공무원은 공무원으로서 현 상태를 유지할 가능성이 높습니다.

➡ 교통심리전문가

❖ **교통심리전문가가 하는 일은 무엇인가요?**

교통안전 관련 연구를 수행 후, 경찰청이나 국토교통부 등에 교통 정책으로 제안하고, 교통로, 교통 흐름, 신호와 표지 따위의 교통시설, 교통기관 및 그 이용자 등에 대한 연구를 수행합니다.

❖ **앞으로 이 직업의 전망은 어떤가요?**

국내의 경우, 교통심리학의 영역이 교통의 흐름, 신호와 표지 따위의 교통시설, 교통기관 및 그 이용자들의 행동양식에 대한 연구 등으로 확대됨에 따라 수요가 있었으나, 현재는 공급이 수요보다 많은 상황입니다. 하지만 교통선진국인 독일의 경우, 교통법규 위반자는 여러 명의 교통심리전문가들로부터 정밀한 심리테스트를 거치게 되는데 이러한 제도가 국내에 도입된다면 많은 일자리가 창출될 수 있습니다.

❖ 교통심리전문가는 어떤 전공과 관련이 있습니까?

심리학이 가진 특성 중 하나는 어떤 현상을 객관적이고 과학적으로 검증할 수 있는 방법론과 통계적소양인데 이는 기초가 되는 부분들입니다. 또 이 일은 자동차와 도로를 이용하는 주체인 사람에 대한 이해가 필요합니다. 심리학은 인간에 대한 이해를 다루는 학문이니 일을 하는 데 도움이 됩니다. 추가적으로 사람들의 행동을 변화시킬 수 있는 설득 메시지를 전해야 할 때는 사회 심리학이 도움이 됩니다.

➡ 스포츠심리상담사

❖ 스포츠심리상담사가 하는 일은 무엇인가요?

심리적인 지원을 통해 스포츠 선수들의 경기력 향상에 도움을 줍니다. 또한 팀 의사소통 등 팀 조직 관리 및 훈련 및 경기 분석을 통해 훈련 효과를 높이는 방안에 대한 컨설팅을 해줍니다.

❖ 앞으로 이 직업의 전망은 어떤가요?

사회적으로 건강에 대한 인식이 새롭게 부각하면서 건강운동심리학의 중요성이 점차 증가하고 있습니다. 이에 따라 정부 산하의 센터들은 계속 늘어나며, 채용 인원도 늘어날 예정입니다. 스포츠심리와 연계한 사설 기관들도 증가추세이며 프로선수가 개별적으로 상담을 원하는 경우도 많은 것으로 나타나, 스포츠심리상담사의 수요 증가도 기대해볼 수 있습니다.

❖ 스포츠심리상담사는 어떤 전공과 관련이 있나요?

스포츠심리학은 응용심리학이니, 일반 심리학이라는 뿌리에서 뻗어 나온 것입니다. 일반 심리학을 전공했다면 이론적인 틀이 잡혀 있을 테니 전공자가 유리한 면이 분명히 있습니다. 따라서 스포츠 현장을 많이 알고 이해할 수 있다면 이론의 체계성을 가지고 있는 심리학 전공자는 큰 달란트를 가지고 있다고 할 수 있습니다.

계열별
핵심 키워드

핵심 키워드로 알아보는 사회학

사회학과는 사회 전반적인 내용을 다루기 때문에 연관되어 있는 학과가 많은 편이다. 글로벌 이슈로 사회문제가 한국 내에서만 일어나는 것이 아니기 때문에 국제학과, 국제통상, 정치외교학과와도 깊은 관계가 있고 사회에서 경제를 빼놓을 수 없는 문제이기 때문에 금융, 경제, 경영과도 깊은 관련이 있다. 뿐만 아니라 국가가 성장할수록 문화·레저와 콘텐츠에 대한 관심 또한 증가하고 있기에 날이 갈수록 문화, 음식, 관광 등과의 연계성 또한 높아지고 있다.

Q 사회학과를 가게 된다면 어떤 과목을 배우게 되나요?

A 학교마다 다를 수도 있겠지만 기본적으로는 현대사회학, 사회조사분석론,

사회학사, 사회통계론 등을 배웁니다.

Q 사회학과에서 떠오르는 이슈는 어떤 것이 있나요?

A 가장 대표적인 것으로는 젠더 담론이 있습니다. 반성폭력 자치규약을 제정, 교육하고 있고 젠더 문제를 단순히 개인의 일탈을 넘어 권력과 사회 구조 문제로 파악하고 성 평등한 의식을 공유하려고 노력하고 있습니다.

핵심 키워드로 알아보는 심리학

가장 신생학문이면서도 우리 삶의 곳곳에 관련되어 있는 학문이다. 심리학의 여러 분야 중에서도 교육학은 발달심리학, 학습심리학을 기반으로 요즘에는 동기심리학이 중점이 되어 발달하고 있고 사람들의 심리를 파악해 마케팅과 경영전략 또한 세워지고 있다.

뿐만 아니라 건축과 디자인, 의복 등 우리가 생활하고 구매하는 모든 것에 심리학 이론이 내재되어 있다. 따라서 심리학을 전공하면 연구소뿐만 아니라 다양한 곳에서 일할 수 있다.

Q 핵심 키워드를 보면 생물학이 적혀 있는데 심리학과 생물학이 어떤 관련이 있나요?

A 심리학은 인간의 행동이나 심리과정을 과학적으로 연구하는 경험과학의 한 분야를 뜻합니다. 인간과 동물의 행동이나 정신과정에 대한 다양한 질문의 답을 찾는 과학 중의 하나가 바로 심리학입니다. 이러한 측면에서 심리학을 본다면 생물학에 대해 공부해놓으면 좋을 것 같습니다.

Q 심리학 연구원이나 심리학의 전공을 살리기 위해서는 무조건적으로 대학원을 진학해야 하나요?

A 대부분 심리학이라는 전공을 살리려고 하는 친구들은 대학원을 진학하는 경우가 많습니다. 따라서 대학에 들어오기 전에 심리학에 대한 관심이 있는지 여러 전공 서적이나 책을 읽어보는 것을 추천합니다.

Q 어떤 과목을 중점적으로 공부하면 도움이 될까요?

A 심리학과는 문과친구들이 많이 오는 과이지만 과학과 인문학적 소양을 모두 갖추어야 하므로 생명과학 공부를 열심히 한다면 도움이 될 것 같습니다. 그리고 영어로 된 논문이 많기 때문에 영어 실력도 쌓아두면 좋습니다.

핵심 키워드로 알아보는 정치외교학

우리는 글로벌시대를 넘어 초국적시대에 살고 있다. 다국적 기업과 국제연합은 다양한 방식으로 국내외에 영향을 미치고 있고 여러 가지 이해관계에 따라 국가들은 서로의 정책을 결정하고 조정한다. 그런 의미에서 정치외교학과의 미래는 무궁무진하다고 할 수 있다.

영·독·중·러 등 다양한 학과와의 연계성은 말할 것도 없고 경제, 경영은 이제 국내만의 일이라 할 수 없다. 각 나라의 철학, 사회, 문화에 대한 이해는 정치외교의 기본이 될 것이며 타국의 선례를 보며 우리 사회의 정치적 문제를 해결해 나갈 수 있다.

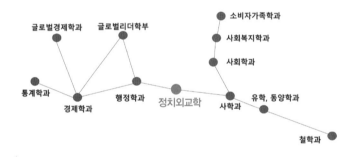

Q 핵심 키워드를 보면 국제화라는 단어가 적혀 있는데 정치 외교학과와 국제화가 되어가는 것이 어떠한 관련이 있나요?

A 우리나라가 국제화가 되어가는 과정에서 국제정세가 국내 사회경제적인 문제에 직접적인 영향을 미치면서 정치외교학에 대한 관심 또한 증가하고 있다는 관점에서 보면 국제화에 대해 주의 깊게 봐야 된다는 것을 알 수 있습니다.

Q 정치외교학과에 가면 정치를 공부한다는 것은 알겠는데 정확하게 어떤 부분을 공부하는지 알고 싶습니다.

Ⓐ 정치외교학은 연구목적과 방법에 따라 정치사상사와 정치현상에 대한 이론을 공부하는 '정치이론' 분야, 헌법과 정부의 제도에 관해 분석하는 '정치제도' 분야, 정당, 여론, 이익집단 등의 정치활동을 연구하는 '정치과정' 분야, 국제정치와 국제기구, 외교문제 등을 연구하는 '국제정치' 분야로 나뉘어 공부합니다.

Ⓠ **고교생활 중에 어떤 과목을 중심적으로 공부하면 학과에 와서 도움이 될 수 있을까요?**

Ⓐ 중고등학교 시절부터 사회과학, 정치, 세계사 등에 관심을 가지고 공부하면 도움이 될 것입니다. 세계 흐름, 국내정치, 시사문제에 관심을 갖고 오랫동안 한 학생은 적응하고 공부하는 데 있어 큰 도움이 될 것입니다.

계열별 연계 도서와
동영상을 추천해주세요

사회학계열 추천도서와 동영상

💬 추천도서

도서명	지은이	출판사
전지구적 변환	데이비드 헬드 외	창작과비평사
문화의 수수께끼- 마빈 해리스 문화 인류학 3부작	마빈 해리스 외	한길사
당신은 어떤 세계에 살고 있는가? 사회과학자 12인에게 던지는 질문	아르민 퐁스 외	한울
역사와 계급의식 – 맑스주의 변증법 연구 거름001	게오르그 루카치 외	거름
자본주의와 현대사회이론	앤서니 기든스 외	한길사
빌려온 시간을 살아가기 – 몸도 마음도 저당 잡히는 시대	지그문트 바우만 외	새물결
문학과 예술의 사회사1-선사시대부터 중세까지, 개정2판	아르놀트 하우저 외	창비
사회계약론	장 자크 루소 외	후마니타스
프로테스탄티즘의 윤리와 자본주의 정신 – 인문사회 과학총서 1	막스 베버 외	동서문화사
폭력과 시민다움 – 반폭력의 정치를 위하여	에티엔 발리바르 외	난장
현대사회학 – 제6판	앤서니 기든스 외	을유문화사
문명화과정 2	노베르트 엘리아스	한길사
스무 살의 사회학 – 콩트에서 푸코까지, 정말 알고 싶은 사회학 이야기	랠프 페브르 외	민음사

극단의 시대 : 20세기 역사-상	에릭 홉스봄 외	까치
소유냐 삶이냐	에리히 프롬 외	홍신문화사

💬 K-MOOC 추천동영상

💬 TED 추천 동영상

David Dunning
**왜 무능력한 사람들은
자신이 끝내준다고 생
각할까? - 데이비드 더
닝(David Dunning)**

Zeynep Tufekci
**광고를 팔기 위해 우리
는 지옥을 만들고 있습
니다**
Posted Oct 2017

Anindya Kundu
**어려움을 극복하기 위
해 학생에게 필요한 힘**
Posted Sep 2017

Benedetta Berti and Evelien Borgman

난민이 된다는 것은 무슨 뜻일까요? -베네데타 버티, 에브리앙 보그만(Benedetta Berti and Evelien

Derek Abbott

만장일치의 결정을 신뢰할 수 있을까요? - 데릭 아보트(Derek Abott)

Posted Apr 2016

Dorothy Roberts

인종에 기반한 만든 의료 행위가 가지는 문제점

Posted Feb 2016

💬 KOCW 추천 동영상

사회조사방법론 ▶ 🎬

고려대학교 │ <u>황명진</u> │ 2016년 1학기

사회조사방법론은 사회과학에 있어서 진실의 규명과 이론 적용의 기본이 되는 핵심과목이다. 본 강의는 조사방법론이 사회현상의 설명을 위한 이론의 구축에 어떠한 역할을 하는지를 이해하고, ...

📖 차시보기 │ 📥 강의담기

Historical Sociology 🅰🅷

고려대학교 │ <u>정일준</u> │ 2012년 1학기

This course deals with premodern, modern & contemporary Korean history from comparative & historical p...

📖 차시보기 │ 📥 강의담기

사회조사분석 🎬 ▶

경희대학교 │ <u>김현식</u> │ 2016년 1학기

사회조사로 얻은 자료를 컴퓨터 패키지 R을 사용하여 실제 분석하는 것을 실습합니다. 현실의 자료를 분석함으로써 통계이론에 대한 이해도 넓히면서 R에 익숙해집니다.

📖 차시보기 │ 📥 강의담기

현대사회학의 사상과 이론 ▶

울산대학교 │ <u>신용하</u> │ 2011년 1학기

이 과정은 현대사회학 대가들의 사상과 이론의 이해를 목표로 한 과정이다

📖 차시보기 │ 📥 강의담기

심리학계열 추천도서와 동영상

💬 추천도서

도서명	지은이	출판사
스키너의 심리상자 열기 – 세상을 뒤바꾼 위대한 심리실험 10장면	로렌 슬레이터 외	에코의서재
EBS 다큐프라임 기억력의 비밀 – 내 안에 잠든 슈퍼기억력을 깨워라	EBS 기억력의 비밀 제작진	북폴리오
사회심리학의 이해 – 3판	한규석	학지사
발달심리학(정옥분) – 전생애 인간발달	정옥분	학지사
내 인생의 탐나는 심리학 50 – 프로이트에서 하워드 가드너까지 인간탐색의 흐름과 그 핵심, 내 인생의 탐독서 1	톰 버틀러 보던 외	흐름출판
언어본능–마음은 어떻게 언어를 만드는가?	스티븐 핑커 외	동녘사이언스
How customers Think–소비자의 숨은 심리를 읽어라	제럴드 잘트먼 외	21세기북스
임상심리학–제 7판	Timothy J. Trull 외	CENGAGE LEARNING
시피노자의 뇌–기쁨, 슬픔, 느낌의 뇌과학	안토니오 다마지오 외	사이언스북스
논리학 실험실 – 과학자는 어떻게 생각하고 어떻게 말할까?	후쿠자와 가즈요시 외	바다출판사
심리학의 오해	키이쓰 E. 스타노비치 외	혜안
사이코패스 – 뿌리 없는 광란	이현수	학지사
광고심리학	김재휘	커뮤니케이션북스
최신행동치료 – 제5판	Michael D. Spiegler 외	CENGAGE LEARNING
인간이해	알프레드 아들러 외	일빛

💬 K-MOOC 추천동영상

교육심리

| 단국대학교
2019/03/04 ~ 2019/06/21

행복심리학

최인철 | 서울대학교
2019/03/04 ~ 2019/06/16

인간심리의 탐구

권재황 외 1명 | 동신대학교
2019/09/09 ~ 2019/12/15

모르고 지나친 심리학

| 순천향대학교
2019/09/30 ~ 2020/01/22

심리학 START

| 충남대학교
2019/03/04 ~ 2019/06/21

중독의 심리학

| 한동대학교
2018/09/17 ~ 2018/12/15

💬 TED 추천 동영상

Elizabeth Dunn

타인을 도을 때 더 행복해지지만 방법이 중요합니다

Posted Apr 2019

Kim Gorgens

뇌 손상과 범죄의 놀라운 상관관계

Posted Apr 2019

Kashfia Rahman

위험을 감수하며 변화하는 십대들의 뇌

Posted Apr 2019

Emma Bryce

플라시보 효과의 힘 | 엠마 브라이스(Emma Bryce)

Posted Sep 2018

Sara Valencia Botto

아이들은 언제부터 다른 사람들의 의견을 신경쓸까요?

Posted Aug 2019

Elizabeth Waters

좌뇌와 우뇌에 관한 통념 - 엘리자베스 워터스(Elizabeth Waters)

Posted Sep 2018

💬 KOCW 추천 동영상

상남심리학 🖵 🎮

중앙대학교 | 박준성 | 2017년 1학기

상담심리학은 상담의 기법과 과정, 그리고 다양한 상담이론을 배운다.

📃 차시보기 | ➡ 강의담기

심리학의 이해 ▶

이화여자대학교 | 양윤 | 2011년 2학기

심리학 전반의 지식과 정보들을 제공하고, 인간 문제에 대한 제반 심리학적 접근 방법을 소개하며, 심리학의 원리를 실제생활에 적용할 수 있는 능력을 기르고자 한다.

📃 차시보기 | ➡ 강의담기

심리학개론 ▶ 🎮

중앙대학교 | 박준성 | 2016년 1학기

심리학에 대한 전반적인 소개를 하는 과목이다. 인간행동에 대한 기초와 감각과 지각, 학습, 기억, 사고, 발달 등을 소개하고 있다. 그리고 연구방법에 대한 소개를 하면서 심리학에 대한...

📃 차시보기 | ➡ 강의담기

재미있는 인간관계 심리학 ▶

건국대학교 | 송영선 | 2014년 2학기

대학생들이 대화 및 인간관계 등을 잘하고 대학생활을 잘 하기 위해 교류분석(Transactional Analysis) 프로그램을 통하여 자신의 성격(행동), 대화유형의 특성, 일상 대...

📃 차시보기 | ➡ 강의담기

정치외교학계열 추천도서와 동영상

💬 추천도서

도서명	지은이	출판사
대한민국사(1~4권)	한홍구	한겨레출판
민주화 이후의 민주주의	최장집	후마니타스
거대한 체스판 : 21세기 미국의 세계 전략과 유라시아	즈비그뉴 브레진스키	삼인
렉서스와 올리브 나무 : 세계화는 덫인가, 기회인가	토머스 L. 프리드먼	21세기 북스
정치학으로의 산책	21세기 정치연구회	한울아카데미
제3의 시나리오 1, 2	김진명	알에이치코리아
세계를 가슴에 품어라	김의식	명진출판사
청소년을 위한 이야기 정치학	페르난도 사바테르	웅진지식하우스
청소년을 위한 정치 이야기	도리스 류뢰더	다른 우리
포스트 민주주의	콜린 크라우치	미지북스
포퓰리즘	서병훈	책세상
백범 일지	김구	돌베
군주론	니콜로 마키아벨리	더클래식
에밀 또는 교육론	장 자크 루소	한길사
인간불평등 기원론, 사회계약론	장 자크 루소	동서문화사
외교관은 국가대표 멀티플레이어	김효은	럭스미디어
오바마 이야기	헤더레어 와그너	명진출판
후진타오 이야기	박근형	명진출판
지못미 정치!	장기표	시대의창
프랑스의 과거사 청산	이용우	역사비평사
플라톤의 국가, 정의를 꿈꾸다	장영란	사계절
희망의 근거	사튀시 쿠마르	메디치미디
서양정치사상	브라이언 레드헤드	문학과지성
국제관계이론	이상우	박영사

비교정치론	김웅진, 박찬욱 외 1명	삼우사
남부유럽론	홍성후	충북대학교출판부
정의란 무엇인가	마이클 샌델	와이즈 베리
정치학의 이해	서울대학교정치학과 교수	박영사
정치 영화속에서 본 정치	홍원표, 미네르바정치학회	한국외국어대학교출판부
직업으로서의 정치	막스 베버	나남
10대와 통하는 정치학	고성국	철수와 영희
전쟁과 평화로 배우는 국제정치 이야기	김준형	책세상

💬 K-MOOC 추천동영상

한국 외교 콜로키움: 공공외교를 중심으로

| 고려대학교
2018/12/31 ~ 2019/02/27

공공외교란 무엇인가

윤석준 외 2명 | 서강대학교
2019/09/17 ~ 2019/12/10

미국사: 이만큼 가까운 미국

법률가와 정치

이국운 | 한동대학교
2019/09/26 ~ 2020/01/15

위기의 정치경제학

조정인 | 숙명여자대학교
2019/05/01 ~ 2019/08/03

대운하를 통해 본 중국의 정치경제사 II

| 고려대학교
2019/05/20 ~ 2019/07/07

💬 TED 추천 동영상

Tiana Epps-Johnson
미국의 투표 제도를 21세기로 가져오는 데 필요한 것
Posted Jan 2019

Eric Liu
민주주의에 대한 믿음을 되살리는 법
Posted May 2019

Carole Cadwalladr
브렉시트에서 페이스북이 한 역할과 민주주의에 대한 위협
Posted Apr 2019

Steven Petrow
시빌리티(Civility, 시민의식)를 실천하는 세 가지 방법
Posted Feb 2019

Shad Begum
파키스탄 여성들은 어떻게 정치적 변화를 일으키고 있는가
Posted Feb 2019

Pazit Cahlon and Alex Gendler
"마키아벨리안"의 진정한 의미 - 파지트 칼론, 알렉스 젠들러

💬 KOCW 추천 동영상

국제정치경제 ▶
서울시립대학교 | 김석우 | 2016년 1학기
국제정치경제의 이론과 사안, 사례들에 대한 균형적이고 종합적인 지식을 습득한다.
🗐 차시보기 | 🔗 강의담기

환경문제와 국제정치 ▶
울산대학교 | 신연재 | 2012년 1학기
환경 문제는 얼마 전까지만 해도 우리의 관심권 밖에 방치되기 일쑤였고, 기껏해야 경제 문제의 일부로 다루는 것이 적절하다고 간주되곤 했다. 그러나 탈냉전으로 말미암은 초강대국간 경쟁의...
🗐 차시보기 | 🔗 강의담기

국제관계사 📺

동국대학교 | 천경희 | 2012년 2학기

국제정치에 대한 기본 개념에 대한 설명을 시작으로, 전반부에서는 2차대전 이후의 국제질서의 변화를 자세히 살펴보고, 후반부에서는 현대 국제관계의 주요 쟁점을 집중적으로 설명한다.

📖 차시보기 | 📑 강의담기

한국 정치과정 ▶ 📺

경성대학교 | 안철현 | 2011년 2학기

본 과목은 한국의 정치과정, 특히 선거와 정당을 중심으로 하는 비경부적 정치과정에 대한 기본지식과 판단능력을 갖추게 하고자 개설된 과목이다 주 대상이 되는 시기는 87년 6월 민주화항...

📖 차시보기 | 📑 강의담기

부 록

부록1.
계열별 참고 사이트

경영학 참고 사이트

참고 사이트	주소
고용노동부	www.moel.go.kr
공인노무사	www.q-net.or.kr
국가인적자원개발 종합정보망	www.nhrd.net
대한병원행정관리자협회	www.kcha.or.kr
대한상공회의소	www.korcham.net
보험개발원	www.kidi.or.kr
생명보험협회	www.klia.or.kr
서울특별시 인재개발원	hrd.seoul.go.kr
세계비서협회 한국지부	www.secretarypro.com
손해보험협회	www.knia.or.kr
한국HRM협회	www.hrmkorea.or.kr
한국경영교육원 공인노무사	nomu.korbei.com
한국경영자총협회	www.kef.or.kr
한국공인노무사회	www.kcplaa.or.kr
한국국제물류협회	www.kiffa.or.kr
한국무역협회	www.kita.net
한국병원경영학회	ksha.net
한국비서협회	www.kaap.org
한국산업재회보상보험학회	www.iaci.co.kr

한국인사관리협회	www.kpiok.co.kr
한국인적자원개발학회	www.kahrd.or.kr
한국직업상담협회	www.kvoca.org

경제학 참고 사이트

참고 사이트	주소
금융감독원	www.fss.or.kr
금융투자교육원	www.kifin.or.kr
금융투자협회	www.kofia.or.kr
기획재정부	www.mosf.go.kr
한국IR협의회	www.kirs.or.kr
한국감정원	www.kab.co.kr
한국감정평가협회	www.kapanet.or.kr
한국개발연구연	www.kdi.re.kr
한국거래소	www.krx.co.kr
한국경제연구원	www.keri.org
한국경제학회	www.kea.ne.kr
한국금융개발원	www.kfo.or.kr
한국금융연구원	www.kif.re.kr
한국산업인력공단	www.hrdkorea.or.kr
한국상장회사협의회	www.klca.or.kr
한국증권분석사회	www.kciaa.or.kr

광고홍보학 참고 사이트

참고 사이트	주소
(사)한국시각정보디자인협회	www.vidak.or.kr
(사)한국패키지디자인협회	www.kpda.or.kr
한국MICE협회	www.micekorea.or.kr
한국관광공사	kto.visitkorea.or.kr
한국광고산업협회	www.kaaa.co.kr
한국디자인진흥원	www.designdb.com
한국방송기술인연합회	www.kobeta.com
한국방송촬영감독연합회	koreandps.or.kr
한국사보협회	www.sabo.or.kr
한국산업인력공단	www.hrdkorea.or.kr
한국옥외광고협회	www.koaa.or.kr
한국온라인광고협회	www.onlinead.or.kr
한국전시주최자협회	www.keoa.org
한국정보통신진흥협회	www.kait.or.kr

무역학 참고 사이트

참고 사이트	주소
관세청	www.customs.go.kr
대한무역투자진흥공단	koreandps.or.kr
대한상공회의소	www.korcham.net
한국관세사회	www.kcba.or.kr
한국국제물류협회	www.kiffa.or.kr
한국금융연수원	www.kbi.or.kr
한국무역협회	http://www.kita.net

한국생산성본부	www.kpc.or.kr

관광학 참고 사이트

참고 사이트	주소
문화체육관광부	www.mcst.go.kr/main.jsp
한국관광공사	kto.visitkorea.or.kr
한국관광회중앙회	www.ekta.kr
한국관광호텔업협회	hotelskorea.or.kr
한국문화관광연구원	www.kcti.re.kr
한국여행업협회	www.kata.or.kr
한국체인스토어협회	www.koca.or.kr
한국호텔교육원	www.koha.co.kr:446

통계학 참고 사이트

참고 사이트	주소
한국생산성본부	www.kpc.or.kr
국민체육진흥공단	www.kspo.or.kr
미래창조과학부	www.msip.go.kr
빅데이터아카데미	www.msip.go.kr
통계청	www.kostat.go.kr
한국데이터베이스진흥원	www.kodb.or.kr
한국스포츠개발원	www.sports.re.kr
한국통계진흥원	www.stat.or.kr
한국표준협회	www.ksa.or.kr

회계학 참고 사이트

참고 사이트	주소
한국거래소	www.krx.co.kr
금융감독원	www.fss.or.kr
금융투자교육원	www.kifin.or.kr
금융투자협회	www.kofia.or.kr
보험개발원	www.insis.or.kr
보험연수원	www.in.or.kr
한국IR협의회	www.kirs.or.kr
한국거래소	www.krx.co.kr
한국상장회사협의회	www.kica.or.kr
한국손해사정사회	www.kicaa.or.kr
한국증권분석사회	www.kciaa.or.kr
한국증권학회	www.ikasa.or.kr

세무학 참고 사이트

참고 사이트	주소
(사)한국원가관리협회	kcaa.or.kr
KPC한국생산성본부	www.kpcerp.or.kr
국세청	www.nts.go.kr
금융감독원	cpa.fss.or.kr
대한상공회의소	license.korcham.net
삼일회계법인	www.samilexam.com
코스닥협회	www.kosdaqca.or.kr
한국공인회계사회	www.kicpa.or.kr

한국상장회사협의회	www.klca.or.kr
금융감독원 공인회계사시험 홈페이지	www.cpa.fss.or.kr
금융투자협회	www.kofia.or.kr
한국세무사회	www.kacpta.or.kr
한국세무사회계학회	www.kata.re.kr
한국지방세학회	www.klota.or.kr
한국파생상품학회	www.kafo.or.kr
한국회계학회	www.kaa-edu.or.kr

철학 참고 사이트

참고 사이트	주소
교정본부	www.corrections.go.kr
질병관리본부	cdc.go.kr
국가생명윤리정책연구원	nibp.kr
국립중앙도서관	www.nl.go.kr
국회도서관	www.nanet.go.kr
방송통신위원회	www.kcc.go.kr
서울시NPO지원센터	www.seoulnpocenter.kr
시민사회단체연대회의	www.civilnet.net
한국NPO공동회의	www.npokorea.kr
한국도서관협회	www.kla.kr
한국방송협회	www.kba.or.kr
한국생명윤리학회	www.koreabioethics.kr
한국신문협회	www.presskorea.or.kr
한국언론진흥재단	www.kpf.or.kr
한국연극평론가협회	www.fca.kr
한국종교문화연구소	www.kirc.or.kr

한국종교학회	www.kahr21.org
한국철학사상연구회	www.hanphil.or.kr
한국편집기자협회	www.edit.or.kr
한국기자협회	www.journalist.or.kr

역사학 참고 사이트

참고 사이트	주소
개인인문사회연구회	www.nrcs.re.kr
경기문화재연구원	gjicp.ggcf.kr
고려대학교 민족문화연구원	riks.korea.ac.kr
국가문화유산포털	www.heritage.go.kr
국립문화재연구소	www.nrich.go.kr
국립중앙박물관	www.museum.go.kr
국립현대미술관	www.mmca.go.kr
문화재청	www.cha.go.kr
문화체육관광부	www.mcst.go.kr
중앙문화재연구원	www.jungang.re.kr
한국감정원	www.kab.co.kr
한국감정평가협회	www.kapanet.or.kr
한국대학박물관협회	www.kaum.or.kr
한국문화유산연구원	www.kchi.or.kr
한국문화재보호재단	www.chf.or.k
한국연구재단	www.nrf.go.kr

사회학 참고 사이트

참고 사이트	주소
서울시NPO지원센터	www.seoulnpocenter.kr
한국NPO공동회의	www.npokorea.kr
시민사회단체연대회의	www.civilnet.net
한국편집기자협회	www.edit.or.kr
한국사회조사연구소	www.ksrc.or.kr
한국인터넷기자협회	www.kija.org
한국인터넷디지털 엔터테인먼트협회	www.gamek.or.kr
한국조사연구학회	www.kasr.org
한국조사협회	www.ikora.or.kr
한국언론진흥재단	www.kpf.or.kr

심리학 참고 사이트

참고 사이트	주소
여성가족부	www.mogef.go.kr
다문화가족지원센터	www.liveinkorea.kr
서울시자살예방센터	www.suicide.or.kr
안전드림 아동여성장애인 경찰지원센터	www.safe182.go.kr
한국건강가정진흥원	www.kihf.or.kr
한국마약퇴치운동본부	www.drugfree.or.kr
한국성폭력상담소	www.sisters.or.kr
한국임상심리학회	www.kcp.or.kr
한국자살예방시민연대	family9595go.blog.me
한국자살예방협회	www.suicideprevention.or.kr

한국중동전문가협회	www.kaap.kr
한국인지행동심리학회	www.kicb.kr

정치외교학 참고 사이트

참고 사이트	주소
외교부	www.mofa.go.kr
국가공무원인재개발원	cyber.coti.go.kr
국회사무처	nas.na.go.kr
대한민국국회	www.assembly.go.kr
시민사회단체연대회의	www.civilnet.net
한국스포츠외교학회	www.kcfr.or.kr
한국국제정치학회	www.kaisnet.or.kr
한국정치뉴스	koreapolitics.co.kr
한국정치학회	www.kpsa.or.kr
한국정치외교사학회	kpdhis.or.kr
한국외교협회	www.kcfr.or.kr
한국국방외교협회	kdda56.or.kr

부록2.
인문학적 사고를 기반으로 본
한국소비자 성향

서울대학교 소비트렌드 분석센터에서 출간한 '트렌드코리아 2020'에서는 다음과 같이 10개의 키워드로 2020년 소비트렌트를 전망하고 있다.

1. Me and myselves 멀티 페르소나
2. Immediate Satisfaction : the last fit economy 라스트핏 이코노미
3. Goodness and fairness 페어 플레이어
4. Here and now : the Streaming Life 스트리밍 라이프
5. Technology of Hyper-personalization 초개인화 기술
6. You are with us, 'Fansumer' 팬슈머
7. Make or Break, Specialize or die 특화생존
8. Iridescebt OPAL : the new 5060 generation 오팔세대
9. Convenience as a premium 편리미엄
10. Elevate yourself 업글인간

이 앞글자만을 따서 2020년 쥐의 해 답게 "MIGHTY MICE"라고 이름지었다. (이런 이름들이 인문학적 소양을 갖춘 마케팅전문가들의 능력이 아닌가 싶다.) 이를 하나씩 짧게 소개하면 다음과 같다.

1. 멀티 페르소나는 현대인들이 한 가지 정체성을 가진 것이 아니라 직장, 집, 쇼핑할 때 등 장소와 때에 따라 여러 개의 정체성을 가진다는 것이다. 자신의 위치와 상황에 따라 가지는 정체성이 다르고 또는 SNS 매체마다 서로 다른 정체성을 만들어 가는데 이러한 여러 개의 자아를 고대 그리스에서 배우들이 쓰던 가면을 일컫는 '페르소나(persona)'와 합해 멀티 페르소나라고 부른다. 따라서 고객에 대한 각 상황에 맞는 명확한 페르소나를 찾아 이해하는 것이 중요해졌다.

2. 라스트핏 이코노미는 마지막 순간의 만족을 최적화하려는 근거리 경제를 뜻한다. 이는 크게 배송, 이동, 구매 여정의 라스트핏으로 나뉜다. 앞으로의 고객은 상품의 브랜드보다는 자신에게 만족을 주는 주관적인 기준으로 구매한다. 또한 1인 가구의 증가로 소비자가 구매 순간만이 아닌 직접 만나는 그 순간의 만족을 더 중요하게 여긴다는 것을 의미한다. 즉 고객과 접촉하는 그 순간이 더욱 중요해지는 시간이 되었고 이를 반영한 전략이 필요하게 되었다.

3. 페어 플레이어는 스포츠 경기에서 뿐만 아니라 인생이라는 게임에서도 필수적이다. 연장자에 대한 예의와 직급이나 위치에 의해 양보되었던 개인적인 보상이 보다 공정하게 분배되어야 한다고 현대인들은 생각하고 있다. 조금 비싸더라도 윤리적인 브랜드의 선한 영향력이 더 큰 구매를 이끈다. 갑질 운영을 하는 기업에 대한 불매운동이 이러한 욕구에 따라 나타나는 현상이라 할 수 있다. 개인주의가 더 커진 우리 사회에서 '공평'하고 '선함'이 더 큰 열망이 되었다. 이제 우리나라는 역사상 가장 공정을 원하는 그런 세대가 주류가 되어가고 있다.

4. 스트리밍 라이프. 스트리밍은 소유하지 않고도 네트워크를 통해서 음악

이나 영상을 재생하는 기술이다. 이러한 스트리밍에 익숙한 소비자들이 음악이나 영상뿐만 아니라 다양한 면에서 스트리밍을 원하고 있다. 소유하기보다는 가볍게 옮겨 다니며 경험이나 공간 상품, 선택권을 짧은 시간 안에 이용하는 것을 선호한다. 젊은 세대의 유목민적인 라이프 스타일의 표현이다. 이로 인해 더 세분화된 시장 집중과 구매 여정의 관리에 힘쓸 때이다.

5. 초개인화 기술은 빅데이터 시대에 소비자가 가장 원하는 기술이다. 바로 "나에게 그때그때의 상황에 맞춰달라."는 요구에 응답하는 기술이다. '아마존은 0.1명 규모로 세그먼트를 한다.'는 말처럼 이러한 기술은 개인이 상황을 개인수준에서 더욱 세분화해서 적절한 순간에 가장 필요한 경험을 할 수 있도록 한다.

6. 팬슈머. 이제 소비자들은 주어진 선택 중에서 고르는 것에 만족하지 않는다. 직접 참여하고, 투자하고 브랜딩까지 나만의 스타를 만들어 내고 싶어 한다. 이렇게 내가 키운 스타 또는 브랜드에 대한 자랑스러움과 함께 내가 키웠기에 당연하다 생각하는 간섭과 견제도 함께하는 새로운 소비자들을 '팬슈머(fansumer)'라고 부른다. 이러한 간섭과 영향이 점점 더 커지며 클라우드 펀딩부터 서포트 활동, 지지와 비판까지 다양해졌다. 이제는 고객과 함께 하는 수준을 지나 고객에 의해 상품과 서비스가 좌우되는 시장이 되었다.

7. 특화생존. 누구에게나 괜찮은 것보다는 선택된 소수의 확실한 만족이 필요하다. 제품 간의 차별화가 크게 없어진 시장에서 소비자의 니즈는 지극히 개인화되어 이제 보편적이고 표준화된 시장의 접근은 환영받지 못하고 있다. 이제는 적자생존만으로는 부족하고 진화의 다음 단계인 '특화생존 전략이' 필요하다. 이러한 특화를 위해서는 타당하고 정밀한 쪼개기(segmentation) 전략이 중요

하다. 이제는 단순히 고객만족에서 끝나서는 안 된다. '초'고객만족이 되어야 한다. 앞으로의 시장은 '초정밀' 특화 전략들이 판치게 될 것이다.

8. 오팔세대는 베이비 부머를 대표하는 58년생 개띠의 오팔을 의미하기도 하지만 활기찬 인생을 살아가는 신노년층(Old People with Active Lives)의 약자이다. 이러한 신중년의 소비자들이 다시 새로운 일을 찾고 활발한 활동을 해나간다. 젊은 사람들의 취향을 따라 새로운 소비 트렌드를 만들기도 하고 자신만의 시장을 형성하고 있다. 오팔세대는 다양하면서도 까다로운 소비자들이다. 이러한 오팔세대가 새로운 시장을 열고 경제시장의 활력소가 될 것이다.

9. 편리미엄. 구매는 이제 가성비에서 프리미엄으로 변화하고 있다. 하지만 여기에서 한 걸음 더 나아가 최소한의 시간과 노력으로 최대한의 성과를 누리는 '편리미엄'으로 나아가고 있다. 편리미엄은 내가 투자할 시간을 줄여주거나, 노력을 덜어주면서 성과를 극대화시키는 것이다. 이 시대 젊은이들은 자신의 시간과 노력을 줄여준다면 기꺼이 지갑을 연다. 그리고 일자리가 부족한 가운데 일하고 싶어 하는 사람들의 수요가 이와 맞물리면서 '편리미엄너'들을 플랫폼화하는 노동시장이 만들어지고 있다.

10. 업글인간은 눈에 보이는 획일적인 성공보다 자신의 '성장'을 추구하는 새로운 자기계발형 인간이다. 다른 사람과의 경쟁보다는 '어제보다 나은 나'를 만드는 데 초점을 두고 있다. 이러한 트렌드는 주 52시간제 등의 제도로 만들어진 '워라벨'의 추구와 평생직장이 아닌 경력 관리 패러다임의 변화로 만들어진 결과다. 소비자들은 자신의 성장과 진화를 돕는 일에 기꺼이 소비를 한다. 이렇듯 소비자들은 행복의 중점을 자신의 성장 재미와 그 의미 사이에서 균형점을 잡

아가고 있다.

이렇듯 빅데이터 시대에 시장은 끊임없이 변화하고 그 시장을 이루는 소비자의 니즈 또한 하루가 다르게 변화하고 있다. 이러한 변화된 트렌드를 올바르게 읽고 의미 있는 데이터를 찾아내기 위해서 가장 필요한 것이 인문학적인 소양과 이를 적용할 수 있는 능력이다. 이 책을 통해 4차 산업의 주된 선봉자로서 시대의 흐름을 앞서가는 자신만의 무기를 장착할 수 있는 기회가 되길 바란다.

by 서울대 소비트렌드 분석센터
관련된 책은 트렌드코리아 2020
https://www.youtube.com/watch?v=gpga9xS4OEY